教育部人文社会科学研究青年基金项目
"转基因食品法律规制研究"(10YJC820165)资助

转基因食品法律规制研究

张忠民 著

中国政法大学出版社

2014·北京

声　明	1. 版权所有，侵权必究。
	2. 如有缺页、倒装问题，由出版社负责退换。

图书在版编目（CIP）数据

转基因食品法律规制研究/张忠民著.—北京：中国政法大学出版社，2014.7
ISBN 978-7-5620-5510-5

Ⅰ.①转… Ⅱ.①张… Ⅲ.①转基因食品－食品卫生法－研究 Ⅳ.①D912.104

中国版本图书馆CIP数据核字(2014)第152894号

出 版 者	中国政法大学出版社
地　　址	北京市海淀区西土城路25号
邮寄地址	北京100088信箱8034分箱　邮编100088
网　　址	http://www.cuplpress.com（网络实名：中国政法大学出版社）
电　　话	010-58908285(总编室) 58908334(邮购部)
承　　印	固安华明印业有限公司
开　　本	720mm×960mm 1/16
印　　张	18
字　　数	300千字
版　　次	2014年7月第1版
印　　次	2014年7月第1次印刷
定　　价	45.00元

自 序 Preface

数万年来，人类一直在认知、开发和利用自然界，同时也在不断地审视自身；科学技术也从一开始就随着人类的生存需求而产生和发展，对人类文明的贡献可谓功勋卓著。从中国古代的四大发明，到欧洲近代的工业革命，再到上世纪末的信息革命，无不给人类带来物质和精神生活的飞跃，无不使人类社会文明更加异彩纷呈。进入21世纪，突飞猛进的现代生物技术，特别是转基因技术，正在引领人类踏上新的航程，它被称为继"火的运用"之后的"人类发展史上第二个转折点"。如果说此前的科学技术使人类更好地利用自然界的话，那么转基因技术则使人类有能力改变自然界，它开启了生命奥秘之门，让人类拥有了"上帝"才有的神奇力量。转基因技术似乎与食品有不解之缘，始于食品（玉米）研究，又很快应用到食品产业，创造出具有各种优良特性的转基因食品，让深受粮食短缺、营养不良等难题困扰的人类，对解决难题充满了憧憬。值得庆幸的是，人类具有冒险的天性，但也具有寻求安全的本能；人类在为取得的技术辉煌而欢欣鼓舞时，并没有失去应有的理性，历史经验让人类知道，科学技术不仅带来了神明的力量，同时也带来了魔鬼的诅咒。鉴于转基因技术打破了生物进化的时空界限，人为地改变了生物经过数亿年进化而形成的稳定基因型，加之人类目前对生物基因奥秘并未完全破解，所掌握的转基因技术尚不能实现基因片段的精确转移，所以转基因食品对人类健康和生态环境是否存在巨大隐患，从其产生伊始即争议不断。转基因技术是给人类打开了宝藏之门，还是开启了地狱之窗；转基因食品是人类的一次壮举,还是人类的一次败笔;生物进化把脚下这个生机盎然而又硕大无朋的地球托付给了人类,人类应该为此负担何种义务,肩负何种使命。这些命题都值得人们深思。尽管科技突破所产生的影响从来就不限于科技领域,历史上的每一次重大科技突破无不冲击着现实社会既存的观念和规则;但迄今为止,还没有哪项科学技术像转基因技术这样对人类社会既存的观念和规则提出如此广泛、严峻的冲击和挑战。交织着人们热切企盼与切齿诅咒的转基因食品,吸引着芸芸众生的目光,期待着科学家、政治家、社会学家和法学家的关注。作为具有工学、法学双重教育背景的笔者,也对法律当如何应对转基因食品提出的挑战,产生了浓厚的兴趣,于是不揣浅陋着手对转基因食品的法律规制议题进行研究。

本书就是在这样的背景下,以转基因食品带来的问题为起点,以保护生态环境安全和人类健康为中心,针对转基因食品研发试验、生产加工、流通消费等不同环节的法律制度,进行了系统、全面和深入的研究。本书作为笔者所承担的教育部人文社会科学研究青年基金项目"转基因食品法律规制研究"(10YJC820165)的最终成果,提出了一些独到的见解和规律性的认识,具有一定的理论意义和现实意义,希冀对我国转基因食品的法律制度建设有所裨益。鉴于笔者学识浅陋,错漏在所难免,恳请学界同仁和广大读者批评指正。

张忠民

2014年3月9日于南山书院

目　录 Contents

自　序 …………………………………………………………………… 1
引　言 …………………………………………………………………… 1
第一章　转基因食品法律规制的基础理论 ……………………………… 7
　第一节　转基因食品与转基因食品问题 ……………………………… 7
　第二节　转基因食品法律规制的正当性基础 ………………………… 26
　第三节　转基因食品法律规制的价值取向和路径选择 ……………… 38
第二章　转基因食品法律规制的比较法和国际法考察 ………………… 65
　第一节　转基因食品法律规制的比较法考察 ………………………… 65
　第二节　转基因食品法律规制的国际法考察 ………………………… 120
第三章　转基因食品研发试验的法律规制 ……………………………… 152
　第一节　转基因食品研发试验法律规制的重要意义 ………………… 152
　第二节　我国转基因食品研发试验法律规制现状考察 ……………… 157
　第三节　我国转基因食品研发试验法律制度的完善 ………………… 174
第四章　转基因食品生产加工的法律规制 ……………………………… 180
　第一节　转基因食品生产加工法律规制的必要性 …………………… 180
　第二节　我国转基因食品生产加工法律规制现状考察 ……………… 186

第三节　我国转基因食品生产加工法律制度的完善 ················· 205
第五章　转基因食品流通消费的法律规制 ····························· 211
　　第一节　转基因食品流通消费法律规制的必要性 ··················· 211
　　第二节　我国转基因食品流通消费法律规制的现状考察 ············· 218
　　第三节　我国转基因食品流通消费法律制度的完善 ················· 240
第六章　转基因食品突发事件的法律规制 ····························· 247
　　第一节　转基因食品突发事件法律规制的必要性 ··················· 247
　　第二节　我国转基因食品突发事件法律规制的现状考察 ············· 252
　　第三节　我国转基因食品突发事件法律制度的完善 ················· 268
结　论 ··· 274

主要参考文献 ··· 277

引 言

转基因食品自诞生伊始,就伴随着奉为天使般的赞扬和视为魔鬼般的诅咒,伴随着令人神往的美好憧憬和让人惶恐的安全隐患;迄今为止,还没有哪项科技产品像转基因食品这样,引起人们如此持久而激烈的争论,对人类社会既存的观念和规则提出如此广泛而严峻的挑战。针对转基因食品引发的诸多问题,法律有责任提出及时且有效的应对。本书就是在这样的背景下,以转基因食品带来的问题为起点,以保护生态环境安全和人类健康为中心,对转基因食品法律规制议题进行了系统而全面的研究。

一、研究目的

面对转基因食品法律规制议题,人们可能有如下疑问:

转基因食品发展究竟引发了哪些问题?转基因食品法律规制的正当性基础在哪里?转基因食品法律规制的价值取向是什么?转基因食品法律规制应当采取何种路径?

国外转基因食品法律规制现状如何?它们之间有何异同?对我国转基因食品法律规制有何种启示?国际规范对转基因食品如何规制?对我国转基因食品法律规制有何种启示?

转基因食品研发试验阶段、生产加工阶段、流通消费阶段,都分别可能产生哪些问题?有没有通过法律进行规制的必要性?我国法律法规针对这些问题,建立了哪些法律制度?这些法律制度的应对性如何,有哪些不足之处?

应当遵循什么原则来完善我国法律制度的不足？完善不足的具体构想是什么？

在转基因食品从研发到消费的各个环节中，是否会发生转基因食品突发事件？可能以何种方式表现出来？转基因食品突发事件是否需要法律规制？我国转基因食品突发事件法律规制的现状如何？存在哪些不足之处？应当遵循什么原则来完善这些不足？完善不足的具体构想又是什么？

本书的研究目的即是试图回答上述疑问。

二、研究范围

本书所指转基因食品包括转基因动物、转基因植物、转基因微生物以及以其为原料或者为媒介的生产加工而来的食品，既包括具有活性的转基因食品如转基因番茄，也包括失去活性的转基因食品如大豆油。本书强调对转基因食品"从实验室到餐桌"的整个过程均进行法律规制，因此，转基因食品从研发实验到生产加工再到流通消费等多个环节中的相关法律制度，均是本书讨论的对象。但是，本书未将转基因食品专利制度列入研究范围，原因是专利制度是一项激励转基因食品研发的制度，缺乏对转基因食品风险规制的功能，加之对论文篇幅上的考虑，而未将其列入研究范围。

三、研究方法

本书主要采用以下研究方法：①法哲学方法。通过分析关于人与自然关系的几个哲学思想，探讨转基因食品法律规制存在巨大差异的成因。②法经济学方法。以经济学理论分析转基因食品带来的一系列问题及其法律对策。③比较研究方法。通过对欧盟、美国、日本之间转基因法律规制异同的比较分析，提出对我国转基因食品法律规制的启示。④法解释学方法。从解释学角度对转基因食品相关法律条文进行解读，分析转基因食品法律制度的性质、内容和作用方式。⑤案例研究方法。通过对国内外典型案例的研究分析，揭示我国法律制度设计的优缺点。

四、研究思路

本书研究思路是：首先，讨论转基因食品的基础理论，分析转基因食品法律规制的正当性基础、价值取向和路径选择；其次，对转基因食品法律规制进行国别法和国际法比较考察，旨在通过系统考察一些国家或地区的转基因食品法律制度和相关的国际规范，总结出对我国转基因食品法律制度建设的有益启示；最后，深入考察我国转基因食品法律规制的现状，讨论转基因食品研发试验、生产加工和流通消费各阶段中的法律制度，分析其不足之处，并提出完善不足的具体构想。

五、研究内容

本书共分为八部分，第一部分是引言，第八部分是结论，其他六部分主要内容和基本观点如下：

第一章是转基因食品法律规制的基础理论。首先，对转基因技术和转基因食品的发展情况进行介绍，着重讨论转基因食品发展中引发的人类健康方面、生态环境方面以及社会其他方面的诸多问题。其次，自转基因食品引发的问题出发，从维护生态环境安全、保障消费者健康权、促进基因经济健康发展和实现人与自然和谐相处四个视角，深入分析论证了转基因食品法律规制的正当性基础。最后，讨论了转基因食品法律规制的价值取向和路径选择。在价值取向方面，本章认为在不同的转基因食品法律规制价值观中，人类中心主义价值观目前仍处于主导地位，但正在受到生态中心主义价值观的强烈冲击，而中国传统哲学的价值观更具指导意义。转基因食品法律规制的价值取向主要有三个：一是，安全价值，既包括人类安全也包括自然安全；二是，公平价值，既包括代内公平也包括代际公平；三是，秩序价值，既包括人与人之间的社会秩序也包括人与自然之间的秩序。在路径选择方面，本章认为转基因食品具有的外部性、信息偏在、公共产品等属性，以及转基因食品风险的特殊性，导致市场无法实现对转基因食品的有效调整，需要公共权力介入，通过政府来进行调整。

第二章是转基因食品法律规制的比较法和国际法考察。在比较法考察方面，本章通过对美国、欧盟和日本的转基因食品法律制度系统深入地考察分析后认为，美国的转基因食品法律规制较为宽松，以从业者自律为主，政府管制为辅，依循可靠科学原则，规制转基因食品本身，标识制度是自愿标识为主，强制标识为辅；欧盟的转基因食品法律规制最为严格，政府建立了相对完整的管理体系，依循风险预防原则，规制转基因食品生产过程，采取强制标识制度；日本转基因食品法律规制较为接近欧盟，但该国实行的"区分生产流通管理"制度，颇具特色。通过对上述国家或地区法律制度的比较研究，对我国启示如下：应该采取风险预防原则，规制转基因食品生产过程，采取强制标识制度。在国际法考察方面，本章依据转基因食品特点，将相关国际规范分为两类进行考察，一类是以环保与健康为中心的转基因食品国际规范，主要包括《生物多样性公约》（CBD）、《卡塔赫纳生物安全议定书》（CPB）等；另一类是以贸易自由为中心的转基因食品国际规范，主要包括《关税与贸易总协定》（GATT1994）、《实施卫生与植物卫生措施协议》（SPS）和《技术性贸易壁垒协定》（TBT）等。通过深入系统地分析考察，本章认为两类国际规范在管理前提、管理原则以及管理方法等方面存在严重冲突，并结合欧美转基因食品案提出协调构想，得到的启示是：我国在转基因食品贸易中，容易与他国发生国际纠纷，应当积极完善国内立法，充分注重国际协调。

第三章是转基因食品研发试验的法律规制。首先，结合转基因食品研发试验中可能产生的伦理、安全、决策等方面的问题，从保障转基因食品研发试验活动安全、在源头上控制转基因食品安全和保障转基因食品商业化进程健康有序等方面，讨论了转基因食品研发试验法律规制的重要意义。其次，通过对我国法律法规的考察，认为我国针对转基因食品研发试验中可能产生的问题，建立了转基因生物安全评价制度、转基因食品研发试验的报告制度、报批制度和安全监控制度；指出我国转基因生物安全评价制度存在管理机关产生机制不科学、检测机构认可机制不健全和运转机制不明确的不足，转基因食品研发试验报告制度存在适用范围狭窄的不足，转基因食品研发试验报批制度存在审批标准不明确的不足，转基因食品研发试验安全监督制度存在缺乏可操作性的不足。另外，我国上述法律制度中，缺乏转基因食品信息公开机制。最后，本章指出应当将预防原则、透明原则和公众参与原则，作为完善我国转基因食品研发试验法律制度的基本原则。提出并论证完善不足的以下具体构想：建立安全评价管理机关成员遴选制度和检测机构认可制度，以完善转基因生物安全评价制度；扩大报告制度适用范围、明确转基因生物安全证书的审批标准和建立信息公开制度，以完善转基因食品研发试验报告制度和报批制度；制定安全监督制度的实施细则，并充分发挥公众监督功能，以完善转基因食品研发试验安全监督制度。

第四章是转基因食品生产加工的法律规制。首先，结合转基因食品生产加工中可能产生的破坏生态环境、降低食品安全性等方面的问题，从保障生态环境安全需要、确保上市转基因食品安全性需要和维护转基因食品产业健康发展需要等方面，论证了转基因食品生产加工法律规制的必要性。其次，通过对我国法律法规的考察，认为我国针对转基因食品生产加工中可能产生的问题，建立了转基因食品原料生产行政许可制度、转基因食品原料安全评价制度、转基因食品原料卫生行政许可制度、转基因食品加工行政许可制度和转基因食品安全评价制度。再次，指出转基因食品原料生产行政许可制度，存在生产报批和生产信息定期报告相关规定缺乏可行性的不足；转基因食品加工行政许可制度，存在适用范围过于狭窄、许可要求严重忽视对人类健康的保护等不足；另外，我国缺乏对转基因食品原料运输、贮存进行规制的具体法律制度。最后，本章指出应当将生态环境与人类健康保护并重原则、全程规制原则和可行性原则，作为完善我国转基因食品生产加工法律制度的基本原则。基于此提出并论证完善不足的以下具体构想：建立转基因食品原料生产三级审批制度和生产相关信息网络管理制度，以完善转基因食品原料生产行政许可制度；制定转基因食品原料运输、贮存法律规制的实施细则，以填补制度缺失；扩大加工行政许可适用范围和提高加工行政许可具体要求，以完善转基因食品加工行政许可制度。

第五章是转基因食品流通消费的法律规制。首先，结合转基因食品流通消费中可能产生的侵害消费者权益、侵害国家利益等方面的问题，从保护消费者权益需要、维护国家利益需要等方面，论证了转基因食品流通消费法律规制的必要性。其次，通过对我国法律法规的考察，认为我国针对转基因食品流通消费中可能产生的问题，建立了转基因食品标识制度、转基因食品进口审批制度、转基因食品进口检验检疫制度。指出转基因食品标识制度，存在与相关法律法规冲突、标识对象范围狭窄、缺少风险限值设定和缺乏转基因检验国家标准等不足，并结合发生在我国的雀巢转基因案进行实证分析；转基因食品进口审批制度存在部门间审批原则相互冲突、缺乏同国际规范的协调性等不足；转基因食品进口检验检疫制度存在与进口审批制度衔接性差、强制检测转基因项目对象太少等不足。最后，指出应当将消费者权益特别保护原则、协调性原则和分步实施原则，作为完善我国转基因食品流通消费法律制度的基本原则。基于此提出并论证完善不足的以下具体构想：加强研究，增速制定，建立国家转基因食品检测技术标准体系；明确目标，三步实施，完善转基因食品标识制度；统一原则，明确分工，完善转基因食品进口审批制度；提高要求，增设项目，完善转基因食品进口检验检疫制度。

第六章是转基因食品突发事件的法律规制。首先，笔者认为转基因突发事件有破坏生态环境安全的突发事件、损害人类健康的突发事件等多种表现形式，结合转基因食品突发事件的特殊性，从应对转基因食品突发事件突发性的需要、应对转基因食品突发事件公共性的需要和应对转基因食品突发事件严重危害性需要等方面，论证了转基因突发事件法律规制的必要性。其次，通过对我国法律法规的考察发现，虽然我国针对转基因食品突发事件，建立了转基因食品突发事件应急预案制度和转基因食品召回制度，但是转基因食品突发事件应急预案制度存在适用对象不全面、协调性不够等不足；而转基因食品召回制度存在缺失召回义务主体、召回对象范围狭窄等的不足。最后，本章指出应当将及时原则、效率原则和法治原则，作为完善我国转基因食品突发事件法律制度的基本原则。基于此提出并论证了完善不足的以下具体构想：制定应急预案管理规范或制定专门应急预案，以完善转基因食品突发事件应急预案制度；增加履行召回义务的主体和扩大召回对象的范围，以完善转基因食品召回制度。

第一章 转基因食品法律规制的基础理论

第一节 转基因食品与转基因食品问题

一、转基因技术和转基因食品

（一）转基因技术

自古以来,"种瓜得瓜、种豆得豆"已被人类熟视无睹,认为是当然之事,与此同时,缘何如此也成为一直困扰人类的难题。但科学家们并没有让这种困惑成为不解之谜,而是前仆后继地去探索生命的奥秘。

在宏观方面,现代遗传学创始人奥地利生物学家孟德尔在豌豆试验基础上,于1965年总结出分离定律、显性定律和自由组合定律三条遗传学定律,并推论有"遗传因子"存在。1908年,丹麦生物学家约翰森提出"基因"一词代替孟德尔的遗传因子,并首先提出基因型和表现型的概念,把遗传基础和表现性状科学地区别开来,这个观点对遗传学的发展有重大意义。1926年,美国遗传学家摩尔根在十几年试验的基础上,撰写了《基因论》一书,指明染色体是基因的物质载体,为基因理论奠定了基础。

在微观方面,德国学者弗里德于1869年从白血球里分离到细胞核,发现这些细胞核里含有一种崭新的含磷物质,主要成分是脱氧核糖核酸(DNA)和染色体蛋白质的复合体,并将其命名为"核质"。此后,科学家经过不断研究探索,发现了将脱氧核糖核酸与其所附着的蛋白质分离的方法,为进一步对DNA进行研究分析打下基础。1944年奥斯瓦德和科林通过实验证明，蛋白质不可能是遗传物质，并发现如果彻底破坏DNA，则细胞会失去遗传能力，实验结论显示遗传物质应该是DNA。1952年阿尔佛雷德和玛撒证实了遗传物质为DNA，并将携带合成特定蛋白质所需指令的DNA称为基因。1953年詹姆士与克里克根据实验数据，提出DNA是双螺旋结构[1]的模型。[2]至此，人类关于生命遗传的疑惑似乎有了答案，但人类的探索并未就此结束。在确定基因为遗传物质之初，由于物种特征能够稳定遗传，并且好像只能稳定遗传，于是几乎所有的遗传学家均认为，位于染色体上的基因就像铁板上钉的钉，一动不动。直到1956年，美国学者麦克林托克提出"跳跃基因"的新观念，认为基因可以移动，才对这个固有观念提出质疑，但令人遗憾的是，她的观点超越了时空，在当时根本无法找到知音，被所谓的主流观点所孤立。无知与偏见终会被真理与勇气所击垮，随着20世纪60年代末，基因能够转移的证据在美国、英国、德国等地接二连三地被发现，基因能够转移的观念才被公认，麦克林托克博士也因其伟大发现而荣获诺贝尔奖。[3]

观念已经更新，探索还在继续。"基因能够转移"的观念至关重要，它给科学家们的研究指明了方向。既然DNA是遗传物质，而且基因能够转移，人类很容易想到，是否能够通过控制基因，使物种表现出人类希望的性能。1967年，有6个实验室同时在细菌中发现了能连接DNA断片的蛋白质，这种蛋白质被称为"核酸连接酶"；1968年，美国的史密斯、维尔柯克斯和柯拉那合作，在大肠杆菌中发现了一种能够有节制地把DNA"剪开"的酶，这种酶称为"限制性核酸内切酶"[4]。1972年，美国斯坦福大学的伯格利用这两种酶，将两种病毒的DNA连接起来。科学家们的后续研究还证明，所有活性

---

[1] DNA的双螺旋结构好比一个扭转的绳梯，由糖和磷酸分子交替连接组成的两条链相互缠绕成螺旋。每个糖分子上附着一个"碱基"，共有4种不同的碱基：腺嘌呤（A）、胸腺嘧啶（T）、胞嘧啶（C）和鸟嘌呤（G）。两股螺旋的碱基之间由弱键连接，就像梯子之间的横档一样；其结构总是A与T配对，C与G配对。

[2] Robert F. Weaver, *Molecular Biology*, U.S.: The McGraw‐Hill Companies, Ins. 1999, pp. 20~23.

[3] 谈家桢：《基因转移》，上海教育出版社2004年版，第2~3页。

[4] "工欲善其事，必先利其器"，技术高超的大夫若无手术刀和缝合针线，也绝不会出现妙手回春的奇迹。连接酶和内切酶的发现，无异于对DNA进行裁剪缝合的针线，为干预生物体的遗传物质，改造生物体的遗传特性，直至创造新生物类型提供了必要的手段和工具。目前，已经从不同微生物中分离出几百种限制性内切酶，这些限制性内切酶几乎可以剪切任何DNA片断，得到单个的基因。

生物体内的DNA，不仅物理结构和物质组成相同，而且指定每种氨基酸的碱基序列（基因密码）都是相同的。如果说基因能够转移的观念解决的是认识问题的话，连接酶和内切酶的发现则解决的是技术问题，如此阻挡在人类面前的改变物种基因的两扇大门一起打开，转基因技术亦应运而生。

转基因技术又称基因工程，关于其内涵我国学者有不同的表述。有的认为，转基因技术是用酶学方法将异源基因与载体DNA在体外进行重组，将形成的重组因子转入受体细胞，使异源基因在其中复制表达，从而改造生物特性，大量生产人类所需要产物的新生物技术；[1]有的认为，转基因技术是将某种生物体内控制其特定性状的基因作为外源基因（目标基因），按照人的意愿经过体外重组后再转入移植到另一种生物体内并使之表达，使这个基因能在受体生物内复制、转录、翻译、表达，从而产生出人们所期望的产物或者达到某种目的。[2]尽管表述有些许差异，但其实质内容并无不同，唯一需要补充的是，还存在生物体内原来存在某种基因，通过转基因技术使之不表达的情况。[3]所以，我们可以把转基因技术概括地定义为，通过修饰DNA来转移、去除或者改变遗传信息的技术。转基因技术包括四个方面的基本内容：一是选取符合人们需要的DNA片断，即选取目的基因；二是将目的基因与质粒或者病毒DNA（载体）连接成重组DNA；三是把重组DNA引入某种生物细胞（受体细胞）内；四是把能表达目的基因的受体细胞挑选出来并使之表达。

转基因技术使人类有能力从生物体遗传物质水平上来改造生物体，不仅极大地加速了物种进化，还成功地克服了物种之间的遗传屏障，更主要能使生物朝着人们期待的方向发展，甚至创造出自然界里原本不存在的生命形态。当前，转基因技术主要应用在农业和医药领域，尤其在农业领域里应用得相当广泛，创造出了形形色色的转基因生物，进而生产出品种繁多的转基因食品。

必须说明的是，转基因技术与传统生物技术（即杂交育种）的区别。传

---

[1] 吕选忠、于宙编著：《现代转基因技术》，中国环境科学出版社2005年版，第43页。
[2] 曾北危主编：《转基因生物安全》，化学工业出版社2004年版，第4页。
[3] 比如大家熟悉的延熟转基因番茄都是如此。能够促使番茄成熟的化学物质是乙烯，科学家们通过一种乙烯合成酶（番茄自身存在）的反义RNA基因，使得番茄内的乙烯合成酶不能表达，从而使得番茄无法合成乙烯，从而达到延迟番茄成熟的效果。

统杂交育种技术是在相同或者具有亲缘关系的物种之间进行杂交,通过对其后代进行持续选择,挑选出拥有某种性状的理想株系。与转基因技术的共同点是,都是通过变化 DNA 来实现目标;不同点是,转基因技术更加快捷,目的性更强,也更加容易控制,更主要的是转入基因的来源不受物种的限制,包括人类、动物、植物、细菌、病毒等所有生物体内的基因,都可以成为转移的目标基因。

(二) 转基因食品

1. 转基因食品的定义及其分类

(1) 转基因食品的定义。关于何谓转基因食品,我国卫生部曾经在 2002 年出台的《转基因食品卫生管理办法》[1]中规定,转基因食品系指利用基因工程技术改变基因组构成的动物、植物和微生物生产的食品和食品添加剂;但卫生部颁布的《新资源食品管理办法》[2]于 2007 年 12 月 1 日生效后,《转基因食品卫生管理办法》即失去效力。国家卫生与计划生育委员会颁布的《新食品原料安全性审查管理办法》[3]于 2013 年 10 月 1 日施行后,《新资源食品管理办法》也失去效力。因此,尽管我国现行法律法规中还有"转基因食品"这种表述,但对转基因食品的具体内涵均没有界定。对转基因食品进行定义,必须考虑两个方面,一是食品的定义,二是转基因因素介入到何种程度,才能将食品归入转基因食品的范围。对于食品的定义,我国《食品安全法》[4]规定得比较明确,食品是指各种供人食用或者饮用的成品和原料以及按照传统既是食品又是药品的物品,但是不包括以治疗为目的的物品。

可见,转基因食品界定的难点主要在于转基因因素的影响方面,是以是否用转基因原料生产食品为标准来判断,或是以最终产品中是否含有转基因成分为标准来判断,还是以食品生产过程中是否有转基因因素参与为标准来判断,是摆在我们面前的问题。笔者认为,应当以食品生产过程中是否有转基因因素参与为标准来判断,无论食品生产过程中是全部使用的转基因原料,还是部分使用的转基因原料,抑或使用转基因微生物为工具,得到的产品均

---

[1] 2002 年 4 月 8 日卫生部令第 28 号(已失效)。
[2] 2007 年 7 月 2 日卫生部令第 56 号(已失效)。
[3] 2013 年 5 月 31 日国家卫生与计划生育委员会令第 1 号。
[4] 2009 年 2 月 28 日主席令第 9 号。

称为转基因食品,而产品中是否含有转基因成分,则在所不问。因此,笔者概括地将转基因食品定义为,转基因食品是指利用转基因生物生产的食品和食品添加剂。于此定义下,转基因食品涵盖了供人类食用的所有未加工、半加工、深加工的转基因物品,以及在生产、加工、制作、处理等过程中由于工艺原因介入转基因因素而得到的所有物品。

(2)转基因食品的分类。对转基因食品进行分类,有利于人们对转基因食品加深认识,也有利于对转基因食品进行规制。转基因食品可以依据不同的标准进行分类,以下是两个最常见的分类方法:

第一,按照食品加工的程度进行分类。按照加工程度高低将其分为三类,一是,转基因动植物、微生物产品;二是,转基因动植物、微生物直接加工品;三是,以转基因动植物、微生物或者其直接加工品为原料生产的食品和食品添加剂。这种分类标准显然是受到2001年国务院颁布的《农业转基因生物安全管理条例》[1]的影响,[2]事实上并不十分科学,比如我们很难区分"转基因动植物、微生物直接加工品"和"以转基因动植物、微生物为原料生产的食品和食品添加剂",因为两者之间存在很大交集。

第二,按照转基因生物种类进行分类。以转基因生物种类为标准,转基因食品可以分为以下三个类型:①转基因微生物食品。转基因微生物食品,是指利用转基因微生物生产的食品和食品添加剂。自1982年世界上第一例转基因微生物问世以来,转基因微生物研究已经取得丰硕成果。许多食品生产过程中所使用的食品添加剂[3],都可以采用发酵工艺生产,而发酵工艺中使用的生产菌种大都可以利用转基因技术进行改良。目前,工业上使用较为普遍的是转基因酵母、食品发酵用酶,用于生产发酵食品。发酵食品是通过微生物或者酶作用于原料,使之发生化学变化,最终产生口味、色泽、感官上

---

[1] 2001年5月23日国务院令第304号。
[2] 我国《农业转基因生物安全管理条例》第3条规定,农业转基因生物是指利用基因工程技术改变基因组构成,用于农业生产或者农产品加工的动植物、微生物及其产品,主要包括:①转基因动植物(含种子、种畜禽、水产苗种)和微生物;②转基因动植物、微生物产品;③转基因农产品的直接加工品;④含有转基因动植物、微生物或者其产品成分的种子、种畜禽、水产苗种、农药、兽药、肥料和添加剂等产品。
[3] 如酶制剂、氨基酸、维生素、增稠剂、有机酸、乳化剂、表面活性剂、食用色素等。

的变化,市场上的转基因微生物食品主要有面包[1]、酱油、啤酒、奶制品等。②转基因植物食品。转基因植物食品是指由转基因植物产生的食品或者利用转基因植物生产的食品和食品添加剂。自从1983年世界上第一例转基因植物问世以来,在短短的二十几年里,转基因技术在农作物品种改良方面得到了广泛应用,先后培育出具有延缓成熟、耐极端环境、抗虫害、抗病毒、抗枯萎等性能的作物,以及不同脂肪酸组成的油料作物、多蛋白的粮食作物,涉及的食品作物包括玉米、大豆、小麦、油菜、水稻、土豆、番茄、西葫芦等主要粮食和果蔬品种。其中,在国外大豆、玉米、油菜等粮食作物已经实现大规模商业化生产,转基因植物食品可以说是转基因食品中发展最为迅速的部分,市场上的转基因植物食品已经比比皆是,成了转基因食品家族中的绝对主力,有些产品如转基因大豆色拉油在市场上所占的比重甚至超过了同类非转基因产品。③转基因动物食品。转基因动物食品是指由转基因动物产生的食品或者利用转基因动物生产的食品和食品添加剂。自1980年世界上首例转基因动物诞生以来,转基因动物研究取得了长足发展,或许由于动物属于高级生物,基因结构比较复杂,生命结构距离人类太近,转基因动物的商业化生产会带来更多的伦理上的争议,所以商业化进展比较缓慢;但同样是因为动物生命结构距离人类比较近,使得转基因动物食品不仅具有高产量和高品质的优势,更可能具有保健和医疗功能。因此,世界各国对转基因动物研究十分重视,纷纷加大投入,努力争取先机。目前,转基因动物研究主要集中在鱼类、猪、牛、羊等种类。

2. 转基因食品发展状况。尽管自转基因食品诞生伊始,就伴随着奉为天使的赞扬和视为魔鬼的诅咒,伴随着令人神往的美好憧憬和让人惶恐的安全隐患,伴随着日胜一日的科学及社会的争议和与日俱增的国内及国际诉讼;但这些因素并未阻止或是妨碍转基因食品的发展壮大,其近乎神速的发展态势令任何其他食品相形见绌,显示出强劲的发展势头。

(1) 转基因食品科学研发方面。转基因食品已经从以抗虫、抗病、高产

---

[1] 第一个采用转基因技术的食品微生物即为面包酵母。由于把具有优良特性的酶基因转移入该菌中,使该菌含有的麦芽糖透性酶和麦芽糖酶的含量比普通面包酵母高,面包加工中产生的二氧化碳气体量也较高,最终制造出膨发性能良好、松软可口的面包产品。这种转基因微生物在面包烘焙过程中会被杀死,所以食用安全,英国1990年已经批准使用。参见殷丽君、孔瑾、李再贵编:《转基因食品》,化学工业出版2002年版,第93页。

为特点的第一代产品,向以提高营养价值甚至具备医疗功能的第二代产品进发。例如,2006年11月11日,在上海市第九期院士讲坛上,医学遗传学专家曾溢滔院士透露,我国科学家在转基因动物乳腺生成器的研究上已取得突破性进展,不仅顺利获得转基因鼠、转基因鱼、转基因猪、转基因鸡等具有快速生长能力或抗病能力的动物种系,而且还成功研制出乳汁中具有能够治疗血友病凝血因子Ⅸ的转基因羊,以及含有人血清蛋白基因的转基因试管牛。若一切进展顺利,在未来的5到10年内,转基因新药在我国就能进入临床试验阶段,开始引领新一代医药产业。曾溢滔表示,利用转基因动物,只需饲养大量的转基因牛、转基因羊等家畜,就可源源不断地从动物的乳汁中获取人类所需要的药物蛋白质。甚至随着科学的进步,人类只需直接饮用转基因动物生产的乳汁,就可达到治疗、保健的效果,其拥有的周期短、产量高、能传代等优点,绝对是传统生物医药产业所不可比拟的。[1] 再比如,美国已开始利用水果、蔬菜生产抗肝炎、霍乱等传染病的疫苗。在利用动物的奶和蛋生产药物的领域,一些研究成果的前景被看好,包括绵羊奶已用于治疗囊性纤维变性,山羊奶已用于治疗癌症,鼠奶已用于治疗类风湿,鸡蛋已用于治疗流感。不仅如此,美国已经启动了这些具有医疗效果的转基因食品的商业化步伐。美国温特里亚生物科学(Ventria Bioscience)公司将人类乳铁蛋白的基因转入水稻,希望由转基因水稻提炼乳铁蛋白,这个经修饰的蛋白质具有抗微生物与类似其他药物的作用,可以治疗婴儿的腹泻,或者作为营养添加剂。该公司已经向美国农业部申请在堪萨斯州种植该种水稻3200英亩。[2] 目前,我国在转基因水稻、转基因鲤鱼等方面的研究具有一定优势。

(2) 转基因食品商业化方面。[3]

第一,种植面积。自1996年转基因作物实现商业化以来,全球转基因作

---

[1] 转引自程蓉、王春:"基因动物的乳腺将成为药物生产车间:喝牛奶羊奶将替代打针吃药",载《科技日报》2006年11月14日第1版。

[2] Bill Freese,"A Grain of Caution: A Critical Assessment of Pharmaceutical Rice", http://www.centerforfoodsafety.org/pubs/Pharmaceutical%20Rice - FINAL.pdf, 访问时间:2007年4月5日。

[3] 该部分相关数据来源于国际农业生物技术应用服务组织(The International Service for the Acquisition of Agri - biotech Applications, ISAAA)的统计报告。更详细的资料请参阅 ISAAA. Global Status of Commercialized Biotech/GM Crops: 2013 [DB/OL]. http://www.isaaa.org/resources/publications/briefs/46/default.asp, 访问时间:2014年2月14日。

物的种植面积每年都在增加,商业化18年中有12年达到两位数的增长率。全球转基因作物的种植面积从1996年的170万公顷增加到2013年的1.75亿公顷,增加了100倍以上。

第二,种植农民。2013年有创纪录的1800万农民种植了转基因作物,其中90%以上(即1650万)是发展中国家的小农户。2013年有750万中国农民和730万印度农民选择种植了超过1500万公顷转基因棉花,将近40万菲律宾小农户种植了转基因玉米。

第三,地域分布。2013年,种植转基因作物的国家有27个,其中包括19个发展中国家和8个发达国家,按照种植面积顺序为:美国、巴西、阿根廷、印度、加拿大、中国、巴拉圭、南非、巴基斯坦、乌拉圭、玻利维亚、菲律宾、澳大利亚、布基纳法索、缅甸、西班牙、墨西哥、哥伦比亚、苏丹、智利、洪都拉斯、葡萄牙、古巴、捷克、哥斯达黎加、罗马尼亚、斯洛伐克,前10个国家的种植面积都超过100万公顷。[1]

第四,经济价值。根据Cropnosis估计,2013年全球转基因作物的市场价值为156亿美元,占全球作物保护市场715亿美元的22%,占商业种子市场450亿美元的35%。预计全球已收获的最终商业产品(转基因作物和其他收获的产品)的收入为转基因种子单独价值的10倍以上。

第五,发展态势。2013年主要转基因作物在发达国家继续稳定增长,发展中国家(采用率维持在90%的最佳比例,已很少或者无增长空间)的成熟转基因作物市场也继续稳定增长。伴随着发展中国家不太成熟的转基因作物市场的采用率的增长,例如在布基纳法索(2013年增长率大于50%)、苏丹(2013年增长率大于300%),转基因作物(包括主要作物和孤生作物)都越来越被社会特别是发展中国家所接受。我国已经于2009年11月27日批准了转基因植酸酶玉米的生物安全证书,包括印度尼西亚和越南在内的亚洲其他

---

[1] 2013年转基因作物全球种植前十位情况如下:①美国,种植面积7010(万公顷,下同),种植作物为玉米、大豆、棉花、油菜、甜菜、苜蓿、木瓜和南瓜;②巴西,种植面积4030,种植作物为大豆、玉米和棉花;③阿根廷,种植面积2440,种植作物为大豆、玉米和棉花;④印度,种植面积1100,种植作物为棉花;⑤加拿大,种植面积1080,种植作物为油菜、玉米、大豆和甜菜;⑥中国,种植面积420,种植作物为棉花、木瓜、白杨、番茄和甜椒;⑦巴拉圭,种植面积360,种植作物为大豆、玉米和棉花;⑧南非,种植面积290,种植作物为玉米、大豆和棉花;⑨巴基斯坦,种植面积280,种植作物为棉花;⑩乌拉圭,种植面积150,种植作物为大豆和玉米。

的玉米种植国也已经进行了转基因玉米的田间试验并且可能在近期内（2015年）对其进行商业化。转基因耐旱玉米采用率在美洲的提高，以及将该技术转让给一些非洲国家都非常重要。巴西农科院开发的抗病毒豆类将在2015年上市，2013年发布的既抗虫又抗除草剂的大豆有望短时间内在巴西及其邻国达到高的采用率。在非洲有3个国家即南非、布基纳法索和苏丹已经成功进行了转基因作物的商业化，正在进行转基因作物田间试验的另外7个国家（喀麦隆、埃及、加纳、肯尼亚、马拉维、尼日利亚、乌干达）未来有望批准其商业化。转基因棉花和玉米的测试结果良好，正等待上述七国的监管审批，转基因抗旱玉米计划于2017年推广，近期内有望批准一种孤生作物。预计未来几年会出现中等的年度收益和持续的稳定水平，原因是主要转基因作物在发达国家和发展中国家已达到最佳采用率（大于90%），提高空间有限。当越来越多的国家批准转基因作物，中等种植面积的作物（例如种植面积为2500万公顷的甘蔗）和种植面积巨大的作物（例如种植面积为1.63亿公顷的大米和种植面积为2.17亿公顷的小麦）潜在的种植面积都会增加。

二、转基因食品引发的问题

（一）人类健康方面的问题

1. 毒性。转基因食品可能具有的毒性，是社会上最为关注的问题。在毒理学上，我们需要关注转基因食品是否具有免疫毒性、神经毒性、致癌性以及繁殖毒性等多个方面。事实上，有些传统作物也具有毒性，但是人类经过进化已经对其具有一定的免疫力。而转基因食品中的外源性基因的产物常常不是受体物种的原有成分，所以不存在天然的降解酶和代谢循环，如此一来，就很可能造成外源性基因的产物在人体中进行积累，或者不正常降解，甚至产生不可预知的分解产物。无论是外源性基因的产物还是其代谢过程中形成的新产物，都可能具有毒性。在转基因过程中，还有可能造成内源毒性的释放、插入基因的不稳定性、基因沉默、代谢途径改变、沉默基因的激活、现有基因产物水平的改变以及后续的次生新陈代谢效应的间接影响等一系列效果，也有可能造成食品安全问题。比如，Bt系列的转基因生物都具有抗虫性，原理是Bt毒素可以杀灭特定害虫，但Bt毒素对人类可能也有毒害，可以引起胃痛、腹泻、皮疹等症状或者其他负面潜在效应，像星联玉米中含有的杀虫蛋白Cry9C就有明显的过敏毒性。

另外,转基因生物存在提高新病毒出现的可能性,由于转基因作物的种植,新转入的基因会促成土壤中的微生物发生突变从而产生新的病毒,虽然是植物性病毒,但是这种病毒越过种子的壁垒,成为人类的病原体也并非没有可能。[1]

2. 抗生素耐药性。由于转基因技术还不够成熟,外来基因转入受体生物的成功率很低,因此需要有一套检测转基因实验是否成功的方法。目前,科学家们普遍采取的方法是,在转化靶标基因的同时,转入特定抗生素抗性基因作为标记基因,然后将处理过的细胞在加入该抗生素的培育基中培养,存活下来的细胞就一定含有抗生素抗性基因;由于标记基因和靶标基因的位置很近,存活的细胞也被认为是转基因成功的个体。所以,抗生素抗性基因作为标记基因,在商业转基因生物实验中被大量使用,也就造成了抗生素抗性基因会一直存在于转基因生物的器官中。人们在食用转基因食品后,食品中的抗生素抗性基因可能被转入消化系统中的细菌体内,使细菌对抗生素药物产生抗药性,从而使抗生素丧失治疗效果。众所周知,自1944年起抗生素就是人类常用的消炎药品,对人类健康具有极其重要的意义。不仅如此,现在已经有几种转基因生物采用卡那霉素抗性基因作为标记基因,这种基因只要发生单一突变就可以产生对氨基丁卡霉素的抗药性;而氨基丁卡霉素被认为是人类医药中的"保留"抗生素,是国际医药界储备的应急"救危"药物,至今还未被世界医药界启用。这就意味着转基因生物滥用抗生素,使得其抗性已经广为传布,很可能会造成人类面对疾病时无药可用的后果,这对人类而言是一个非常危险的信号。因此,已经有一些科研人员就转基因食品中的标记基因对人体可能造成的不良影响,向世人发出了警告。[2]

3. 致敏性。转基因生物可能产生新过敏源,是另一个被社会普遍关注的问题。过敏性风险在医学上称为变应原性风险,它同免疫系统有密切关系。一般而言,人类变应原性风险是非常低的,只有少数人会有严重症状。而转基因食品可能诱发或者加重这种变应原性风险,因为受体生物引入外源性基

---

[1] Chineme OK Anyadiegwu, "A Need for Unbiased Research into the Potential Health Risks of Genetically Engineered Crop Products", *S. J. Agri. L. Rev.*, 1 (2003), 211.

[2] Luke Brussel, "Bioethics Symposium: National and Global Implications of Genetically – Modified Organisms: Law, Ethics& Science: Engineering A Solution to Market Failure: A Disclosure Regime for Genetically Modified Organisms", *Cumb. L. Rev.*, 34 (2003/2004), p. 429.

因后，会带上新的遗传密码进而产生新的蛋白质，这些新蛋白质可能引起食用者或者接触者出现过敏反应。人类在自然环境中发育进化形成的人体免疫系统可能难以或者无法适应转基因生物生成的新型蛋白质而诱发过敏症。转基因食品进入食物链后，这种过敏源对婴儿和儿童危害可能会更显著，因为成年人中食品过敏症发病率为1%～2%，而儿童则上升为6%～9%。转基因食品导致过敏的原因，可能是由于外源基因本身的产物所致，也可能是外源基因改变受体生物天然营养成分的表达水平所致。目前来看，转基因食品中新的蛋白质是否会导致过敏很难判定，因为许多外源基因来自也许永远都不会作为食品的微生物。更为雪上加霜的是，人类对食品过敏的检测能力也很有限，因为诊断食品过敏的方法很难找到或者不准确，绝大多数转基因食品的潜在致敏性是不确定、不可预见和不易测试的。[1]而且，在人类消化过程中，是否会产生新的过敏源也未可知，比如在体内蛋白质降解成为小片断或者多肽，这些新产生的未知因子的过敏特征就很不明朗。

另外，目前很少有人对转基因植物的花粉过敏问题进行研究，这或许是花粉不是食品的缘故，但从世界范围看，有些地区的人们确实把花粉作为美容产品或者其他营养品进行食用，所以转基因植物花粉也可能是新的过敏源。

4. 营养失衡。关系到人体健康的营养因子包括脂肪、糖类、蛋白质、维生素、矿物质等多种物质，转基因食品刻意增加某种营养因子的含量，可能会引起其他营养因子含量的变化或者失衡，在人们饮食文化和饮食习惯没有改变的情况下，可能会造成人们营养不平衡从而损害人体健康。有研究发现，外来基因会以一种人们目前还不甚了解的方式破坏食品中的有益成分。英国伦理与毒性中心的实验报告称，与一般天然大豆相比，在两种除锈剂或者抗除草剂的转基因大豆中，具有抗癌能力的异黄酮分别减少了12%和14%。转基因生物中插入的外源性目的基因改变了生物自身原有的复杂生物化学路径，改变了原有的新陈代谢，其生化作用的结果很难预料，还可能受环境条件变化的影响而产生变异。如转基因油菜中的类胡萝卜素、维生素E、叶绿素均发生了变化，油菜籽中芥子酸胆碱也发生了变化；转基因玉米中的破坏营养成分的胰岛素抑制剂和肌醇六磷酸均有变化。已经有实际案例证明，在炎热

---

[1] [美]玛丽恩·内斯特尔：《食品安全：令人震惊的食品行业真相》，程池、黄宇彤译，社会科学文献出版社2004年版，第130页。

干燥气候条件下，RR 转基因大豆会发生大规模茎干爆裂事件，检测发现大豆体内木质素含量增加，而生长激素含量却比普通大豆要低 12% 到 14%，这意味着大豆营养质量的下降。[1]

(二) 生态环境方面的问题

1. 破坏生物多样性。通过转基因技术，转基因生物已经突破了物种界限，具有普通物种所不具备的优势特征，释放到环境中去后，会改变物种间原来的竞争关系，破坏原有的自然生态平衡，导致物种灭绝或者生物多样性丧失。转基因动物的抗病性加强实际上为病原体提供了更强的选择压力，这就造成了病原体有可能在这强大的选择压力下进一步进化，病原体的进化不仅对转基因动物同时也对非转基因动物群体带来极大的威胁。而且转基因动物往往具有更强的生存能力，其抵御天敌和获取食物的能力可能远远强于非转基因动物，一旦转基因动物释放到环境中，在自然选择的基础上会将非转基因动物淘汰。[2]比如转基因鱼，它具有生长快速、形体较大、繁殖率高等竞争优势，将其释放到环境中后，就很可能会导致同类鱼其他种群的灭绝。转基因生物对非目标生物也可能有无法预知的影响。释放到环境中的抗虫和抗病类转基因生物，除对害虫和病菌致毒外，对环境中的许多有益生物也将产生直接或者间接的不利影响，甚至会导致一些有益生物死亡。比如，目前世界上大面积种植的 Bt 系列转基因作物就会影响非目标生物帝王蝶，1995 年 5 月康奈尔大学所发表的实验结果显示，帝王蝶幼虫在食用洒满 Bt 转基因玉米花粉的叶片后，造成半数幼虫死亡；1999 年，Losey 博士进行用 Bt 玉米花粉喂食帝王蝶幼虫的实验，也得到类似实验结果；[3]另外，在 Bt 转基因作物叶子上的 Bt 毒性，会随着落叶进入泥土中并存活 3 个月以上，毒素对土壤中的微生物也会造成严重的伤害。[4]此外，转基因生物的基因漂流现象，也可能会使

---

[1] 曾北危主编：《转基因生物安全》，化学工业出版社 2004 年版，第 50~54 页。

[2] 张树珍：《农业转基因生物安全》，中国农业大学出版社 2006 年版，第 119 页。

[3] Losey JE, Rayor LS, "Carter ME. Transgenic Pollen Harms Monarch Larvae", *Nature*, 399 (1999), p. 214.

[4] Neil D. Hamilton, "Legal Issues Shaping Society's Acceptance of Biotechnology and Genetically Modified Organisms", *Drake J. Agric. L.*, 6 (2001), p. 95.

其所携带的新基因在野生物种中固定下来，导致生物多样性的减少。[1]

2. 制造超级杂草[2]。杂草具有强大的生存竞争能力，是造成农作物减产的主要原因之一；为了控制杂草，世界各国每年都要投入巨大的人力和物力。抗除草剂转基因作物大量种植后，其本身或者其抗除草剂基因与某些杂草基因进行组合后，就可能产生高抗除草剂的转基因超级杂草。植物杂草化是指那些原来自然分布或者被栽培的植物，在新的人工生态环境中自然繁殖其种群，最终转变为杂草的演变过程，可以分为原始植物杂草化和现代植物杂草化两类。原始植物杂草化是指在经历第四纪冰川后遗存和繁衍的某些植物，在长期受到人类原始农业、机械农业、化学农业活动，以及生态环境的改良等深刻影响下形成杂草的过程；现代植物杂草化是指外来栽培品种的杂草化和逃逸植物杂草化。目前，全球转基因农作物种植总量的75%是抗除草剂转基因作物，这是推行工业化种植的结果，却为现代植物杂草化，甚至形成超级杂草创造了条件。[3]如果转基因作物本身是具有很强杂草特性的作物如大麦、水稻、小麦、油菜等，则可能会因为其具有比原亲本植物更强的生存能力而有更多的机会变为杂草。如果转基因作物本身不具有杂草化特征，其有可能通过花粉传播等途径，将新基因转移到野生亲缘种或者杂草上，造成基因漂流，形成难以控制的超级杂草。[4]

3. 基因污染。基因漂流是转基因生物造成其他物种基因污染的主要原因。转基因生物可以通过花粉传播等途径，转移到其他物种或者野生亲缘种上，形成水平基因漂流；转基因生物还可以通过世代繁衍，从亲代的遗传物质通过子代来传播，形成垂直基因漂流。

转基因生物进入环境后，首先污染的是其亲近性物种，因为它们之间不仅杂交成功率非常高，形成基因漂流的途径也非常多。比如通过昆虫、鸟类、风力等媒介使转基因作物花粉四处扩散，漂流新基因可与近缘植物或者可相

---

[1] Margaret Ross Grossman, "Biotechnology, Property rights and the Environment", *AM. J. COMP. L.*, 50 (2001), 218.

[2] 超级杂草一词来源于加拿大抗除草剂转基因油菜事件。加拿大种植油菜的农民，多年在同一或者相邻地块中，种植各种抗除草剂转基因油菜，后来发现油菜地里个别杂草植株居然可以抗一种以上的除草剂，这种可以抗除草剂的杂草被称为超级杂草。

[3] 曾北危主编：《转基因生物安全》，化学工业出版社2004年版，第36~37页。

[4] Sean D. Murphy, "Biotechnology and International Law", *Harv. Int'l L. J.*, 42 (2001), p.59.

容的植物杂交构成基因污染；转基因种子在运输、储存、使用、加工等过程中，遗失或者逃逸进入环境，在其萌芽或者成长过程中造成基因污染。转基因生物可能跨越物种屏障实现基因漂流，给其他物种造成基因污染。生物学基本原理认为，自然界物种为了保持自身的稳定性与纯洁性，对遗传物质基因的改变是严格控制的，基因漂流仅仅限于同种之间或者近缘物种之间。德国一位权威生物学家通过4年多的研究发现，用于改良农作物的转基因生物的基因可能跨越物种间的屏障而实现基因漂流，从而对基因仅在同种间转移的生物学理论提出质疑。实质上，转基因技术本身就是将完全不同种属的外源性靶标基因，人为地跨越物种间屏障，在物种之间进行转移。转基因生物中引入的基因往往活性较强，使得其在基因漂流中能跨越物种屏障而同异种属生物杂交的可能性增大，致使发生基因污染的可能性也相应增大。在转基因技术的激励和诱导下，若转基因在非人为控制下混沌地越种转移，出现杂乱的基因漂流，其后果更是难以预料，甚至会是灾难性的。

（三）社会方面的问题

1. 伦理道德方面的问题。如果说以前的科学技术是在改造外在自然界的话，那么转基因技术是在改造包括人类在内的所有生物的内在世界（基因），使人类掌握了只有上帝才能拥有的力量。于是，有些人不能接受这个现实，认为生物本质是上帝创造的，是自然的排序，是进化的结果，人类操纵基因控制生物有失道德。他们认为，转基因技术不是微小的技术发展，而是剧烈的、违反自然基本原则的新技术。[1]于是引发了转基因食品是否违背自然的争论。有些人认为，转基因食品是非自然的，它是反进化和违背自然的，因此转基因食品被称为"弗兰肯"[2]食品。英国的查尔斯王子警告人们，我们现在已到了伦理和道德的分水岭，若再往前走，便会涉足上帝的领域，而且只属于他的领地。对理解DNA做出了卓越贡献的E·查理伽夫说道："我们

---

[1] Golub, Edward S., "Genetically Enhanced Food for Thought", *Nature Biotechnology*, 15 (1997), p. 112.

[2] "弗兰肯斯坦"（Frankenstein）是英国作家雪莱夫人所写的一本小说中主人公利用科学技术创造出的一种怪物，最后制造者却被自己创造的怪物吃掉。一些人将转基因食品称为"弗兰肯"食品，就是担心人类利用高新生物技术生产的转基因食品会不会像"弗兰肯斯坦"怪物一样将人吞噬掉，反映了人们担心人类过度地"干预自然"会遭到自然的报复，反映了人们对转基因食品安全性的担忧。

有权利为了满足少数科学家的求知欲望而不可逆地抵制亿万年自然进化的智慧吗？未来将会诅咒我们。"如果将"转基因"的不自然特性作为拒绝转基因食品的一个理由，那么即使健康和环境风险消除了，转基因食品必定违反一些重要的界限而遭到自然论者的抵制。转基因食品违背了自然进化的内在规律，是非自然的，而人们对自然的情感和信仰本身作为一种文化应该得到尊重。它向我们昭示：人类必须慎重对待转基因技术和转基因食品，以防它们对人类带来不必要的伤害。我们应该对以下问题进行反思：人类究竟有多大权利仅仅为了自身的利益，而任意篡改天然物种的遗传特性？人的基因是否有自己的尊严而拒绝被转入毫不相关的动植物体内？如果将人（基因）和动物（基因）进行杂交，这是否违背自然规律？转基因技术的最奇特之处，也是引来最大争议的地方，就是它将生物间的天然杂交屏障打破，不同物种间的基因可以进行前所未有的新组合。反对转基因食品的人认为，跨越天然杂交屏障的基因转移是非自然的，是不可预测的，是"反进化"、"违背自然"和"扮演上帝"。转基因作物是一种内在的错误，自然界有自身的权利和进化规律，包括不能打破物种界限的权利和进化规律。传统的杂交技术、育种技术是在同一种物种或亲缘物种之间的基因转移，是按照自然本来的发展规律而进行人工选择的技术，用这些方法种植或生产的食品符合自然规律，被人们食用许多年之后，被证明是安全的。而科学家利用转基因技术生产的转基因食品完全打破了自然界的物种屏障，他们视自然作物的生长规律和生态自我平衡的规律于不顾，是运用"上帝之手"来干预自然。转基因食品是不自然的，是不能被人们接受的。事实上，转基因食品作为高新技术的产物，其本身非常复杂，我们对它的了解并不清楚，自然界经不起突如其来的"惊奇"。就像雪莱夫人所写的小说《弗兰肯斯坦》中的怪物一样，我们无法确定，在转基因技术的背后，是否潜伏着"异形"一样的怪物。因此，在享受转基因技术带来的惊喜时，必须时刻牢记，不要被手中掌握的改变基因的权利所腐蚀，我们现在所能做的其实特别粗糙，尚处在非常初级的阶段。数亿年来，大自然已经替我们完成了大部分"生命的奇迹"。同时，我们也不能忘记，人类的过去充满了"人为的悲剧"，而在这一场席卷一切的"新农业革命"中，我们首先要做的就是竭力避免悲剧的重演。面对反对者的论调，支持者提出了针锋相对的观点。他们认为，其实反对者的观点本身恰好违反了进化论，因为进化不是一成不变的，现在的物种恰恰是长期自然选择和进化的结果。其实,农业本身与生俱来就不是纯粹的自然活动,今天的作物没有一种像它们原始的野生祖先,它们经过数千年的选择而使其更能适应环境和更好地满足人类需要。因此,转基因作物仅仅是人类活动的自然延伸。以转基因抗虫作物为例,试想还有什么样的作物能够像"转基因作物"一样只需很少或根本不需要农药而对环境更好?如果一种作物的产量提高了3倍,从而减小砍伐森林以扩大农田的压力,那么到底是哪一种做法更违反自然?从传统作物育种到现代的转基因育种,一个最明显的进步是控制作物性状的基因被确定下来。传统杂交的另一个特点是非目的基因随着目的基因也转入作物品种中。有时,几千个基因会从供体作物品种转入受体作物品种中,会给预期的效果带来影响。看来,支持基因工程和转基因食品的观点似乎也有很强的说服力。仅仅从科学上讲,转基因技术确实比传统的杂交技术和育种技术要精确得多,但是人类需要尊重自然界本身的规律。一旦人类打破自然进化的规律,后果是无法预料的,可能给人类自身带来灾难。[1]

2. 宗教信仰方面的问题。由于转基因技术突破了物种间的屏障,可以实现在任何物种之间进行基因转移,而且受体物种被转入新基因后,往往并未发生物理外观上的改变。换言之,人们无法从物理外观上进行分辨,一种物种是否含有其他物种的基因。比如,将动物基因引入植物中后,人们从物理外观上根本无从判断其内部是否含有动物基因。因此,转基因食品可能会造成特定宗教信仰者违反戒律,例如佛教的素食主义、回教的禁食猪肉、印度教的禁食牛肉等宗教戒律,均有可能在信仰者毫不知情的情况下,食用了违禁食品而触犯禁忌。宗教信仰是无法用科学来解释的,对于宗教信仰者而言不能逾越的戒律,也许会被无宗教信仰者认为毫无实质意义。但是,身处现代民主社会中的人们,应对他人的自我决定权给予充分的尊重,应对他人因为宗教信仰而欲回避某些食物的权利,给予充分的重视。另外,转基因食品是人类利用科学技术人为干预生命的产物,其与西方宗教理论(基督文明世界)中仅上帝具有创造万物权限的理论相抵触,而且还破坏自然秩序,因此许多欧美卫道人士也反对食用转基因食品。这就涉及转基因食品标识问题,目前有些国家或地区对转基因食品进行标识,而有些没有进行标识。鉴于目前转基因技术已有能力将动物基因转入食用作物的基因组内,若不对转基因

---

[1] 毛新志:《转基因食品的伦理问题研究》,华中科技大学2004年博士论文。

食品进行标识，则宗教信仰者欲回避某些转基因食品的权利就被漠视了，这种漠视实质上是对消费者宗教信仰自由的一种妨碍，因而引发了不小争议，有些国家的消费者甚至走上诉讼维权之路。例如，在美国的 Shalala 案[1]中，原告主张美国食品药品管理局对转基因食品实行的自愿标识制度，没有考虑到有些宗教对特殊食品的限制，违反美国宪法所保障的宗教信仰自由；同时，该政策加重了公民宗教信仰的负担，违反美国"宗教自由恢复法"[2]的相关规定。尽管这些主张并未被法院所接受，法院认为食品药品管理局所采取的制度立场在宗教方面是中立的，原告无法证实自愿标识制度在实质上加重原告信仰宗教的负担；即使自愿标识制度偶然地加重了信仰宗教的负担，也不构成对宗教信仰自由的侵害，因为政府机关履行职责时，拒绝以符合特定公民的宗教信仰的方式行事，并不会造成一项实质性的负担；美国宪法所保障的宗教信仰自由，并不要求政府采取行动促进个人宗教信仰的实践。[3]但是，该案却反映出转基因食品在宗教信仰者中引发的问题客观存在，而且还相当激烈。

3. 消费者保护方面的问题。决定消费者是否消费转基因食品的因素很多，包括宗教上的、道德上的、伦理上的以及个人偏好上的等多个方面。例如回教信徒对于猪肉的禁食，素食者对于所有肉类的回避；再如有一些人可能基于道德、伦理或者环保上的考虑，极力反对生物科技，进而拒绝食用转基因食品。但消费者是否选择转基因食品有一个必要前提，那就是消费者必须首先知道哪些是转基因食品，换言之，消费者要行使选择权，必须先实现知情权。知情权是公民在社会生活中的一项基本权利，是消费者了解和知悉国家重要决策、政府重要事务以及当前发生的与普通公民权利和利益密切相关的重大事件的权利，消费者知情权是知情权的表现形式之一。消费者是否能实现知情权，与转基因食品是否进行标识密切关联，于是就产生了强制标识与自愿标识之争。

要求对转基因食品进行强制标识者主张，消费者有权知道转基因食品转

---

[1] Alliance for Bio-Integrity, et al., v. Donna Shalala, et al., 116 F. Supp. 2d 166 (United States District Court for the District of Columbia 2000).

[2] 42 U.S.C. 2000bb (2003).

[3] 张忠民："美国转基因食品标识制度法律剖析"，载《社会科学家》2007年第6期。

人的基因和各种成分,有权知道转基因食品里的化学变化和给人类带来的累积风险,进而有权利选择是否购买转基因食品;否则是对消费者自主选择权的限制,是不尊重消费者自主选择权的表现。人的自主权是人得以成为人的重要标志。如果一个人丧失了自主权,他就不是一个完整意义上的人;如果一个人的自主权得不到尊重,人就丧失了自己的尊严和价值。不尊重人的自主权,其实质是将人当作物或动物看待,那么人也失去了自己的价值和尊严。此外,不尊重人的自主权也会对一些不愿意吃转基因食品的消费者构成伤害,是不尊重他人的一种表现,尤其对那些素食主义者和宗教信徒来讲,是对他们信仰与人格的一种侮辱,是不尊重人权的一种表现,由此可能引起更严重的社会问题,比如民族冲突与宗教冲突等。在中国这样一个多民族与信仰多样化的国家里,更需要对转基因食品进行标识,否则会引发各种民族问题,后果不堪设想。[1]

反对转基因食品强制标识者认为,强制标识在保护不喜欢转基因食品的消费者利益的同时会损害喜欢转基因食品或者不介意食品中是否还有转基因成分的消费者的利益。从经济学或伦理学的角度看,不能为了一部分人的利益而以牺牲另一部分人的利益为代价。保障那些不喜欢甚至讨厌转基因食品的消费者利益可以选择自愿标识制度。理由是:调查显示,对于转基因食品持有正面态度的消费者,往往不愿意去寻找更多的信息,只有那些对转基因食品持有负面态度的消费者,才更愿意寻找有关转基因食品的信息。让那些担心转基因食品有风险的消费者,付出更多的费用去避免风险是合适的。在自愿性的标签制度下,某些厂商意识到有消费者愿意付出更高的价格来购买不含转基因成分的食品,就会去申请为自己的产品检测,并为自己的产品加贴否定标识;由于检测所增加的成本由那些不愿意购买转基因食品的消费者来承担,而不介意转基因食品或者愿意冒风险食用转基因食品或者喜欢购买转基因食品的消费者,就不必支付由此带来的成本。[2]

关于转基因食品不予标识是否会侵害到消费者权益的问题,已经远远超

---

[1] 毛新志、殷正坤:"转基因食品的标签与知情选择的伦理分析",载《科学学研究》2004年第1期。

[2] 侯守礼、顾海英:"转基因食品标签管制与消费者的知情选择权",载《科学学研究》2005年第4期。

越了学术争论的层面，国内外都有为此走上诉讼之路的报道。例如，美国1996年发生的Amestoy案[1]，中国2003年发生的雀巢食品案。

4. 国际贸易方面的问题。由于基因科技打破了生物进化的时空界限，人为地改变了生物经过数亿年进化而成的稳定基因型，加之人类目前对生物基因的奥秘并未完全破解，转基因技术尚不够完善，所以转基因食品可能具有人类健康和生态环境方面的安全隐患。长期以来，国际社会对转基因食品的安全性在认识上存在严重分歧。[2]基于对转基因食品安全性的认识不同，世界各国对转基因食品采取的管理态度也不尽一致，比如美国、加拿大等国家坚信转基因食品与传统食品一样安全，对其采取宽松的管理态度，而欧盟、日本等地区或国家则对转基因食品安全存有顾虑，对其采取严格的管理态度。管理态度的尖锐矛盾，引发了诸多转基因食品国际贸易争端。最具代表性的当属WTO审理的欧美转基因食品案[3]，虽然此案已于2006年11月盖棺定论，但其折射出的转基因食品安全国际规范之间的冲突问题，值得人们深入思考。该案的发生绝非偶然，而是有其客观必然性。首先，转基因食品利益具有国际性。众所周知，转基因食品研发的门槛很高，既需要很高的技术支持，又需要雄厚的运营资本，所以转基因食品自诞生起就注定了其发展的全球不平衡性，只有兼备以上条件的国家，才具有发展转基因食品的能力。具备条件的国家花费大量人力、物力研发转基因食品，绝非仅追求科研成果，而是追求其所蕴涵的巨大商业利益；若想将潜在利益转变为现实利益，就必须着眼全球市场，通过开展国际贸易才能实现。可见，转基因食品利益本质上具有浓郁的国际性色彩。其次，转基因食品风险具有国际性。随着转基因食品国际贸易的逐步开展，其可能具有的人类健康与生态环境风险也会流转于国际社会之间，可以说，转基因食品风险国际性是其利益国际性的必然结果。最后，各个国家或地区的立法趋向多元化。由于各个国家或地区对转基因食品安全的认识不同，转基因食品与本国或地区利益的相关度不同，致使各国从自身利益出发制定不同趋向的法规，以应对来势凶猛的转基因食品国

---

[1] International Diary Foods Association v. Amestoy, 92 F. 3d 67 (2d Cir. 1996).

[2] Neil E. Harl, "Global Economic and Legal Issues", *Willamette J. Int' l L. & dispute Res.*, 12 (2004), pp. 11~13.

[3] 此案在WTO简称为"欧共体——影响生物技术产品的批准及销售措施案"，国内习惯谓之"欧美转基因大战"，鉴于争议产品主要为食品及其原料，本书以"欧美转基因食品案"命名之。

际贸易和扑朔迷离的转基因食品潜在风险。由此,转基因食品国际贸易安全方面的问题必然会发生,可以预见将来类似案件还会层出不穷。

第二节 转基因食品法律规制的正当性基础

一、维护生态环境安全

(一) 生态环境安全的重要性

关于生态环境安全概念的范畴,目前国内外并无统一的定义。在我国,生态环境安全亦称为环境安全、生态安全,有时被冠以国家职能的含义,称为国家生态安全或国家环境安全。2000年底我国国务院发布的《全国生态环境保护纲要》指出,生态环境安全是指国家生存和发展所需的生态环境处于不受或少受破坏与威胁的状态。在美国,环境安全是指他国或国际环境存在的问题都会对本国造成影响;生物安全是指生物系统的稳定与健康,特别是人口问题和食物系统问题。可见,美国的国家环境安全主要目标并不是针对其本国的环境问题,而以国际法意义为主。俄罗斯将保障生态安全作为保证公民的生态权利得以实现的保障措施。

生态安全和经济安全是国家安全的基础,而在一定意义上生态安全是经济安全的基础,生态安全在不同程度上透过经济安全对其他国家安全因素产生作用。我国近些年来生态安全、生态环境不断恶化,生态赤字日渐膨胀,自然灾害加剧,特别是近年来频繁发生的洪涝、干旱、沙尘暴和急剧扩大的荒漠化,严重干扰了人们的生产生活与社会安定,直接影响到我国社会经济的健康和可持续发展。生态环境受到巨大破坏,甚至对人的生存直接构成威胁,从而使得我国生态安全问题凸显出来。在此背景下,我国对生态环境安全高度重视,并在《全国生态环境保护纲要》中明确指出"(如果)生态环境继续恶化,将严重影响我国经济社会的可持续发展和国家生态环境安全"。[1]

(二) 转基因食品对生态环境安全具有威胁

在转基因食品的研究和生产过程中,无论是转基因生物的环境释放,还

---

[1] 周珂、王权典:"论国家生态环境安全法律问题",载《江海学刊》2003年第1期。

是转基因食品的包装运输、贮存、使用,均可能破坏生态环境安全,主要表现为转基因生物变成超级杂草、伤害非目标物种以及破坏原始生态物种的生态多样性。

转基因生物作为一种特殊的外来物种,已经突破了物种界限,具有普通物种所不具备的优势特征,而且其本身具有固定的遗传性,在其环境释放和大规模的商业化生产中,极有可能因为"基因逃逸"和"基因漂移"而形成新的杂交物种,或者因为"基因污染"而破坏本土的原始基因库,或者改变物种间原来的竞争关系,从而导致本土的原生物种资源的减少,并进一步使整个生态环境蠕变,最终导致物种灭绝或者生物多样性丧失。转基因生物进入环境后,首先污染的是其亲近性物种,因为它们之间不仅杂交成功率非常高,而且形成基因漂流的途径也非常多。比如通过昆虫、鸟类、风力等媒介使转基因作物花粉四处扩散,漂流新基因可与近缘植物或者可相容的植物杂交构成基因污染;转基因种子在运输、储存、使用、加工等过程中,遗失或者逃逸进入环境,在其萌芽或者成长过程中造成基因污染。转基因生物可能跨越物种屏障实现基因漂流,给其他物种造成基因污染。转基因动物的抗病性加强实际上为病原体提供了更强的选择压力,这就造成了病原体有可能在这强大的选择压力下进一步进化,病原体的进化不仅对转基因动物同时也对非转基因动物群体带来极大的威胁。而且转基因动物往往具有更强的生存能力,其抵御天敌和获取食物的能力可能远远强于非转基因动物,因此一旦转基因动物被释放到环境中,在自然选择的基础上很可能会将非转基因动物淘汰。另外,在对细菌、病毒进行的转基因改造中,可能使无害或弱致病性的细菌、病毒变成有害或强致病性的细菌、病毒,进而对其他动植物的生存造成危害。

在转基因食品的发展过程中,已经报道了多个破坏生态环境安全的事例。1999年,美国康奈尔大学的一个研究组在英国《自然》杂志上发表文章,认为转基因抗虫玉米的花粉飘到了马利筋杂草上面,用马利筋叶片饲喂美国大斑蝶,导致44%的幼虫死亡。大斑蝶是北美一种珍稀濒危动物,所以当时在全世界都引起了很大的反响。2000年,加拿大在商业化种植转基因油菜几年后,其农田便出现了对多种除草剂具有耐抗性的野草化的油菜植株,即超级杂草。如今,这种杂草化油菜在加拿大的草原农田里已非常普遍,因为一些转基因油菜籽在收获时掉落到泥土中,如果在这片田地上种下去的不是同一个物种,那么来年重新萌发出来的油菜就变成了一种不受欢迎的野菜,而且这种能够同时抵御三种除草剂的野草化的油菜还会通过交叉传粉等方式,污染同类物种,使种质资源遭到破坏。2001年,美国加州大学伯克利分校环境系两位研究人员在英国《自然》杂志发表论文,认为在墨西哥南部的瓦哈卡山区采集的6个玉米地方品种样本中,发现有与Bt11抗虫玉米中转入的外源基因序列相似的基因,证明该地方品种已受到转基因玉米的污染。2001年,我国环境保护总局南京环境科学研究所薛达元研究员在《China Daily》上发表了题为"GM Cotton Damage Environment"的文章,认为孟山都公司的转基因抗虫棉花使中国种植地区的昆虫生态平衡遭到破坏,再次引发国际争论,在欧、美产生巨大反响。事实上,转基因生物使得正常、非目标植物发生基因改变,是基因漂流的结果,这个过程有时不是人为所能控制的,其后果也很难预料。目前,科学家对于将基因引入不相关的动植物品系引起的超越自然物种界限的影响,都不清楚。但是,在巨大的商业利益的驱动下,转基因动物、转基因植物和转基因微生物在全球发展迅猛,许多变异、重组的基因堂而皇之地进入了自然界,进入了食物链,并进入生物链和生态系统。这意味着转基因生物走出了封闭的实验室,有可能导致生物圈的基因污染。"相对于以往任何种类的污染而言,基因污染最为特别也最为危险,因为它是唯一的一种可以自己增殖扩散的污染,而人类又对其束手无策。基因污染对生态环境的危害是不可逆的,人类可能面临灭顶之灾。"[1]而且,伴随着人类转基因技术水平的不断提高,转基因作物将"呈现出更多的与环境的不协调性,其一旦释放到环境中,必然会对自然环境产生更为深远的影响"[2]。

(三)通过法律规制维护生态环境安全

从现有的研究来看,转基因食品对生态环境安全的威胁是巨大的,许多科学家和生态学家认为转基因食品的生态环境风险是其最主要的风险之一。人类在发展转基因食品时应该高度重视对其生态环境风险的控制,否则,转基因食品将给人类带来不可逆的生态灾难。要对转基因食品生态环境风险进

---

[1] 毛新志、冯魏:"转基因食品的风险及其社会控制",载《中国科技论坛》2007年第4期。
[2] 陆群峰、肖显静:"农业转基因技术应用对公众环境权的伤害性分析",载《中国科技论坛》2012年第8期。

行控制，必须使用有效的调整手段，而众多的社会关系调整手段中，由国家制定或认可的、由国家强制力保证实施的法律无疑是最具效率的。通过对转基因食品的法律规制，能够有效地控制转基因食品研发试验、生产加工、流通消费等各个环节中破坏生态环境的风险，实现对生态环境安全的切实维护。

二、保障消费者健康权

（一）消费者健康权的重要性

消费者的健康权是指"消费者的身体状况不受损害的权利"[1]，它是消费者最重要的权利，是实现其他权利的基础。消费者健康权是公民健康权的具体表现形式，是一项与生俱来的权利，须臾不可离开的权利，不可以变更、转让、放弃，是人权的重要内容和表现形式；而"健康权作为一项绝对的基本人权，被写入国际和区域性人权公约与文件、国内宪法中，成为国际社会与许多国家致力于保护的基本权利之一"[2]。在国际层面上，1945年联合国国际组织大会上提议将健康权纳入经济、社会和文化权利之一加以规定，将健康问题添入《联合国宪章》，规定了成员国政府在健康方面的责任和义务；1946年世界卫生组织签署的《世界卫生组织宪章》明确指出，享有可能获得的最高标准的健康是每个人的基本权利之一，不因种族、宗教、政治信仰、经济及社会条件而有区别，这是健康权首次被宣布为基本人权；此后，《世界人权宣言》和《经济、社会和文化权利国际公约》对健康权做了更为详细而明确的规定。在国内层面上，"健康权作为一项公民基本权利是社会发展的结果，世界上大多数国家的宪法对公民的健康权做出了不同形式的规定"[3]。我国《宪法》对国家保护公民的健康权做出了明确的规定。总之，消费者健康权对于消费者而言至关重要；健康权的实现并非自发，因此除了消费者要为自己的健康负有责任外，国家的义务是最值得强调的，换言之，政府应当承担起基本保障的责任。

---

[1] 李昌麒、许明月编著：《消费者保护法》，法律出版社1997年版，第80页。

[2] 杜承铭、谢敏贤："论健康权的宪法权利属性及实现"，载《河北法学》2007年第1期。

[3] 曲相霏："国际法事例中的健康权保障：基于国际法上作为人权的健康权的分析"，载《学习与探索》2008年第2期。

(二) 转基因食品对消费者健康权具有威胁

转基因食品对消费者健康权的威胁是指消费者食用了转基因食品后可能给人体健康带来的危害,包括短期的直接危害和长期的、间接的累积效应。由于转基因食品是打破了物种界限而转入一些基因、病毒以及抗生素抗性等标记基因,使得公众对转基因食品是否会造成人体损害十分担忧。目前,很多资料对此问题均有所涉及,概括而言,其对消费者健康的威胁主要体现在毒性、过敏反应、抗药性、有益成分损失、降低免疫力等问题上。[1]

转基因食品中的外源性基因的产物常常不是受体物种的原有成分,所以不存在天然的降解酶和代谢循环,如此一来,就很可能造成外源性基因的产物在人体中进行积累,或者不正常降解,甚至产生不可预知的分解产物。无论是外源性基因的产物还是其代谢过程中形成的新产物,都可能具有毒性。在转基因过程中,还有可能造成内源毒性的释放、插入基因的不稳定性、基因沉默、代谢途径改变、沉默基因的激活、现有基因产物水平的改变以及后续的次生新陈代谢效应的间接影响等一系列效果,也有可能造成食品安全问题。比如,Bt 系列的转基因生物都具有抗虫性,原理是 Bt 毒素可以杀灭特定害虫,但 Bt 毒素对人类可能也有毒害,可以引起胃痛、腹泻、皮疹等症状或者其他负面潜在效应,像星联玉米中含有的杀虫蛋白 Cry9C 就有明显的过敏毒性。由于抗生素抗性基因作为标记基因在商业转基因生物实验中被大量使用,造成了抗生素抗性基因会一直存在于转基因生物的器官中。人们在食用转基因食品后,食品中的抗生素抗性基因可能被转入消化系统中细菌体内,使细菌对抗生素药物产生抗药性,从而使抗生素丧失治疗效果。众所周知,自从 1944 年起抗生素就是人类常用的消炎药品,对人类健康具有极其重要的意义。不仅如此,现在已经有几种转基因生物采用卡那霉素抗性基因作为标记基因,这种基因只要发生单一突变就可以产生对氨基丁卡霉素的抗药性;而氨基丁卡霉素被认为是人类医药中的"保留"抗生素,是国际医药界储备的应急"救危"药物,至今还未被世界医药界启用。这就意味着转基因生物

---

[1] 参见曾北危主编:《转基因生物安全》,化学工业出版社 2004 年版,第 32~55 页;张树珍主编:《农业转基因生物安全》,中国农业大学出版社 2006 年版,第 9~11 页;吕选忠、于宇:《现代转基因技术》,中国环境科学出版社 2005 年版,第 126~133 页;殷丽君、孔瑾、李再贵:《转基因食品》,化学工业出版社 2002 年版,第 127~135 页;阎维毅、任玫、王华:《基因经济:分割绿色黄金》,中国广播电视出版社 2001 年版,第 175~189 页。

滥用抗生素，使得其抗药性已经广为传布，很可能会造成人类面对疾病时无药可用的后果，这对人类而言是一个非常危险的信号。转基因食品还可能诱发或者加重过敏反应，因为受体生物引入外源性基因后，会带上新的遗传密码进而产生新的蛋白质，这些新蛋白质可能引起食用者或者接触者出现过敏反应。人类在自然环境中发育进化形成的人体免疫系统可能难以或者无法适应转基因生物生成的新型蛋白质而诱发过敏症。转基因食品导致过敏的原因，可能是由于外源基因本身的产物所致，也可能是外源基因改变受体生物天然营养成分的表达水平所致。目前来看，转基因食品中新的蛋白质是否会导致过敏很难判定，因为许多外源基因来自也许永远都不会作为食品的微生物。鉴于转基因食品直接面对的是广大消费者，我们很难想象，如果上述威胁转变为现实后，后果将会如何。

必须指出的是，还存在另外一个重要的因素，会促使转基因食品对消费者健康权的威胁更加严重，那就是转基因食品的信息偏在问题。由于转基因技术改变的是生物的内部结构，而对转基因生物的外形没有任何影响，人们无法从物理外观来区分哪些是转基因食品哪些不是；考虑到加工的因素，转基因食品的识别就根本无从谈起了。从表面看，这种状况似乎侵害的是消费者的知情权与选择权，但实质上，最终侵害的还是消费者的健康权。

（三）通过法律规制保障消费者健康权

对于转基因食品对消费者健康的威胁，可以通过制定法律，对转基因食品进行规制，极大地消减转基因食品对消费者健康的威胁程度，从而使消费者健康权得到保障。一方面，可以通过法律实现对转基因食品生产中可能出现损害消费者健康的关键点进行控制，并制定科学的检验标准，严格监督检查，从转基因食品质量入手，加强对转基因食品健康威胁的控制；另一方面，通过法律实现对转基因食品的强制标识，让消费者知悉哪些是转基因食品，哪些不是转基因食品，让消费者自行决定是否购买转基因食品，充分实现消费者的知情权与选择权，进而保障消费者健康权。

三、促进基因经济健康发展

（一）基因经济健康发展对国家而言至关重要

人们早就预言21世纪是基因世纪，但将新世纪与基因经济相联系，还是新世纪前夜刚刚发生的事。基因经济的概念由斯坦·戴维斯和克里斯托弗·

迈耶在 2000 年正式提出，[1]但并未给出确切定义。一般认为，基因经济是以转基因技术研究开发与应用为基础的、建立在转基因技术产品和产业之上的经济，是一个与农业经济、工业经济、信息经济相对应的新的经济形态。[2]始于 20 世纪 90 年代的信息文明改变了整个世界的面貌和人们的生活方式，令人目不暇接的网络神话也足以惊世骇俗。正当人们还在为信息技术给比尔·盖茨带来的巨额财富啧啧称叹时，头脑似乎非常清醒的他却发出惊人的预言：超越他的下一个首富必定出自基因领域。作为生物经济重要组成部分的转基因食品产业，更是表现不凡。自 1996 年转基因作物实现商业化以来，截至 2013 年，全球转基因作物种植面积已达 1.75 亿公顷，种植农民达 1800 万人，种植转基因作物的国家增加到 27 个，市场价值达 156 亿美元。世界各国都认识到发展基因经济的重要性，都根据自身的国情制定了一个最有利于本国的发展战略。因为各国都认识到，包括转基因食品在内的转基因产业的发展，正处于成长期，产业内尚未形成类似汽车、半导体、软件等产业中由少数跨国公司控制产业发展的垄断格局。于此情形下，每个国家都需有自己的战略，以便在这种变迁中获取有利地位，因为历史上每一次大国或强国的崛起都是在新科技革命和产业革命中完成的。[3]我国对发展转基因食品问题也提出了自己的战略，2006 年 2 月国务院发布的《国家中长期科学和技术发展规划纲要（2006~2020 年）》[4]中，生物技术被列为八大前沿技术之首[5]，转基

---

[1] Stan Davis and Christopher Meyer, "What will Replace the Tech Economy", *Time*, 21 (2000), pp. 76~77.

[2] 邓心安："生物经济时代与新型农业体系"，载《中国科技论坛》2002 年第 2 期。

[3] 在 16~17 世纪，荷兰在造船、金融及贸易等领域远比英国具有优势，而处于落后地位的英国却全力投入新技术领域，通过实现纺织业、钢铁业等新兴产业的跨越发展率先进入工业化时代。德国在 19 世纪末 20 世纪初一举超过英法成为欧洲第一强国，其重要原因也是抓住了第二次技术革命引发的化工、电气等新兴产业形成的机会，在较高起点上开始了德国工业化的飞跃。

[4] 国发［2005］第 44 号。

[5] 前沿技术是指高技术领域中具有前瞻性、先导性和探索性的重大技术，是未来高技术更新换代和新兴产业发展的重要基础，是国家高技术创新能力的综合体现。选择前沿技术的主要原则：一是，代表世界高技术前沿的发展方向；二是，对国家未来新兴产业的形成和发展具有引领作用；三是，有利于产业技术的更新换代，实现跨越发展；四是，具备较好的人才队伍和研究开发基础。根据以上原则，要超前部署一批前沿技术，发挥科技引领未来发展的先导作用，提高我国高技术的研究开发能力和产业的国际竞争力。其他前沿技术依次是：信息技术、新材料技术、先进制造技术、先进能源技术、海洋技术、激光技术、空天技术。

因生物新品种培育被列为十六个重大专项[1]之一。2007年4月国务院办公厅转发的国家发展改革委编制的《生物产业发展"十一五"规划》[2]中指出：新世纪，生命科学研究、生物技术发展不断取得重大突破，为解决人类社会发展面临的健康、食物、能源、生态、环境等重大问题提供了强有力的手段，开辟了崭新的路径。生物科技的重大突破正在迅速孕育和催生新的产业革命，新的国际产业分工格局快速形成。我国正处于加速工业化进程中，面临着严峻的资源、环境压力，抓住生物科技发展的机遇，把生物产业作为重点战略产业加快发展，对缓解经济发展瓶颈制约，全面建设小康社会具有重大战略意义。加速生物产业发展是保障人民生命健康的需要，是提高农业综合生产能力的需要，是走新型工业化道路的需要。2007年6月国家农业部发布的《农业科技发展规划（2006~2020年）》[3]提出的第一个目标就是：继续保持水稻、转基因抗虫棉、基因工程疫苗等方面的国际领先优势，带动畜禽水产优良品种、专用特色品种培育取得突破。而为使我国提出的上述战略目标能够顺利实现，法律规制手段必不可少，其中转基因食品的法律规制则是整个体系中的重要组成部分。可以预见的是，转基因技术相对发达的国家会谋求强势地位，以便形成垄断之势；转基因技术相对落后的国家则利用这段时间和空间积极发展，以谋求局部领先，在国际分工格局中占据有利地位。

（二）转基因食品法律规制对基因经济健康发展的促进作用

转基因食品产业是基因经济的重要组成部分，可以说，转基因食品产业发展状况的好坏直接影响到基因经济是否能健康发展。而通过对转基因食品的法律规制，对转基因食品产业发展提供两方面的积极作用。一方面，转基因食品法律规制可以有效地防止转基因食品造成生态环境的破坏和消费者健

---

[1] 重大专项是为了实现国家目标，通过核心技术突破和资源集成，在一定时限内完成的重大战略产品、关键共性技术和重大工程，是我国科技发展的重中之重。规划纲要确定的其他重大专项是：核心电子器件、高端通用芯片及基础软件，极大规模集成电路制造技术及成套工艺，新一代宽带无线移动通信，高档数控机床与基础制造技术，大型油气田及煤层气开发，大型先进压水堆及高温气冷堆核电站，水体污染控制与治理，转基因生物新品种培育，重大新药创制，艾滋病和病毒性肝炎等重大传染病防治，大型飞机，高分辨率对地观测系统，载人航天与探月工程等。

[2] 国办发［2007］第23号。

[3] 农科教发［2007］第6号。

康的损害，否则，一旦出现安全事故，转基因食品产业将受到致命打击。关于转基因食品法律规制对防止生态环境破坏和消费者健康损害的功能，前已论及，此不赘述。另一方面，通过对转基因食品进行法律规制，可以调节转基因食品产业相关利益主体的利益冲突，促进转基因食品产业发展。在市场经济中，转基因食品的相关利益主体主要包括转基因食品的研发者、转基因食品的生产者、转基因食品的加工者、转基因食品的经营者和转基因食品的消费者；从国际市场角度来看，政府也可以表现为特殊的主体。每一个转基因食品市场主体的利益均有所不同，甚至存在冲突。就转基因食品研发者而言，他们的利益主要体现在研发产品的专利权上，并基于专利权获得财产利益，因此他们最希望把研发出来的新品种进行商业化种植，只有这样他们才能实现自身的利益最大化；就转基因食品生产者而言，他们的利益主要表现在种植的转基因作物比种植传统作物确实能降低耕种成本，增加产量从而增加收益；就转基因食品加工者而言，他们的利益主要体现在得到相对廉价的原料，降低加工成本，获取更大收益；就转基因食品经营者而言，他们的利益在于能得到价格相对较低的货源，以便取得更大的差价利益；就转基因食品消费者而言，他们的利益在于付出购买食品的代价后，有权利知道购得的食品是不是转基因食品，是何种转基因食品，这种转基因食品是否会损害他们的身体健康，以及转基因食品在种植过程中是否会造成生态环境的破坏以致间接影响他们的生存状态。其中，研发者的专利使用费用与生产者的耕种成本相冲突，种植者、加工者与经营者之间存在利益冲突。尽管这些主体之间存在利益冲突，但他们对转基因食品的人身损害风险和生态环境破坏风险都会漠视，因为他们都是转基因食品商业化的受益者，仅仅是所获得利益多少不同而已。与此形成鲜明对比的是，消费者对此却颇为关心，因为他们付出了与传统食品相当的代价，却要与受益者共同承担转基因食品存在的风险。于是，在转基因食品的市场主体之间形成了错综复杂的矛盾和冲突。而这也是经济社会化日益深化的必然结果。在市场经济中，转基因食品的负外部性问题、严重的信息偏在问题、影响生态环境安全和食品安全这类公共产品提供的问题，都会导致市场调节失灵，这时就需要公共权力介入，通过制定相关法律进行调整。政府在进行决策时，应当考虑到转基因食品商业化"是为了解决农业的可持续发展和粮食安全问题，要处理好产业化与农业可持续发展这对'手段'和'目的'的关系"。[1]总之,通过对转基因食品进行法律规制,能有效地改善转基因食品产业的发展状况,进而促进基因经济的健康发展。

四、实现人与自然和谐相处

(一)人与自然和谐相处是人类共同的目标

人类只有依靠自然才能生存和发展,这决定了人与自然的关系是人类社会中最基本的关系。而人与自然到底是一种什么关系,人类经历了一个长期探索的过程,并付出了沉重巨大的代价。回顾历史,人类认识人与自然之间的关系经历了三个发展阶段:一是蒙昧阶段。人类早期社会受唯心论的统治,认为一切事物都是超自然的神所创造,面对广大而时刻变幻着的自然界,只是无知和恐惧。这一阶段人对自然的基本态度和做法是单纯地适应自然而不能改造自然。这时的社会生产力水平很低,人口也不多,人对自然界的干扰和破坏不大,因此也没有受到自然界的明显惩罚,其特点是"无争"。二是对立阶段。唯物主义思想占主导地位后,人们利用自然,同时也改造自然。在工业社会中,社会生产力迅速发展,使人对自然的压力急剧增大。由于没有以生态与经济协调发展的思想作指导,在"自然资源是无限的,可以取之不尽、用之不竭"的错误认识下,造成了对生态环境的严重破坏。这一阶段人与自然之间关系的特点是"对立"。三是和谐阶段。工业社会中发展经济的大量实践已经证明,过去人们对人与自然之间关系的认识是不正确的。自然界是有限的,自然资源也不是取之不尽、用之不竭的。破坏生态环境的结果只能使人类经济社会不能持续发展,因此人与自然必须和谐相处,由此推动人类社会从工业社会走向今天的生态社会。这一阶段人与自然之间关系的特点是"和谐"。人们对人与自然之间关系的认识从"无争"到"对立",又到"和谐"的发展过程,就是当代"人与自然和谐观"的逐步建立过程。这是人对客观世界以及对主客观世界关系认识上的一个飞跃。人与自然和谐是人与自然内在和谐与外在和谐的统一,人与自然的内在和谐是外在和谐的根据;外在和谐是内在和谐的表现。人只有在自身内部生成与自然和谐的人性,实

---

[1] 陈健鹏:"转基因作物商业化:影响、挑战和应对——整体战略研究框架的构建和初步分析",载《中国软科学》2010年第6期。

现人自在自为的和谐,从而完成人与自然界的本质统一,才能在改造自然界的实践活动中外化出人与自然和谐的现实世界。因此,人与自然的内在和谐使人性内在于人,使人在人文精神的教化中实现良心的自律,实现人自在自为的和谐。人与自然的内在和谐即以人性为前提的两个维度的和谐是人与自然外在和谐的根据,因此内在和谐为外在和谐提供可能性和现实性。[1] 近几年来,我国提出构建社会主义和谐社会,和谐社会不仅包括人与人、人与社会的和谐,更重要的是包括人与自然的和谐。人与自然和谐相处,是构建社会主义和谐社会的重要内容和重要基础;人与自然和谐发展是人与自然协同进化的发展模式,在构建和谐社会的进程中具有重要意义;走人与自然和谐相处之路,建立人与自然的和谐关系,保持人与自然之间的平衡与协调,形成人与自然和谐的价值取向和思维模式,是构建社会主义和谐社会的必然选择。

(二) 转基因食品对人与自然和谐相处的威胁

转基因技术的最奇特之处,就是它将生物间的天然杂交屏障打破,不同物种间的基因可以进行前所未有的新组合,使人类掌握了只有上帝才能拥有的力量。因此,人们不禁产生如下疑问:人类究竟有多大权利仅仅为了自身的利益,而任意篡改天然物种的遗传特性?人的基因是否有自己的尊严而拒绝被转入毫不相关的动植物体内?如果将人(基因)和动物(基因)进行杂交,这是否违背自然规律?可以说,在转基因食品产生伊始,就伴随着人类有没有权利改变自然界中生物千百万年形成的稳定的基因型的疑问。反对者认为,转基因技术不是微小的技术发展,而是剧烈的、违反自然基本原则的新技术;生物本质是上帝创造的,是自然的排序,是进化的结果,跨越天然杂交屏障的基因转移是非自然的,是不可预测的,是"反进化"、"违背自然"和"扮演上帝"的行为。转基因作物是一种内在的错误,自然界有自身的权利和进化规律,包括不能打破物种界限的权利和进化规律。传统的杂交技术、育种技术是在同一种物种或亲缘物种之间的基因转移,是按照自然本来的发展规律而进行人工选择的技术,用这些方法种植或生产的食品符合自然规律。而科学家利用转基因技术生产的转基因食品完全打破了自然界的物

---

[1] 赵玲、王妍:"构建和谐社会的基础:人与自然和谐",载《吉林大学社会科学学报》2007年第2期。

种屏障，他们将自然作物的生长规律和生态自我平衡的规律置于不顾，是运用"上帝之手"来干预自然。笔者认为，转基因食品对人与自然和谐相处的威胁，主要来源于其对生态环境和人类健康的危害性，一旦出现危害结果，人与自然不可能和谐相处。事实上，转基因食品作为高新技术的产物，其本身非常复杂，我们对它认识的并不清楚，自然界经不起突如其来的"惊奇"。我们也不能忘记，人类的过去充满了"人为的悲剧"，而在这一场席卷一切的"基因革命"中，我们首先要做的就是竭力避免悲剧的重演。

（三）通过法律规制实现人与自然和谐相处

若想实现人与自然协调共处，"首先要在认识方面重建人与自然是统一的有机整体的观念；其次是要在实践方面通过高度发达的科学技术来完善人类自身的认识和实践的能力，使人化自然符合自然的自然化过程，人工自然得以广泛推广，走可持续发展的道路"[1]。可持续发展是指既能满足现代人的需要，又不危及后代人满足其发展的需要，就是指经济、社会、资源和环境保护的协调发展，既要达到发展的目的，又要避免自然环境的破坏，使得子孙后代能够永续发展。它是一种发展观念和发展策略，是实现人与自然和谐相处的一种途径。如上所述，转基因食品在促进经济社会发展的同时，可能带来破坏自然生态环境和损害人体健康的风险，而且风险是不可逆转的，是灾难性的。因此，人类在发展转基因食品的同时，必须对其所带来的风险进行谨慎地考量，否则经济社会的可持续发展则无从谈起。而要实现转基因食品在给经济社会带来发展的同时，又符合可持续发展理论的要求，就需要有效的社会秩序，法治秩序是其中最有效的选择。正如有学者所言，"可持续发展是一种有秩序的社会发展，只能以有秩序的方式进行，而当今世界最权威和最有效的社会秩序是法治秩序。可持续发展是由人发起、进行的一种活动，要使人们在进行这种活动时有条不紊、富有效率，必须有一种普遍适用的、有约束力的工具或者规则对人的活动进行指引和规范，而法律就是具有这种指引和规范作用的最好工具"[2]。通过对转基因食品的法律规制，使得转基因产业得以可持续发展，从而实现人与自然的和谐相处。

---

[1] 钱俊生、余谋昌主编：《生态哲学》，中共中央党校出版社2004年版，第102页。

[2] 蔡守秋等：《可持续发展与环境资源法制建设》，中国法制出版社2003年版，第45页。

第三节 转基因食品法律规制的价值取向和路径选择

一、转基因食品法律规制的价值取向

(一) 不同的转基因食品法律规制价值观

转基因食品法律规制是在一定价值观引导下产生和发展的,在世界范围内,人类的转基因食品法律规制价值观正在发展变化的过程之中。目前,现实的转基因食品法律制度体系仍处于人类中心主义的价值观之下,但受到生态中心主义价值观的巨大冲击,笔者认为中国传统哲学"天人合一"的价值观对转基因食品法律规制更有指导意义。

1. 人类中心主义。人类中心主义作为一种价值观,认为只有人才是一切价值的主体,是一切价值的创造者和承担者,自然界作为"他者"是没有任何"内在价值"的。主张人是自然界的主宰,居于自然界的中心地位;一切价值都是由人决定的,是为人的利益而产生和存在的。人不仅是自身的立法者,而且是自然界的立法者。在自然界中,只有人是最高贵、最优越的,因为只有人才有"自我意识",有"理性",有"自由意志",有权决定一切价值。而自然界的其他存在包括动物、植物,都是物理学、生物学的存在,没有人所具有的这些属性和本质,因而是没有价值的。人类中心主义的根本出发点是人与自然的二元对立。[1]如果说自然界有什么价值的话,那就是供人类支配、占有和使用的价值。人类以控制、征服自然而显示人类的优越性,同时也表明了人类的价值。在主客体方面,人类中心主义认为人是认识的主体,自然界是被认识的客体,因为人是理性的动物,人的理性能力主要是认识自然界的。自然界虽然有其规律,但自然界的规律是机械论、因果论的规律,是盲目的规律,是需要靠人的理性去认识的规律。人类赋予理性以价值,人对自然规律的认识就是人的价值的实现。它视"人类理性具有至高无上的权威,作为主体的人成为科学知识、政治价值和道德法则的最终依据"[2]。随着科学技术的发展,人们更加崇拜"科技理性",坚持"科技万能论"和

---

[1] 蒙培元:《人与自然:中国哲学生态观》,人民出版社2004年版,第55页。
[2] 肖显静:《后现代生态科技观:从建设性的角度看》,科学出版社2003年版,第79页。

"成长无限论",科技的进步被认为是人类自我肯定和超越自我、超越自然的一种表现。在权利义务方面,近现代以来的西方哲学特别强调人的权利,其中既有社会生活中人所享有的各种权利,又有人对自然界所具有的绝对权利和权力;后者在一切权利中是根本性的,就是说,人的所有权利都是以人对自然物的占有权为基本前提的。而自然界的万物只是供人类占有、支配、控制和使用的对象,根本不存在权利问题。自然界的动物和植物虽然是生命,但作为自然界的组成部分,是属于"他者"的,是同"自我"对立的,它们只有"本能",而没有任何"意识"。他们和自然界的所有存在物一样,只能作为人类的资源被使用、被掠夺、被杀戮,其自身是没有生存权利的。至于人类的义务,那是针对人类社会领域内人与人的关系而言的,有法律上的义务,有道德上的义务,但这些都是对社会、对人类自身而言的,与自然界毫不相干。一言蔽之,人对自然界只有权利而无任何义务。总之,人类中心主义是"将自然排除在人类道德关怀的范围之外"[1],"将人视为自然界的主宰,具有无与伦比的优越性,[2]而把自然界视为僵死的、无生命的存在,成为人统治的对象;它确立了人作为认识主体和价值主体的地位,否定了自然界的内在价值;它赋予人控制、掠夺自然界的无上权利,而否定了自然界一切生命的生存权利"[3]。但值得强调的是,近现代以来,人类中心主义在世界范围内,特别是在西方文化中,居于支配地位,成为西方现代化的精神支柱。

---

[1] 雷毅:《深层生态学思想研究》,清华大学出版社2001年版,第15页。

[2] 人类比自然高贵和优越这一传统,不仅在近现代以来的西方哲学、文化中居于主导地位,而且可以上溯到基督教文化。按照基督教学说,上帝创造了世界,创造了人。但是,人被创造之后,便与自然界相对立。人类的祖先吃了智慧果,因此人类有智慧。人类有了智慧,就有能力认识和改造自然,成为自然界的主人。这也是上帝给人类的权力,是上帝要人类去统治自然的。人类以其智慧征服自然,同时就是"赎罪",最后便能得到上帝的眷顾和恩宠。在人与自然之间,只有冲突和暴力,无和谐可言。基督教的男权主义,不仅是指男人对女人的统治和暴力,而且是指人对自然界的统治和暴力。按照这种男权主义,人是自然界的"主人",而自然界是被占有的"奴隶",人与自然界的关系是主奴关系,统治与被统治的关系,征服与被征服的关系。基督教虽然提倡人类的爱,但这首先是爱上帝,其次是在人与人之间实行"在上帝面前人人平等"式的爱,自然界的万物包括动物、植物从来没有成为人类之爱的对象。参见胡志红:《西方生态批评研究》,中国社会科学出版社2006年版,第51~58页;蒙培元:《人与自然:中国哲学生态观》,人民出版社2004年版,第56~57页。

[3] 蒙培元:《人与自然:中国哲学生态观》,人民出版社2004年版,第57页。

在人类中心主义价值观之下,转基因技术是作为主体的人类在认识自然界方面的一大飞跃,是人类自我肯定和超越自然的又一次集中体现,是人类控制、征服自然的又一个有力工具。人类为能满足自己的需要,当然可以利用转基因技术去改造其他生物来生产转基因食品,事实上,其他生物存在的价值也就是被人类支配、占有和使用。人类利用转基因技术改造其他生物,是在为自然立法,人类也应该为自然立法,因为包括生物遗传在内的自然界是没有"内在价值"的,需要人类为其立法来完善其机械性的、无序的规律。因此,人类在使用转基因技术改造其他生物时,根本无须考虑其他生物的感受,也无须考虑对自然是否会造成伤害,因为人类对自然并没有任何这方面的义务。唯一需要考虑的是,转基因食品是否会对人类本身造成伤害,而且判断是否有害的标准是科学,也只能根据科学来判断;同时还要相信,即便是转基因食品被现在的科学证明有害人类健康,将来依靠科学一定可以解决,因为科学是万能的,是可以无限增长的;否则,就是愚昧,就是反人类的行为。所以,在转基因食品的法律规制问题上,应完全采取开放式的态度,甚至采取积极鼓励的制度,因为只有这样才能体现出人的价值所在。

2. 生态中心主义。工业文明所造就的巨大财富,满足了人类社会发展的需要,工业文明所创造的危机,引起了人们的反思。20世纪70年代以后,人化自然的速度、广度及深度的加强,使得充满生机的自然奄奄一息。农业文明使得地球表皮面目全非,工业文明使得地球病入膏肓,全球性生态危机日益加剧。人类意识到"必须拯救地球,必须解决环境污染、能源危机和生态困境问题"[1],越来越多的人开始对人类中心主义价值观产生怀疑,以生态中心主义价值观为代表对人类中心主义价值观进行了猛烈的抨击,认为其是导致这一危机的罪魁祸首。

生态中心主义作为一种价值观,认为人类伦理关怀和权利主体的范围应扩展至整个生态系统、自然过程以及其他存在物。生态中心主义预设的前提是,生物圈中的一切存在物平等,包括人类与非人类、有机体与无机体,都有自身固有的内在的价值。人类个体的特征与完整的、相互联系的地球(乃至宇宙)的特征密不可分,人类的自我不过是更大的无所不在的"大我"不可分割的一部分,只有在与大自然整体的相互整合中才能被体验到。人类的

---

[1] 钱俊生、余谋昌主编:《生态哲学》,中共中央党校出版社2004年版,第371页。

自我利益和生态系统的利益同一无二，正确理解的自利应当包括所有的生命和物质的利益及权利。而且，生态中心主义更关心生态共同体而非有机体个体，是一种整体主义的价值观。生态中心主义观认为，在自然中没有死的或者机械的东西，生命和情感一定存在于所有东西之中；地球是一个完整的存在物，地球上的土壤、山脉、河流、森林、植物、动物具有不可分割性，必须作为一个整体来尊重。生态中心主义并不否定人的价值，也不否定人的生存权和不逾越生态承载能力、不危害整个生态系统的发展权利，认为作为生物圈中最有力量的、也是唯一的道德代理人，人类在实现自身权利的同时，也应给予其他存在物以同等的实现其各自潜能的机会，自觉自愿地减少对生态系统的有害影响。生态中心主义"把人对自然的认同视为一种崇高的境界，通过最大限度地发掘人内心深处的善以及弘扬这种善来达到人与自然的内在和谐，这无疑是非常深刻的思想"[1]。生态中心主义坚信，"生态危机是人类中心主义思想主导下人类文化的危机，人类主宰地位的危机，人类发展模式、生活方式的危机，要从根本上消除生态危机，必须走出人类中心主义观念主导下的生存方式，向生态中心主义的生存范式转变"[2]。

在生态中心主义价值观之下，人类利用转基因技术来改变生物属性、干预生物的进化，生产转基因食品来满足自身利益的做法，要么丧失合法性基础，要么会备受质疑。因为，生态系统的每一构成者都具有"内在价值"，也就是说它们本身是有"法"存在的，它们拥有生存、免遭人类干扰及追求其幸福的权利，人类没有权利利用转基因技术来干预它们这种内在的、天赋的、与生俱来的权利；人类如果强行干预，就会破坏它们本身所具有的"法"，从而导致混乱和失衡。即便是人类为了自身的生存和发展，可以利用转基因技术对待生物而生产转基因食品，但其前提是实施转基因技术的结果不能逾越生态承载能力，不能危害整个生态系统稳定性。换言之，在对利用转基因技术的后果是否会逾越生态承载能力、危害整个生态系统的问题，尚且没有得出否定结论的时候，人类就不能大规模利用该技术。也就是说，人类在实现自身权利的同时，也应给予其他存在物以同等的实现其各自潜能的机会，自觉自愿地减少对生态系统的有害影响。所以，在转基因食品的法律规制问题

---

[1] 胡志红：《西方生态批评研究》，中国社会科学出版社2006年版，第36、45页。
[2] 胡志红：《西方生态批评研究》，中国社会科学出版社2006年版，第22页。

上，应当采取严格控制的态度，甚至采取严厉禁止的态度，因为地球所有存在物都有内在价值，也就拥有了道德权利，人类则负有尊重所存在物的义务。

3. 中国传统哲学。中国哲学的基本问题即"究天人之际"的问题，其基本理念是"天人合一论"。尽管不同哲学流派或者哲学家对这一理念的理解不尽相同，比如道家更看重"自然"，儒家更看重"人文"，但是他们理解这一理念的基本前提都是"人与自然内在统一"。中国哲学"天人合一论"中的天既不是上帝，也不是神明，更不是绝对超越的精神实体，而是自然界的总称，但是有超越的层面。其形而上者即天道、天德，便是超越层面；其形而下者即有形天空和大地，便是物质层面。但在中国哲学中，形而上者与形而下者不是分离的两个世界，而是统一的一个世界。中国哲学认为自然界是一个生命有机体，自然界不仅有生命，而且不断创造新的生命。正因为如此，自然界是有"内在价值"的，所谓"天道"、"天德"就是自然界的"内在价值"。中国哲学有"天道流行"、"生生不息"之说，就是指自然界具有内在的生命力，不断创造生命，而自然界的万物也是充满生命活力的。就人与自然界的关系而言，自然界不仅是人的生命的来源，而且是人的生命价值的来源。人本身是有创造能力的，但是，人的创造能力是有前提的，人绝不是自然界的"立法者"，而是自然界"内在价值"的实现者与执行者，也就是中国哲学的"人为天地立心"。"人为天地立心"是以"天地以生物为心"为前提的；天地并无心，以"生物"为其心，而天地所生之物则"以天地生物之心为心"，这就是人心。人心之"仁"就是天地生物之心，仁是人之所以为人的德性，仁心是以实现"天地生物"为其根本目的的，因此有不忍之心，爱人、爱物之心，并不是以满足人的贪欲为目的的。人的生命是可贵的，但人之所以可贵，就在于实现"天德"，"与天地合德"。中国哲学不只是讲生命存在，而且还讲生命存在的意义和价值。道家强调自由的价值，儒家强调道德的价值，但是，他们都不否认，从宇宙论上说，人的生命价值来源于自然界的生命创造。从这个意义上说，所谓自然界的"内在价值"绝不是外在于人的，而是与人的生命息息相关的。人与自然界的关系是内在的而不是外在的。人与自然界是一个生命整体，人绝不能离开自然界而生存，同样，自然界也需要人去实现其价值。人与自然界和谐相处，共生共荣，这是中国哲学的一贯主张。一方面，人类需要从自然界获取生活资料，以维持人类的生命；

另一方面，人类需要承担起保护自然的义务和责任，使人类的家园更加美好。这不仅是为了人类生存发展的需要，而且是为了自然界本身的生命价值；不是为了人类的功利目的，而是为了超功利的道德和审美价值。人与自然界有更深一层的价值联系：一方面，自然界是人的价值之源；另一方面，人又是自然界"内在价值"的实现者，即自然界有待于人而实现其价值。可见中国哲学主张人是自然界的产物，也是自然界的一部分，不是凌驾于自然界之上的主宰者；人以其文化创造而成为主体，能"为天地立心"，但这所谓主体，是以实现人与自然和谐统一为目的的德性主体，不是以控制、征服自然为目的的知性主体，也不是以"自我"为中心、以自然为"非我"的价值主体；自然界为人类的生存发展提供了一切资源和条件，但更重要的是，它赋予人以内在德性和神圣使命，要在实践中实现生命的最高价值——与天地合其德，而不是满足不断膨胀的物质欲望。[1]由上述分析可以看出，中国哲学的"天人合一论"的价值观"既不属于人类中心主义，又不属于生态中心主义，它既包含了人类中心主义的某些内容，又包含着生态中心主义的某些内容"[2]，因而调和了人类中心主义和生态中心主义的冲突。

值得注意的是，中国哲学之"人为天地立心"与人类中心主义之"人为自然立法"的内涵是截然不同的。人类中心主义否认自然界有"内在价值"，因此自然界是没有"法"的，只有人才有"内在价值"，因此人为自然立法是天经地义的；人只能根据人的需要，而人的需要归根到底是由人的利益决定的，利益又是由欲望决定的，这样所立之法就是"为人"之法，即以人为中心的法。而中国哲学承认自然界有"内在价值"，因此自然界是有"法"的，但是有待人去实现，人将自然界的法则实现出来，这既是人的"创造"，也是人的主体性之所在。中国哲学所说的"为天地立心"，就是从这个意义上说的。中国哲学不是人类中心主义的，而是非人类中心主义的。中国哲学的"人为天地立心"是以"天地以生物为心"为前提的。天地并无心，以"生物"为其心，而天地所生之物则"以天地生物之心为心"，这就是人心。人心与"天地生物之心"的关系也是人与自然的关系。这是一种内在的目的性关系，不是外在的关系。人心之仁就是天地生物之心，是人之所以为人的德性，

---

[1] 蒙培元：《人与自然：中国哲学生态观》，人民出版社2004年版，第27~34页。
[2] 赵绘宇：《生态系统管理法律研究》，上海交通大学出版社2006年版，第32页。

表现为不忍之心、同情之心,也就是爱人、爱物之心,并不是以满足人的贪欲为目的的。人以爱心对待人与万物,完成自然界的"生生之道",就是为天地"立心"。这是人的主体性的根本所在。"天地以生物为心"或"天地生物之心",只表明自然界是有价值意义的,可称之为价值本体。因此,人对自然界有敬畏之心,有报本之情。但其真正实现则在人心之仁。"仁"的实现是一个过程,人的主体性是在实践过程中体现出来的,并不是作为静态的实体出现的。这是一种创造性的实践活动,这种创造性并不是靠"自我意识"去征服"他者",征服自然界,而是不断培养、完善自己的仁性,成为真正的"德性主体",实现自然界的"生"之目的。这才是"为天地立心"的真正含义。[1]

在中国传统哲学"天人合一论"的价值观下,人类利用转基因技术,改良其他生物,生产转基因食品,是否为"人为天地立心"之举,值得商榷。中国哲学的基本理念是"天人合一论",人类是自然界创造出来的生命,同时人类又为自然界实现其内在价值。中国哲学承认自然界是有"内在价值"的,认为自然界是一个生命有机体,自然界不仅有生命,而且不断创造新的生命;人类利用转基因技术改变了生物的生命规律,甚至有朝一日可以创造新生命。对于这一点可以从两个方面来理解。一方面,从自然界角度看,作为其组成部分的人类,利用转基因技术达成改变、创造生命的结果,可以理解为符合自然界创新生命的目的,也就是人利用其本身的创造能力来实现自然界"内在价值",如此一来,行为结果不仅是无可非议的,而且也是肩负实现自然界的"内在价值"义务的人类,所必须达成的;另一方面,从人的角度看,人类的转基因技术改造或者创新生命的行为,能否视为"人为天地立心"呢?这要看人的这一行为是否出于"仁心",也就是说,人类利用转基因技术改变生物性能,是否是出于爱护包括人在内的生物的目的,是否是出于维护自然界和谐稳定的目的。很显然,当前人类利用转基因技术的目的具有很强烈的私欲性,其出发点不是出于对生物的爱护之情,更没有关注是否会破坏自然界的和谐稳定,而是为了生产满足人类膨胀的物质需求的转基因食品。因此,人类利用行为并没有抱有一颗"仁心",而是怀着一颗"私心",这种行为绝不是"人为天地立心"的举动,不能也不可能实现"与天地合其德"这个人

---

[1] 蒙培元:《人与自然:中国哲学生态观》,人民出版社2004年版,第419~422页。

类生命的最高价值。总体来看，在中国哲学的价值观下，人类发挥自身创造能力，探索生命奥秘、研究转基因技术的行为是正确的，也是必须的，因为这是"人为天地立心"的必要条件，是人对自然界所负义务的必要组成部分；人类利用转基因技术达成改造、甚至创造新生物的结果，如果该结果符合自然界"内在价值"的要求，那么其是无可厚非的，甚至是值得赞许的，因为这是人实现自然界"内在价值"的一种实践，是在完成人对自然界所肩负的使命和责任；但是，人类为满足自身膨胀的私欲，对人类本身的健康利益、其他生物的生命权利和自然界的和谐稳定性均视而不见，坚持利用转基因技术改变其他生物生命特征，用来生产转基因食品的行为，是违背中国哲学价值观的。所以，在转基因食品的法律规制问题上，针对不同的行为应当采取不同的态度。对转基因技术的研究，应该给予大力支持；对利用转基因技术生产转基因食品的行为，如果是有利于人类健康的，有利于其他生物的，有利于维护自然界平衡发展的，则应当给予支持；对仅为满足人类、甚至是部分人的膨胀私欲，而利用转基因技术生产转基因食品的行为，则应当严格禁止。事实上，我国转基因食品法律规制也是在中国传统哲学价值观之下建立起来的。[1]

（二）转基因食品法律规制的价值取向

在讨论转基因食品法律规制的价值取向之前，有必要先明确两个基本观点。一是关于转基因食品法律制度调整的对象，笔者以为其不仅调整人与人之间的社会关系，还调整人与自然之间的关系。二是关于法的价值的认识，有学者认为"所谓法的价值就是指法作为客体能够满足作为主体的人的需要或与需要相一致或接近的性质。法的价值的主体是人，是指具有社会性的社会人的总称。法的价值的客体就是法本身，这个法是指广义的法，即法律规范和法律事实的总称，它包括法的制度、法的运行事实和以观念形态存在的法"[2]。笔者认为法的价值主体应当扩大到自然，这既是人类实现可持续发展的内在需要，也是人与自然和谐相处的必然要求。

1. 安全。所谓安全，是指一种不受威胁的稳定持续状态。对人类而言，

---

[1] 张忠民："论转基因食品法律规制的哲学基础——以中国传统哲学为中心"，载《创新》2011年第5期。

[2] 刘建辉："论环境法的价值"，载《河北法学》2003年第2期。

安全是最基本的心理欲求，无论个人还是群体，都从未减轻过对安全的欲求。安全就是要求"能够预测危险并能消除危险，取得不使人身受到伤害，不使财产受到损失，保障人类自身再生产、健康发展的自由；使得与生存息息相关的生态环境处于良好状态、不遭受不可恢复的破坏，从而使个体或组织的生存免受威胁"[1]。安全是转基因食品法律制度追求的最为重要的价值取向，包括人类安全和自然安全两个方面。

（1）人类安全。人类安全是指人类的生命健康和财产不受威胁的稳定持续状态，对个人而言，意味着生命、财产和其他种种自由权利免遭侵害；对社会而言，意味着安宁与和平。转基因食品对人类安全的威胁，在健康方面是指人类食用了转基因食品后可能给人体健康带来的危害，包括短期的直接危害和长期的、间接的累积效应；在财产方面是指人们购买转基因食品的成本，以及由于医治转基因食品造成的疾病而带来的财产损失。由于转基因食品打破了物种界限而转入一些基因、病毒以及抗生素抗性等标记基因，使得公众对转基因食品是否会造成人体损害十分担忧。目前，转基因食品对人类健康的威胁主要体现在毒性、过敏反应、抗药性、有益成分损失、降低免疫力等问题上。转基因食品中的外源性基因的产物常常不是受体物种的原有成分，所以不存在天然的降解酶和代谢循环，如此一来，就很可能造成外源性基因的产物在人体中进行积累，或者不正常降解，甚至产生不可预知的分解产物。无论是外源性基因的产物还是其代谢过程中形成的新产物，都可能具有毒性。在转基因过程中，还有可能造成内源毒性的释放、插入基因的不稳定性、基因沉默、代谢途径改变、沉默基因的激活、现有基因产物水平的改变以及后续的次生新陈代谢效应的间接影响等一系列效果，也有可能造成食品安全问题。比如，Bt 系列的转基因生物都具有抗虫性，原理是 Bt 毒素可以杀灭特定害虫，但 Bt 毒素对人类可能也有毒害，可以引起胃痛、腹泻、皮疹等症状或者其他负面潜在效应，像星联玉米中含有的杀虫蛋白就有明显的过敏毒性。由于抗生素抗性基因作为标记基因在商业转基因生物实验中被大量使用，造成了抗生素抗性基因会一直存在于转基因生物的器官中。人们在食用转基因食品后，食品中的抗生素抗性基因可能被转入消化系统中的细菌体内，使细菌对抗生素药物产生抗药性，从而使抗生素丧失治疗效果。众所周

---

[1] 刘建辉："论环境法的价值"，载《河北法学》2003 年第 2 期。

知，自从1944年起抗生素就是人类常用的消炎药品，对人类健康具有极其重要的意义。不仅如此，现在已经有几种转基因生物采用卡那霉素抗性基因作为标记基因，这种基因只要发生单一突变就可以产生对氨基丁卡霉素的抗药性；而氨基丁卡霉素被认为是人类医药中的"保留"抗生素，是国际医药界储备的应急"救危"药物，至今还未被世界医药界启用。这就意味着转基因生物滥用抗生素，使得其抗性已经广为传布，很可能会造成人类面对疾病时无药可用的后果，这对人类而言是一个非常危险的信号。转基因食品还可能诱发或者加重过敏反应，因为受体生物引入外源性基因后，会带上新的遗传密码进而产生新的蛋白质，这些新蛋白质可能引起食用者或者接触者出现过敏反应。人类在自然环境中发育进化形成的人体免疫系统可能难以或者无法适应转基因生物生成的新型蛋白质而诱发过敏症。转基因食品导致过敏的原因，可能是由于外源基因本身的产物所致，也可能是外源基因改变受体生物天然营养成分的表达水平所致。目前来看，转基因食品中新的蛋白质是否会导致过敏很难判定，因为许多外源基因来自也许永远都不会作为食品的微生物。鉴于转基因食品已经比比皆是，而且直接面对的是广大消费者，我们可以预见，如果上述威胁转变为现实后，后果将不堪设想，因此，避免发生此类灾难性后果就成为转基因食品法律制度追求的目标。

与其他法律规范追求的人类安全不同的是，转基因食品追求的人类安全不仅包括代内安全，还包括代际安全。在人们食用转基因食品之后，其负面效应是否会遗传给下一代，进而代代积累，造成更大伤害，还不得而知。因此，转基因食品法律制度的安全观，必须兼顾到人类的代际安全。

（2）自然安全。自然安全是指生态环境不受威胁的稳定持续状态。自然安全表现为自然环境能够按照自然生态规律，以自己特有的方式安全运动，不被外界因素干扰和破坏。可持续发展观的基本观点之一就是自然环境的安全运动。转基因食品的研究和生产过程中，无论是转基因生物的环境释放，还是转基因食品的包装运输、贮存、使用，均可能破坏生态环境安全，主要表现为转基因生物变成超级杂草、伤害非目标物种以及破坏原始生态物种的生态多样性。转基因生物作为一种特殊的外来物种，已经突破了物种界限，具有普通物种所不具备的优势特征，而且其本身具有固定的遗传性，在其环境释放和大规模的商业化生产中，极有可能因为"基因逃逸"和"基因漂移"而形成新的杂交物种，或者因为"基因污染"而破坏本土的原始基因库，或者改变物种间原来的竞争关系,从而导致本土的原生物种资源的减少,并进一步使整个生态环境蠕变,最终导致物种灭绝或者生物多样性丧失。转基因生物进入环境后,首先污染的是其亲近性物种,因为它们之间不仅杂交成功率非常高,而且形成基因漂流的途径也非常多。比如通过昆虫、鸟类、风力等媒介使转基因作物花粉四处扩散,漂流新基因可与近缘植物或者可相容的植物杂交构成基因污染;转基因种子在运输、储存、使用、加工等过程中,遗失或者逃逸进入环境,在其萌芽或者成长过程中造成基因污染。转基因生物可能跨越物种屏障实现基因漂流,对其他物种造成基因污染。转基因动物的抗病性加强实际上为病原体提供了更强的选择压力,这就造成了病原体有可能在这强大的选择压力下进一步进化,病原体的进化不仅对转基因动物同时也对非转基因动物群体带来极大的威胁。而且转基因动物往往具有更强的生存能力,其抵御天敌和获取食物的能力可能远远强于非转基因动物,因此一旦转基因动物被释放到环境中,在自然选择的基础上很可能会将非转基因动物淘汰。另外,在对细菌、病毒进行的转基因改造中,可能使无害或弱致病性的细菌、病毒变成有害或强致病性的细菌、病毒,进而对其他动植物的生存造成危害。质言之,转基因食品之所以能对生态环境造成如此广泛而巨大的威胁,源于人类通过转基因技术改变其他生物稳定的基因型,打破了这些生物本来的遗传规律,其危害程度、范围都难以预测,因此,自然安全势必成为转基因食品法律制度追求的价值目标。

总之,安全是转基因食品法律制度追求的最重要的价值目标,它蕴含着人与自然和谐相处的基础,也隐喻着转基因食品法律制度的底线价值。因此,安全价值目标贯穿了所有的转基因食品法律制度,甚至可以说它是转基因食品法律制度的逻辑起点和归宿;失去安全价值,不但会取消转基因食品法律制度的存在价值,而且也根本无法实现转基因食品改变人们生产方式和消费方式的目的。

2. 公平。所谓公平,是指对于自然资源利益与责任的公平分配。在转基因食品法律制度的多个价值目标中,公平是另一种重要的价值。转基因食品法律制度追求的公平包括代内公平与代际公平两个方面。

(1) 代内公平。代内公平是指代内所有人,不论其国籍、种族、性别、经济发展水平和文化等方面的差异,对于利用自然遗传资源享有的平等的权利。从国家内部来看,不能针对相同主体,设定利用自然界的生物基因研发转基因食品的不同标准；也不能让转基因食品生产经营者享有转基因食品带来的利益，而让转基因食品的消费者来承担转基因食品潜在的风险。从国际上看，不能让转基因技术先进的几个发达国家对自然生物资源享有更多的权利，尤其是不能允许这些发达国家享有建立在损害其他国家和地区的利益之上的权利。比如，有些国家利用别国的生物资源，开发转基因食品，然后到别国去种植和出售。发达国家不仅不具有超越发展中国家的更多的权利，而且还要对发展中国家在克服环境问题方面予以援助。就目前而言，发达国家和发展中国家在自然遗传资源利益分配的不公平现象，已成为威胁代内公平的主要问题。

（2）代际公平。代际公平是指当代人负有使下一代人享有不少于今天所能享有的资源的使命，其实质是自然资源利益上的代际共享。当代人在享有权利上具有优先性，但在承担义务上却具有单向性；当代人只负有控制自己行为本能的义务，后代人不可能以直接的利益回报当代人。这种义务的目的可以说是为了人类社会整体的共同利益，为了人类的可持续发展，因此"当代人有义务并必须有意识地造福子孙后代"[1]。当代人生产转基因食品必须改变某些生物的基因型，而被改变基因型的生物会严格按照改变后的基因型进行遗传，假以时日，后代人看到的生物世界，可能已经与当代人拥有的生物世界大相径庭，这种状况对当代人也许无关紧要，但对后代人却影响深远，这是转基因食品领域最可能出现的代际不公平的情况。为了实现代际公平，有学者提出"行星托管"的理论，主张："我们，人类，与人类所有成员，上代人，这代人和下一代，共同掌管着被认为是地球的自然资源。作为这一代成员，我们受托为下一代掌管地球，与此同时，我们又是受益人有权使用并受益于地球。"[2]人们通过思考如何既要保障社会国家的经济发展，又要维护生态环境资源的可持续性利用；既要保障当代人公平地享有资源，又要为后代人的发展提供公平享有资源的机会，最终确立了可持续发展的理念。可持续发展的核心思想就是"既满足当代人的需要，又不对后代人满足其需要的能力构成危害"。

---

［1］ 王秀红："效率与公平：论环境法价值的冲突与协调"，载《广西社会科学》2005年第7期。

［2］ 汪劲：《环境法律的理念和价值追求》，法律出版社2000年版，第264页。

3. 秩序。所谓秩序，是人和事物存在和运转中具有一定一致性、连续性和确定性的结构、过程和模式，它包括社会秩序和非社会秩序。社会秩序是指人们交互作用的正常结构、过程或变化模式，是人们互动的状态和结果。秩序不仅是人类社会存在的条件，也是人类社会发展的要求。历史表明，凡是在人类建立了政治或社会组织单位的地方，都曾力图防止不可控制的混乱现象，也曾试图建立某种适于生存的秩序形式。这种要求确定社会生活有序模式的倾向，绝不是人类所做的一种任意专断或违背自然的努力。

传统的秩序观认为，人类社会的存续和发展，有赖于社会秩序的稳定。然而，转基因食品不仅能导致自然生态秩序的紊乱，还引发了人与人之间的秩序混乱，可能会危及人类的生存和发展。传统法律是以规范人与人之间的社会关系为中心来建构和维护社会秩序的，认为消除社会混乱是社会生活的必要条件，必须先有社会秩序，才能谈得上社会公平。但是，转基因技术的出现，使得人与生态环境关系中人的能动作用极大增强，致使整个生物圈成为人类社会生产的自然环境，社会生产物质流、能量流的结构体系与生物圈整体运动规律发生了尖锐的矛盾，毁坏着人类赖以生存和发展的自然基础，威胁着地球生物圈的可居住性，恶化着生物物种永续生存的自然条件，瓦解着生存了几十亿年的地球生物圈。

因此，我们有必要对传统秩序观重新审视。笔者认为转基因食品法律制度的秩序观，追求的不仅是人与人之间的社会秩序的稳定，还包括人与自然秩序的稳定。人类的生存和实现可持续发展，需要人类尊重自然秩序。一方面，自然为人类社会秩序的维护提供生态前提。人类的诞生、生存和发展依赖于在其之前自然进化创造的生命维持条件，自然进化的历史是一个相当长的过程，而人类历史与其相比只不过是极其短暂的瞬间。自然界在进化过程中，通过许多年代不断的实验，以其惊人的智慧发展了自我控制、自我调整，成为一切生命有机体中或多或少都存在着的一种调节装置。这种动态平衡的特性，也给各种生态体系带来了显著的能力，使之能够减少吸收和排斥外来的污染物体，从而为人类的生存和发展创造了必要的生态前提。然而，转基因技术改变的正是生命有机体调节装置的控制系统——基因机构，这种改变可能加强生命有机体的调节功能，也有可能破坏生命有机体的调节功能，但有一点可以肯定，生命有机体的原有调节功能是经过千百万年遴选的结果，而改变后的调节功能却是在近乎瞬间引起的，所以改变生命有机体基因型的后果极大可能是对其原有调节功能的破坏。即便是产生了加强其调节功能的结果，从自然界整体来看，这种结果很可能成为破坏自然秩序整体平衡的原因，毕竟自然秩序是经过多年形成的动态有序平衡，突然其中某个环节发生重大改变，必定会有一个无序的调整过程，客观上看就是对自然秩序的破坏。另一方面，自然秩序的和谐是人类社会秩序的基础。因为自然秩序是自然规律的体现，它制约着人类的一切实践活动，人类的活动必须在尊重自然规律的前提下，在自然规律允许的范围内进行。自然秩序作为其他一切秩序的基础，人类所构建的一切社会秩序都应与之相协调、相适应。所以，当人类进行转基因食品生产活动对自然秩序造成破坏时，表面上看是造成了人与人之间秩序的紊乱，实质上是自然秩序的破坏和人与自然秩序的混乱。人类利益的保护需要转基因食品法律制度不止关注社会秩序，也要维护自然秩序。可见，人与自然是一个休戚相关的有机整体，人类作为自然界无数生命物种种群中的一种，其通过生物圈的复杂网络联系而与自然构成统一的整体。人类必须意识到并维护好这个整体的秩序；否则，由此而引起的地球生物物理条件大规模的急剧变化，就有可能瓦解生命维持系统，人类也可能从地球上消失。

可见，转基因食品法律制度的秩序观旨在追求人与人之间的社会秩序的稳定与人与自然秩序的和谐统一。这一价值取向主张把包括人在内的整个自然界看成高度相关的有机统一体，要求放弃那种"把人当作至高无上的生命形式，永远以征服自然、统治自然来实现自己的生存和发展"的传统法律价值取向，代之以"在维护人与人之间社会秩序和谐的同时把人与自然之间的生态自然秩序作为法律"的价值取向，其实就是中国传统哲学"天人合一"的价值观下的秩序观。确立人与自然秩序和谐的法律价值取向，就是要在转基因食品法律制度中"肯定人内在于自然，人既是自然之子，又是自然之友，人和生物圈有着共同的利益和命运；要求人类应当在社会和自然整体的相互作用中寻求人与自然的重新和解，应当在促进生物圈的稳定与繁荣的基础上改造和利用自然，在尊重和保护自然的前提下谋求人类的利益和幸福；只有依靠法律维护好人与自然的生态秩序，才能稳定人与人的社会秩序，尊重和保护自然就是尊重和保护人类自己，人类作为地球生命物种种群利益的代表，作为生态环境的管理者，作为地球进化的引导者，具有维护、发展、繁荣、更新、美化地球的责任"〔1〕。

二、转基因食品法律规制的路径选择

转基因食品的发展过程中，对生态环境安全、消费者健康权、基因经济发展以及人与自然的和谐相处均具有一定威胁，这就需要对转基因食品进行规制，以达到有效控制转基因食品风险的目标。在市场经济条件下，有两种规制途径可供选择：一是，通过市场，二是，通过政府。市场经济是一种以市场为基础配置社会资源的经济运行方式，作为社会化大生产资源配置的有效方式，市场经济的优势是毋庸置疑的，如同一部复杂精良的机器，它通过价格和市场体系对个人和企业的各种经济活动进行协调。因此，现代经济学创始人亚当·斯密将市场经济运行比喻为"看不见的手"，的确形象地揭示出市场机制自我运行的内在特性。〔2〕但市场经济并非万能，它仍存在诸多失灵之处，"经济学的研究结果表明，市场失灵的原因在于公共产品、外部性、垄断、信息的不完全和不均衡"，其实质是经济社会化的结果，"这些问题都需要国家利用公共权力对经济生活进行干预"〔3〕。就转基因食品的规制而言，笔者认为应该通过政府来进行规制。

（一）转基因食品需要政府规制的原因分析

1. 转基因食品的外部性决定需要政府规制。外部性是一个经济学概念，关于其具体内涵在学界颇有争议，我们采用当前经济学教科书中较为流行的定义来展开讨论。外部性是指一个经济主体的行为对另一个经济主体的福利所产生的影响并没有通过市场价格反映出来。其主要内涵有二，一是，经济主体之间的外部性影响不是通过市场价格机制以市场交易的方式施加的，而是市场交易机制之外的一种经济利益关系；二是，外部性有正也有负。从外部性的发生主体来看，其行为可能对他人带来未获补偿的效用或产量的损失，也可能带来未付报酬的效用或产量的增加，前者即为负外部性，后者则为正外部性。转基因食品的负外部性主要表现在生态环境破坏和对人们身体健康

---

〔1〕 王建国、谢冬慧："论环境保护法的价值取向"，载《中州大学学报》2007 年第 4 期。
〔2〕 [美] 保罗·萨缪尔森、威廉·诺德豪斯：《经济学》，高鸿业等译，经济科学出版社 1985 年版，第 70 页。
〔3〕 许明月："市场、政府与经济法：对经济法几个流行观点的质疑与反思"，载《中国法学》2004 年第 6 期。

影响两个方面。由于转基因作物大量种植可能导致的环境破坏、生物多样性减少甚至生态环境失衡，是负外部性。如前所述之种植传统作物的农民，由于转基因作物的基因漂移，使得其种植的作物内也含有外源基因，导致产品价格降低，其收入就会减少，该农民收入的减少就是种植基因作物的负外部性。消费者由于食用了转基因食品，导致其营养失衡、过敏甚至中毒，由看病而增加的成本，是转基因食品的负外部性；信奉某种宗教的消费者，食用了含有该宗教禁止食用动物的基因的转基因食品，所引起的心理负担，以及看心理医生所增加的成本，也是转基因食品的外部性。而由于人们对转基因食品安全性的顾虑，在购买食品时不得不小心地挑选，由此带来的心理压力和挑选食品所需的时间成本，也是转基因食品的负外部性。由于转基因的上述负外部性无法通过市场经济的调整而有效内部化，因此只能依靠政府的介入。

2. 转基因食品的信息偏在问题需要政府规制。在市场经济中，转基因食品的信息偏在主要表现为转基因食品信息的不完全和不均衡。转基因食品的生产经营者对转基因食品的性能、质量、价值等信息相对了解，但是他们并不是转基因食品的最终使用和消费者，因此，这些信息对他们并没有实质性的使用价值；而购买和食用转基因食品的消费者，尽管这些信息与他们的身体健康息息相关，但他们却对转基因食品的相关信息不甚了解，甚至一无所知，并且根据食品的物理外观来判断是否为转基因食品，完全没有可能。这样就形成了转基因食品信息的严重偏在问题。形成信息偏在的原因是，转基因食品的消费者与生产经营者的分离，并因而形成的信息占有和信息需求的分离。这种信息需求与占有分离，"不仅可能导致需求者不能充分、及时地获得需要的信息，而且可能使信息占有者利用对信息源的控制而进行有利于自己的信息制造和传播"[1]。这点在转基因食品上表现得非常突出，鉴于广大消费者对转基因食品安全性的顾虑，消费者在选择食品时可能倾向于选择非转基因食品，因此，对转基因食品的生产经营者而言，维持信息不扩散的成本肯定会低于因信息传播而对其产生的不利后果，所以其会想方设法地掩盖转基因食品的相关信息。在市场经济条件下，转基因食品的生产经营者完全没有披露信息的动力，因此转基因食品的信息偏在问题依靠市场来解决是不

---

[1] 许明月、张新民："现代经济的社会性与经济法：关于经济法产生原因与性质的思考"，载《现代法学》2003年第6期。

可行的。而且,转基因食品的信息偏在还会产生以下几种机会主义行为。

(1) 逆向选择。关于信息不对称市场,诺贝尔奖得主乔治·阿克洛夫在其论文《柠檬市场:质量不确定性和市场机制》中做了深刻而又具有普遍意义的论证。这个著名的"柠檬"问题主要是描述当产品的卖方对产品质量比买方拥有更多的信息时,就会导致出售低质产品的情况,从而使低质量产品驱逐高质量商品,造成市场上的产品质量持续下降。从这种现象出发,阿克洛夫提出了"逆向选择"理论,说明信息失衡"可能导致整个市场瘫痪或是形成对劣质产品的逆向选择"。[1]而在转基因食品上表现出来的"逆向选择"可能是这样的情境:消费者不知道所购买商品是否为转基因食品,但知道目前世界范围内已经商业化的转基因作物有哪些,为了避免买到转基因食品,选择尚未商业化的转基因作物生产的同类产品,从而导致前者的市场萎缩。比如,消费者购买食用油时,由于信息偏在,无法从食用油本身判断是否为转基因食品,但是他们知道目前世界范围内商业化生产的转基因油料作物主要为大豆,于是为避免买到转基因食品,而选择购买花生油,从而导致大豆油市场的萎缩。解决这种"逆向选择"问题的办法,就是必须将有效信息传递给信息不完全的买方,或由买方诱使卖方尽量多地披露其信息,具体到转基因食品问题上,就是要建立转基因食品的标识制度,"赋予并保障消费者的知情权对缓解信息不对称现象有着重要的意义"[2]。由于不同的消费者的消费偏好和风险承担程度不同,消费者有权根据自身的风险承受能力做出合乎理性的选择,要么自觉停止消费,要么出于个人偏好自愿承担较大风险而继续购买。

(2) 规避责任。转基因食品信息偏在所导致的规避责任,在生产过程中和进入市场后两个阶段都有所表现。转基因食品的生产过程包括研发、种植(养殖)、加工等多个相互依赖的环节,每一个参与主体的个人努力程度只有自己知道,其他主体是不可能观测的或难以观察的,当缺乏有效的监督手段或监督成本很大时,其中某个或者多个主体就会企图以某种方式减少自己的努力程度,比如转基因食品的研发者不作致敏试验、种植者不进行有效隔离

---

[1] 张涛:《食品安全法律规制研究》,西南政法大学 2005 年博士论文。

[2] 王宇红、韩文蕾:"论转基因食品消费者知情权保障制度的完善",载《西北工业大学学报(社会科学版)》2010 年第 9 期。

等。这种现象就是规避责任。由于转基因食品需要上述主体来共同努力才能安全,并且很难衡量每个参与者的具体贡献,如此情形会激励参与者从事规避责任的机会主义行为。转基因食品进入市场后,由于信息偏在,导致消费者不知道也无从知道是否食用了转基因食品、食用了哪种转基因食品,如此一来,即使消费者因食用这些食品而导致身体损害,也无法找到侵权人,倘若真是由于食用了某种转基因食品所致的话,该转基因食品的生产经营者就规避了责任。

(3) 搭便车。所谓搭便车是指一个市场主体可以免费使用自己未做过贡献的物品。搭便车现象的存在,使得物品的使用不仅仅限制在那些对其生产成本有贡献的人的范围内,其他未对产品做出贡献的人也可以使用。这种现象在转基因食品中表现相当普遍。比如,拥有专利权的转基因作物,研发企业付出了巨大的成本,因而该作物种子价格要比其他同类种子昂贵,价格中包含有专利权的使用费,如果种植者从该公司购买了种子,并将其收获的产品以相同或略微低于该公司的价格,卖给其他种植者,这就形成搭便车。再比如,某种非转基因食品经过生产企业的多年经营,给消费者留下了品质优良、价廉物美的印象,若其他企业用价格相对低廉的转基因作物来生产同类食品,由于在没有标识的情况下,消费者无从识别,于是其他企业以同样的价格卖给消费者,这也是搭便车行为。搭便车行为普遍存在的原因在于搭便车者知道他的使用权仅受总供给的制约,而不受名义所有权的控制。搭便车行为会打击物品生产者的积极性,从而导致整个公共物品供给能力逐渐枯竭。

(4) 寻租。寻租是指人类社会中非生产性的追求经济利益的活动或者是指那些维护既得利益或是对既得利益进行再分配的非生产性活动。租金是超过社会成本的收入,从某种意义上说,就是不需要吸引资源用于特定用途的一种分配上不必要的支付款项。[1]因此,寻租是指用较低的贿赂成本获取较高的收益或超额利润。现代社会中的寻租活动是利用行政法律的手段来阻碍生产要素在不同产业之间自由流动、自由竞争,以维护和攫取既得利益。寻租活动会使政府决策和运作受利益集团或个人所摆布。由于政府的各项经济决策往往以某种公共利益需要为借口而为某些利益集团服务,特殊的利益集团为谋求政府保护,逃避市场竞争,实现高额垄断利润,往往进行各种寻租

---

[1] 吴敬琏:《轨道中国》,四川人民出版社2002年版,第270页。

活动。在转基因食品领域的寻租行为,主要表现为通过支付给决策者租金,使某种转基因作物尽快通过商业化生产的审批,或者实现给消费者传达尽可能少的关于转基因食品的信息,这点在美国表现的比较突出。寻租作为一种非生产性活动,并不增加任何新产品或新财富,只不过改变生产要素的产权关系,把更大部分的国民收入装入私人腰包;寻租也导致不同政府部门官员的争权夺利,影响政府的声誉和增加廉政成本,导致社会资源的浪费。

转基因食品的信息偏在问题以及其引起的逆向选择、规避责任、搭便车、寻租等现象,依靠市场经济不能得到有效调整,需要政府介入。

3. 转基因食品的公共产品属性需要政府规制。经济学家将人们日常消费的产品分为两类,即私人产品和公共产品。美国经济学家萨缪尔森认为私人产品和公共产品的区分标准是,私人产品在人与人之间是完全可分的,而公共产品在人们之间是不可分的,换言之,私人产品在消费中具有排他性和竞争性,而公共产品则不具有这两个特性。因此,"公共产品是指这样一类商品:将该商品的效用扩展于他人的成本为零,因而也无法排除他人共享"[1]。公共产品的非排他性有两层含义:一是,排斥他人对这一产品的消费是不可行的,即一个人在消费这类产品时,无法排除其他人对这类产品的消费;二是,排斥他人消费是没有必要的,即虽然有些产品在技术上也可以排斥其他人消费,但这样做是不经济的,或者是与公众的共同利益相违背的,因而是不允许的。公共产品的非竞争性也有两层含义:一是,边际生产成本为零,即增加一个消费者,公共产品供给者并不增加成本;二是,边际拥挤成本为零。即在公共产品的消费中,每个消费者的消费都不影响其他消费者的消费数量和质量。对于公共产品,人们在自私心理的驱使下习惯于免费享用,不会自愿为享用这种产品而支付代价。因此,公共产品很难通过市场得到有效的提供,必然出现供给不足。与之对应的是,公共产品又为市场正常运行和社会发展所必需,所以需要政府把提供公共产品作为自己的一项基本经济职能。

转基因食品既关系到生态环境,也关系到食品安全;而生态环境与食品安全都具有强烈的公共产品属性。生态环境是公共产品,在经济学界已是共识。至于食品安全为何是公共产品则可以从两个层面来分析:在宏观层面,

---

[1] [美] 保罗·萨缪尔森、威廉·诺德豪斯:《经济学》,萧琛等译,华夏出版社1998年版,第29页。

食品安全与农业安全、粮食安全等密切相关,每个公民对食品安全的享用不会排斥其他公民的享用权利,因而,食品安全的生产和消费具有公共产品的属性;在微观层面,食品市场参与者所需要的信息本身就是公共品,生产者或消费者对信息的知悉不影响他人分享。因此,提供转基因食品安全这种公共产品,任何人得到的边际效益都小于边际成本,以致私人企业不可能主动提供,这种职责只能由政府来承担。有实践调研结论表明,公众认为政府应当是转基因食品的健康风险和生态风险的主要责任人之一。[1]

4. 转基因食品风险特殊性需要政府规制。转基因食品风险[2]是一种现代(人为)风险[3],传统社会的风险是外在、自然的,主要来自于风、涝、瘟疫等自然灾害,与人的决策无关;而转基因食品的风险则是内在、人为的,来自于人的决策之中。转基因食品风险是后工业社会的风险[4],前工业社会的风险是以事故概念为前提的,如商船沉没、交通事故、矿难、失业等,事故发生在一定的地点、时间、人群中,因此其风险后果在一定程度上是可以由统计学加以描述和计算的,可以通过保险、保障制度等方式使其受到控制和处理;而转基因食品风险的后果在时间、地点和人群上都是难以预测和控制的。转基因食品风险是全球性风险,转基因食品的风险"的确已经变得无

---

[1] 吴幸泽、褚建勋、汤书昆、王明:"当代中国公众对转基因玉米的技术伦理问题认知",载《自然辩证法通讯》2012年第5期。

[2] 关于风险的定义,不同学科乃至不同学者持有不同的理解。统计学、精算学、保险学等学科把风险定义为一件事件造成破坏或伤害的可能性或概率;以玛丽·道格拉斯和阿伦·维尔达沃斯基为代表的人类学者、文化学者把风险定义为一个群体对危险的认知,它是社会结构本身具有的功能,作用是辨别群体所处环境的危险性;社会学家卢曼的定义与道格拉斯等人的类似,也认为风险是一种认知或理解的形式,但强调风险并非一直伴随着各种文化,而是在具有崭新特征的20世纪晚期由于全新问题的出现而产生的;贝克与道格拉斯、卢曼等人一样,也把风险视为一种认知,但也承认其是客观存在的,是一种辩证的统一,认为风险是一种"虚拟的现实,现实的虚拟"。事实上,上述定义可以分为两类,一类是把风险看作物质特性,强调了风险的可计算性和可补偿性,并赋予了个人理性发挥的空间,以第一种定义为代表;其他定义属于第二类,既把风险看作一种物质特性,也视为一种社会建构,并且重点放在后一种含义上。参见杨雪冬:"全球化、风险社会与复合治理",载《马克思主义与现实》2004年第4期。本书关于转基因食品风险的讨论,是从风险的第二类意义上理解并展开的。

[3] 风险社会理论中,将风险分为两大类,一类是外部风险,即自然具有的风险;另一类是人为风险或者说现代风险,即现代时期尤其是"彻底现代化"时期,由人为因素造成的后果严重的风险。

[4] 贝克将风险社会分为二个阶段,第一阶段是前工业社会,第二阶段是后工业社会。

地域限制了,而且从普通意义上说已经具有世界性"[1]。具体而言,转基因食品风险有以下几个特征:

(1) 跨越时空性。毫无疑问,风险是一个将来时态的词,是未来指向的,如果这种可能性已经实现,风险就成了现实的破坏或伤害。传统社会的风险及其后果是限于某个区域的,即只涉及有限的人员范围和有限的地区,而转基因食品风险可以跨越时空,无地域限制。随着国际间相互依赖日益加深和经济贸易往来日益频繁,无论人们是否愿意,转基因作物都毫不停息地在世界范围内蔓延,转基因食品也已经悄无声息地充斥着超市的货架,风险也随之越境交叉蔓延,可以说无论是它们在空间上的影响还是与此相连的社会影响,人们都已无法限制。因此,转基因食品风险既是本土的又是全球的,风险氛围将是弥散的、总体性的,无人逃逸其外。而且,随着转基因作物在世界范围内的土地上生生不息地成长,转基因食品被人们日积月累地食用,风险的影响已不仅仅局限于一代人,而是两代人甚至更多代的人。诚如派特·斯崔德姆所言,转基因食品的风险"是普遍存在的、全球性的以及不可扭转的。从社会的角度看,它普遍存在,威胁到所有生命,从人类到动植物;从空间上看,它们是全球性的,超越了地理界限的限制,突破了政治边界,影响到微生物界以及大气层;在时间上,它是不可逆转的,对人类和物种的后代产生了消极影响"[2]。

(2) 不可感知性。以往的现代化的危险是从一幅幅图片中显示出来的,我们能亲眼看到,切身感知。而转基因食品的风险却是受害人根本无法直接感觉到的。尤其在全球化背景下,转基因食品风险的冲突点与始发点往往并没有明显的联系,有时人们生活在远离危险源头的地方,却同样未能幸免。同时,转基因食品风险的传递与运动也是潜在的、内在的,在不知不觉中,风险已在逼近。

(3) 不可计算性。传统社会风险局限于一定地域和可以直接感知,因此风险是可计算的,也是可控的,可以通过保险手段予以抵御。但可计算性是相对的,只是体现了人类控制和减少风险的企图,经济补偿无法完全抵消风

---

[1] [德]乌尔利希·贝克、约翰内斯·威尔姆斯:《自由与资本主义》,路国林译,浙江人民出版社2001年版,第129页。

[2] Piet Strydom, *Risk, Environment and Society*, Buckingham: Open University Press, 2002, p. 83.

险带来的伤害，并且不能从根本上消除风险并阻止风险的发展，因此必须承认风险的不可计算性。而转基因食品风险的前因后果已经不再是简单的线性关系，不再可能使其具体化，随着转基因食品风险规模和影响的扩大，其不可计算性会更加突出，会变得极其复杂，直至不可计算、不可控制。这意味着"科学和法律制度建立起来的风险计算方法崩溃了"[1]。转基因食品风险的不可计算性揭示了其发生后的不可逆性，换言之，因为转基因食品风险所包含的危险巨大，以至于我们无法获得转基因食品全球商业化后的真实经验。虽然转基因技术在不断地发展和完善，似乎使我们看到控制风险的办法在不断涌现和完善，但在为控制风险提供越来越完美的解决办法的同时，却可能会带来新的更大的风险。

（4）具有关联性。由于转基因食品的风险不仅关系到生态环境的稳定，更关系到人们的身体健康，而转基因食品的发展却从未停息脚步，从而可能使转基因食品的风险悄悄地转化。首先转变为经济风险，导致市场瓦解，造成资本贬值；进而转变为信任风险，导致全体追随者的丧失，使全体政治成员受到侵蚀；最终转变为后果严重的政治风险；最严重时还会转变为社会风险，导致整个社会处于崩溃的边缘，造成极大伤害。可见，转基因食品的风险如不能及时控制，它可能会给整个社会带来相关的一系列连锁反应。

（5）不负责任性。谈到风险就离不开责任，而制度最重要的功能是使风险制造者承担责任，但转基因食品风险在现行制度下却可以不负担责任，贝克称之为"有组织地不负责任"。公司、政策制定者和专家结成的联盟制造了当代社会中的危险，然后又建立一套话语来推卸责任；这样一来，他们把自己制造的危险转化为某种"风险"。"有组织地不负责任"实际上反映了现代治理形态在风险社会中面临的困境。具体来说，转基因食品风险的"有组织地不负责任"体现在两个方面：一是尽管现代社会的制度高度发达，关系紧密，几乎覆盖了人类活动的各个领域，但是它们面对转基因食品风险却无法有效应对，难以承担起事前预防和事后解决的责任；二是就人类环境来说，转基因作物是否造成环境破坏，我们无法准确界定，也很难通过比较与借鉴以往判定环境破坏责任主体的方法，来得到正确的结论。相反，转基因食品的研发者、生产者以及经营者，则可以充分利用法律和科学作为辩护的利器，

---

[1] [德]乌尔里希·贝克：《风险社会》，何博闻译，译林出版社2004年版，第19页。

来进行"有组织地不承担真正责任"的活动。

转基因食品的上述特性极大地压缩了通过市场对转基因食品进行调整的空间,一方面市场经济的有些规则对转基因食品风险已经丧失了适用性;另一方面,由于市场调节的滞后性,到市场做出反应时,风险势必已经转化为灾难。只有通过政府规制,采取提前预防风险转化的手段,才能有效地对转基因食品风险进行控制。

(二) 政府规制下转基因食品立法的特点

1. 前移性。食品是人类赖以生存和发展的物质基础,食品安全决定着人类的健康水平和生活质量,而保持和提高健康水平是提高人类福利的基本要求。因此,保障食品安全无论是在发达国家还是发展中国家,都是备受关注的重大课题,为保障食品安全各国都建立起了一套法律规制制度。起初,人们仅仅重视对食品本身的法律规制,通过对食品供应最终端的控制来保障食品安全,但这种规制模式很快受到挑战,食源性疾病层出不穷,特别是近年来,疯牛病、口蹄疫、禽流感等重大食品安全事件的爆发和流行,使得人们对这种食品安全法律规制模式提出诸多质疑。人们认识到,在食品链的各个环节,都存在食品污染的风险,食品安全只有通过对食品链的全过程进行控制才能实现。于是,一种强调"从农田到餐桌"全过程的食品安全法律规制模式被广泛接受。"从农田到餐桌"的食品安全规制模式,是指管理和控制食品链的所有过程,包括:化肥、农药、饲料的生产与使用;产品的生产、加工、包装、储藏和运输;与食品接触的工具或者容器的卫生性;操作人员的健康与卫生要求;食品标识提供信息的充分性和真实性以及消费者的正确使用等。这种法律规制模式实质上是将食品安全监管"四个关口前移",即从市场监管向产地监管前移,从销售区监管向产区监管前移,从消费者终端监管向生产源头监管前移,从流通监管向规范生产监管前移。

然而,这种看似周延的法律规制模式对转基因食品而言,却并不尽然。我们知道,转基因食品与传统食品最大的区别在于,转基因食品内部含有外源性基因及其制造的蛋白质,而且为使得转基因作物具有杀虫、抗病等特性,这种外源性蛋白大都具有一定毒性,如果按照上述规制模式进行管理,则即便每个管理环节都达到预期效果,最终的食品安全还是无法保障,食品内部具有的毒性蛋白质会使得整个治理过程徒劳无功。转基因作物与传统作物的重大区别还在于,转基因作物可能会造成基因污染,不仅使得其他同类传统作物也含有这种毒性蛋白质,更可能造成生态环境的破坏,而传统作物则没有这方面的风险存在。因此,转基因食品具有的这些特殊性,使得"从农田到餐桌"的管理模式出现了很大的局限性。按照前述食品安全管理规范的逻辑思维,对转基因食品的法律规制必须进一步前移,移到转基因食品的研发阶段,形成"从实验室到餐桌"的法律规制模式。否则,"一个国家转基因技术研究、开发和应用将处于极其不稳定、不可预测的状态"[1],根本无法保障转基因食品的安全性。

2. 回应性。转基因技术的崛起与转基因食品的出现,改变了人们的行为方式,使得作为对人们行为进行规范与控制的法律也须随之变化。因为转基因技术和转基因食品在过去并不构成人们生活的主要内容,传统法律行为的设计是建立在体力及对有形的"物"的控制上的;经济全球化则进一步加重了传统法律的制度负担,已经使之不堪重负。由是,经过人们多年磨合而形成的稳定的法律制度,受到了前所未有的冲击,传统法律制度不得不做出修订,以适应规范转基因食品的要求,从这个意义上讲,我们说规制转基因食品的法律具有回应性。有学者认为,"我们称之为回应的而不是开放的或适应的,以表明一种负责任的、因而是有区别、有选择的适应的能力。一个回应的机构仍然把握着为其完整性所必不可少的东西,同时它也考虑在其所处环境中各种新的力量。为了做到这一点,它依靠各种方法使完整性和开放性恰恰在发生冲突时相互支撑"[2]。这种说法试图明确,回应是在传统法律制度框架内所做的微调,因此并未对法律制度框架造成实质性影响,新增加的法律仍然具有法律所固有的品格。事实上,作为回应性法律的转基因食品法律规范,却衍生出来一些特性。

(1) 转基因食品法律规范具有行政优先性。按照传统法律逻辑,对转基因食品的法律规制应当综合运用民事、行政、刑事三种手段来进行调整,通过建立相应的民事责任、行政责任和刑事责任制度来予以保证执行,三种手段不可偏废。但是,"回应性法律本身对科技引发的新的社会现象不能很好地把握,特别是在利用传统法律手段方面。在这种情况下,这些回应性法律就

---

[1] 王明远:《转基因生物安全法研究》,北京大学出版社2010年版,第36页。
[2] [美] P. 诺内特、P. 塞尔兹尼克:《转变中的法律与社会》,张志铭译,中国政法大学出版社1994年版,第85页。

难免出现以下两种现象：一是法律规范中原则性较强，缺乏可操作性；二是在民事、行政和刑事这三种手段中，行政手段较多地被加以运用"[1]。其后果是，转基因食品立法往往改变三权分立原则的传统平衡，立法机关会授权行政机关立法或者委任专家系统立法；大量的行政法规、规范性文件不断涌现，而本应与之配合的民事、刑事法律往往相对滞后；同时，法律规范中原则性规定的增多，会导致法律的可诉性[2]降低。

（2）转基因食品法律规范的灵活性有余而稳定性不足。转基因技术本身并非一成不变，而是日新月异地发展，因而转基因食品法律规范也不得不频繁改变，其他法律制度也须不断调整，虽然增加了法律的灵活性，但也显然冲击着法律所应当具有的稳定性。而法律的稳定性是成文法和法律法典化的主要追求价值之一，而法律稳定性的丧失必然波及成文法本身存在的价值。对成文法而言，稳定性的缺乏，会使得成文法在执法者和被执法者之间建立起的共知性和双向约束性减弱，从而执法者所形成的控制能力就会降低。由于回应性法律的特征决定了其稳定性的不足，我们几乎无法回避回应性法律的这个特性。灵活性与稳定性本来就是法治很难克服的矛盾，在转基因食品法律规范上面表现得尤为突出。可见，转基因食品法律规范更强调法律的实践品格。

（3）转基因食品法律规范具有过渡性。转基因食品法律规范的回应性导致大量行政规范性文件出台，但这种状况毕竟不是长久之计，这是法律体制不健全的表现，在一个法制健全的社会里，绝不允许行政权力如此扩张。所以，这些行政规范性文件在解了燃眉之急后，一般会向传统法律部门转化，或者另立门户形成独立的法律部门。因而我们说转基因食品法律规范具有过渡性，至于转化的时间和方式，则由客观条件决定。一般认为，转化的前提条件是我们必须对转基因技术和转基因食品有了较为成熟的认识，唯其如此，我们才能使之与某个法律部门具有协调性，或者发现其与某个法律部门具有协调性，从而将二者加以组合。

---

[1] 易继明：《技术理性、社会发展与自由——科技法学导论》，北京大学出版社2005年版，第16～17页。

[2] 法律的可诉性，是指法律作为一种规范人们外部行为的规则，可以被任何人在法律规定的机构中通过争议解决程序加以运用的可能性。

3. 对立性。在世界范围内，对于同一事物所产生社会关系的法律调整，各国基于文化传统、法律传统等因素的不同，或许会有些差异，这种现象本不足为奇。但是，对于转基因食品引起的社会关系的法律调整已经不是"差异"一词所能描述。在转基因食品法律规制问题上，不仅各国法律制度存在严重对立性，转基因食品国际规范也未能幸免。从转基因食品安全立法模式看，各国根据其管制的导向不同，也存在很大差异甚至对立，比如"以美国为代表的垂直型立法对生物技术及其安全性的态度宽松，以积极推动生物技术及其产业发展为使命。以欧盟为代表的纵横交错型立法对生物技术及其安全性的态度充满疑虑，对生物技术及其产业发展管制严格"[1]。就国内转基因食品安全立法模式及其法律制度的对立而言，主要由以下两个原因导致：一是，认识上的因素，即对转基因食品所持的哲学、社会学理念的不同。在哲学观念上，持有人类中心主义理念的，在转基因食品的法律规制问题上，会采取开放式的态度，甚至采取积极鼓励的制度，因为只有这样才能体现出人的价值所在；持有非人类中心主义理念的，在转基因食品的法律规制问题上，会采取严格控制的态度，甚至采取严厉禁止的制度，因为地球所有存在物都有内在价值，因而拥有道德权利，人类则负有尊重所有存在物的义务；持有中国哲学理念的，在转基因食品法律规制问题上，会对转基因技术的研究给予大力支持，而对利用转基因技术生产转基因食品的行为，视其是否有利于人类健康、有利于其他生物生存、有利于维护自然界平衡发展，来决定是采取禁止、放任还是大力支持的态度。在社会学观念上，认为转基因食品风险是传统风险的，对转基因食品风险防范不会予以特别规定，仍然以传统的计算、保险模式对待；认为转基因食品风险是风险社会中的人为风险的，在转基因食品风险防范上采取特别法律应对。二是，政治经济因素，即对转基因食品的法律规制采取何种态度，依据政治经济上的衡量结果来决定，采取的法律规制态度一定是对自己最有利的选择。当然，一个国家对转基因食品采取何种法律规制态度，通常是多种因素共同作用的结果。而转基因食品国际规范的对立，实际上是各国国内法规之间的对立在国际法律框架中的一种反映。

---

[1] 秦天宝："生物安全立法模式之实证考察：比较法的视角"，载《吉林大学社会科学学报》2013年第5期。

世界法律发展的历史表明,移植是法律发展的极好途径。那么各国对转基因食品法律规制存在对立性,是否就使得法律移植失去可行性,因此在立法过程中也无须过多研究其他国家的立法情况呢?当然不是。事实上,同一社会关系法律规制的对立性越强,我们就越需要研究其他国家的立法状况,因为对立性导致我们已经无法正确预期他国的法律态度。研究与本国持有相近规制态度的国家的法律,同样对我们有借鉴和移植意义;而研究与本国持有相异规制态度的国家的法律,则可以使我们减少贸易往来中的冲突。另外,研究不同立场的转基因食品国际规范同样重要,只有彻底了解其具体法律制度,才能对是否加入做出正确抉择,更何况有些国际规范如WTO下的规范是我们无法回避的。

4. 全球性。科技无国界,全球在同一时间共同站在了转基因技术面前;生命永不息,全球没有一个地方可以避免转基因动植物生命繁衍。正如有学者所言:"我们有更充分更客观的理由认为,我们正在经历一个历史变迁的重要时期。而且这些对我们产生影响的变迁并不局限于某个地区,而是几乎延伸到世界的每一个角落"[1]。转基因食品风险已经跨越时空,无所不在。随着国际间相互依赖日益加深和经济贸易往来日益频繁,转基因作物在世界范围内飞速地蔓延,转基因食品也仿佛一夜之间摆在全世界消费者面前。转基因食品风险的全球性,决定了法律应对的全球性,只有通过国际规范才能真正实现有效的风险防范。对转基因食品风险法律应对而言,局部的应对,是徒劳的应对。尽管现在各国乃至国际规范均存在冲突甚至对立,但规制对象(转基因技术和转基因食品)是相同的,因此我们有理由相信,世界性的舆论共识和法律理性会给我们这个"地球村"搭建一个一体化的社会生活平台,各种法律上的对立会在这个平台上实现融合。

---

[1] [英]安东尼·吉登斯:《失控的世界:全球化如何重塑我们的生活》,周红云译,江西人民出版社2001年版,第2页。

第二章 转基因食品法律规制的比较法和国际法考察

第一节 转基因食品法律规制的比较法考察

如前所述,各国对转基因食品的法律规制,不仅是有所差异,更是存在对立。所以,在选择对哪些国家的法律进行考察时,必须进行甄别,力求通过对部分国家的考察,达到对世界各国的转基因食品法律规制情况有一个整体性认识。美国是世界上种植转基因作物最多的国家,是转基因食品商业化最早、程度最高的国家,还是转基因食品出口大国,而且美国是世界上对转基因食品法律规制最为宽松的国家;欧盟是进口转基因食品的重要地区,同时也是转基因食品法律管制最为严格和转基因食品法律规制体系最为完善的地区;日本人口多、耕地少,粮食自给率较低,是世界上重要的粮食进口大国,该国对转基因食品法律规制的情况,也很有考察价值。因此,笔者选择了美国、欧盟和日本的转基因食品法律规制情况,作为比较法的考察对象。

一、美国转基因食品法律规制

(一)美国转基因食品法律规制概述

1. 主管机关及其职能

(1)生物技术科学协调委员会。1986年6月美国成立生物技术科学协调委员会(BSCC),组成成员包括美国农业部(USDA)、环境保护局(EPA)、国家卫生研究院（NIH）、国家科学基金会（NSF）、食品药品管理局（FDA）、职业安全与健康局（OSHA），由国家卫生研究院和国家科学基金会轮流主持委员会工作，并直接对总统负责。委员会负责组织协调所有与管理生物科技相关的联邦行政机关的活动，但并没有执法权，对具体生物技术科学活动的管制，仍依照生物技术产品类属情况，由相关的联邦行政主管单位执行，所以委员会的主要工作方式是规劝。

（2）美国农业部。美国农业部主要负责转基因作物田间试验阶段的管制。农业部下属有两个部门与转基因食品的管制相关：一是，食品安全与检验局（FSIS），主要职责是管制供人类食用的畜禽及其肉产品的安全和标识工作，对于有关食品成分的安全性问题，其会向美国食品药品管理局咨询；二是，动植物健康检验局（APHIS），主要职责是保护美国农业不受有害生物和疾病的侵害，有权对可能导致植物疾病或害虫的植物及其产品的进口和各州间流通活动加以管制。

（3）环境保护局。环境保护局的主要职责是保护人类健康和生命所赖以生存的自然环境，比如负责农药使用登记、规定农药的环境最大残留限量、制定农作物的农药残留安全标准等。尽管环境保护局的管制对象是农药而非植物本身，但是如果转基因作物可以制造用于杀灭害虫的毒蛋白，则亦属于其管制范围。环境保护局对转基因食品的安全性评估程序与传统科技产品不同，在转基因作物进行商业化前，其会对该作物在种植中的表现进行评估，当作物用作食品或者饲料时还要对是否制定蛋白质含量限制做出决定，此项审查大约需要一年半时间，期间会向大众公开信息，听取大众的意见和建议。

（4）食品药品管理局。食品药品管理局的主要职责是审核拟上市食品的安全性。食品药品管理局是美国食品安全管制的主要行政机关，负责除畜禽及其肉产品（由农业部属下的食品安全与检验局管理）外所有食品的管制，从食品安全性、标识[1]等多方面进行规范，因此，转基因食品也属于其管制之列。由于美国目前商业化生产的转基因食品基本都是转基因植物制品，所以食品药品管理局也就成了转基因食品主要管制机关。食品药品管理局拥有较为广泛的行政权力，为确保食品安全，其有权将危险食品扣押、封存、销

---

[1] 在美国，转基因食品的标识由食品药品管理局负责管制，而食品广告则由联邦贸易委员会（FTC）负责管制；凡是不被视为标识的，均被视为广告。

毁,并要求追究食品生产者的法律责任。[1]

2. 主要法规。由于美国在转基因食品安全上坚持奉行实质等同原则,将其与传统食品等同对待,因此并未针对转基因食品专门立法,而是直接将其纳入现有法律框架之内予以规范。1976 年,出于对转基因食品可能对人类健康和环境有害的严重顾虑,美国国家卫生研究院颁布了《转基因技术研究指南》(NIH Guidelines)[2],并要求接受联邦资助的科研机构遵照执行。1984 年,美国科学与技术政策办公室(OSTP)提出《生物技术管制协调架构草案》(PCFRB),该草案于 1986 年正式通过成为联邦政策。美国对转基因食品科研阶段的管理主要依据上述法规政策,只不过嗣后"当时间和经验使人们对这种技术的信心恢复后,这些指南的限制性有所减少"[3]。美国管制转基因食品的主要法规仍然是 1938 年生效的《联邦食品、药品及化妆品法》(FFDCA)[4],该法律对所有食品均为适用。此外,美国食品药品管理局还提出一些相关政策,1992 年 5 月公布的《新植物品种食品的政策声明》[5],明确新植物品种包括由转基因技术所培育的植物品种,从而管制对象包括转基因食品,政策声明规定包括转基因食品在内的新植物品种食品,均适用与传统食品同样的有关掺假、标识、食用添加剂的规定,同时还提出新植物品种食品上市前实行自愿咨询程序。1997 年,食品药品管理局在汇总各方咨询意见后,公布了《转基因食品自愿咨询程序处理原则》[6],使转基因食品上市前的自愿咨

---

[1] Sara J. MacLaughlin, "Food for the Twenty‐First Century: An Analysis of Regulations for Genetically Engineered Food in the United States, Canada, and the European Union", *Ind. Int'l & Comp. L. Rev.*, 14 (2003), pp. 390~391.

[2] 有关该政策详细内容,请参见 NIH. NOTICE PERTINENT TO THE APRIL 2002 REVISIONS OF THE NIH GUIDELINES FOR RESEARCH INVOLVING RECOMBINANT DNA MOLECULES (NIH GUIDELINES) [DB/OL]. http://www4.od.nih.gov/oba/rac/guidelines_02/NIH_Guidelines_Apr_02.htm,访问时间:2007 年 1 月 18 日。

[3] [美]玛丽恩·内斯特尔:《食品安全:令人震惊的食品行业真相》,程池、黄宇彤译,社会科学文献出版社 2004 年版,第 129 页。

[4] 21 U.S.C. §301-399 (2003).

[5] 有关该政策详细内容,请参见 FDA, "Statement of Policy: Foods Derived from New Plant Varieties". Federal Register, Vol. 57, No. 104 (1992) [DB/OL]. http://www.cfsan.fda.gov/~acrobat/fr920529.pdf. 访问时间:2007 年 1 月 18 日。

[6] 有关该政策详细内容,请参见 FDA. "Guidance on Consultation Procedures: Foods Derived From New Plants Varieties .". http://www.cfsan.fda.gov/~lrd/consulpr.html,访问时间:2005 年 1 月 20 日。

制度更加明确。值得注意的是,由于消费者严重抗议,美国食品药品管理局于 2001 年 1 月提出了《转基因食品自愿标识指导草案》[1],该草案就食品生产者对转基因食品如何加以标识有较为详细的规定。尽管草案对待转基因食品的态度并没有实质性改变,但其毕竟显示出美国行政机关将转基因食品区别对待的迹象;但令人遗憾的是,该草案至今未获美国国会通过,而且"没有任何证据表明国会希望将转基因产品和传统产品区别对待"[2]。

3. 规制原则和规制程序。在美国,对食品安全的管理,历来都反对以生产制造方法为管制依据,而是认为无论食品由何种技术生产制造,都应按照同样的标准进行管制。因此对于任何食品都只应考察其本身是否会给人类健康和生态环境造成威胁,而无论其是否为转基因技术的产物。基于这一思想,美国并没有像欧盟那样制定一系列专门法律用于管制转基因食品,而是将转基因食品直接纳入保护人类健康和生态环境的现有法律管制框架之内。食品药品管理局明确表示,管制来源于转基因作物的食品与管制来源于传统作物的食品的方法完全相同。无论食品是通过何种技术和方法加工生产而成,都是根据食品的客观特征和用途加以管制的。开发制造食品的方法本身虽然有时可以帮助理解食品的安全性和营养特征,但检查食品安全的关键因素仍然是食品的特征,而不是其生产方法。因此,转基因食品在美国的上市程序与一般食品相同,不需要额外进行复杂的科学审查程序;转基因食品所适用的法律政策也与一般食品相同。

食品药品管理局管制转基因食品的唯一法律依据就是美国《联邦食品、药品及化妆品法》,主要是该法第 402 条(a)(1)款[3]和第 409 条[4]的有关规定。402 条(a)(1)款规定,如果在食品中加入了有毒或有害的物质,导致食品有害于健康,或加入了通常是有害的自然物质,食品就被认为是"掺假的",食品药品管理局可以追究销售掺假食品者的法律责任。第 409 条

---

[1] 有关该草案详细内容,请参见 FDA. "Draft Guidance for Industry: Voluntary Labeling Indicating Whether Foods Have or Have Not Been Developed Using Bioengineering", January 17, 2001. http://www.cfsan.fda.gov/~lrd/../~dms/biolabgu.html. 访问时间:2007 年 1 月 18 日。

[2] Doug Farquhar, Liz Meyer, "State Authority to Regulate Biotechnology under the Federal Coordinated Framework", *Drake J. Agiric. L.*, 12 (2007), p. 451.

[3] 21 U.S.C. Sec. 342 (2003).

[4] 21 U.S.C. Sec. 348 (2003).

规定，在食品中使用化学添加剂之前，食品制造商必须向食品药品管理局证明化学添加剂的安全性，除非该食品添加剂被食品药品管理局承认是"一般被认为是安全"的。对转基因食品于上述条款的适用，食品药品管理局认为：若转基因食品与同类传统食品并无差异，鉴于传统食品已经被人类食用了千百年，因此不需经过上市许可，只要进行事后管制即可；核酸是每个生物体都有的生理物质，存在于所有的粮食作物和动物中，不会造成食品成分的安全性疑虑，即便认为它是一种添加剂，也应该属于"一般被认为安全"[1]的范围，因此不需经过特别的上市检验程序。[2]美国食品药品管理局提出的理由是，在美国国家科学院、美国国家研究委员会、世界卫生组织（WHO）、联合国粮农组织（FAO）以及国际经济合作与发展组织（OECD）等组织的相关科学研究报告与文献中，目前尚无任何证据可以证明，转基因食品的安全性低于同类传统食品或者品质有所不同。

至于转基因食品管制的程序，一般是研发阶段要先申请解除管制，然后决定是否向食品药品管理局提出初步自愿咨询和上市前自愿咨询。食品上市后，若食品药品管理局对其安全性确实有所怀疑，也只能运用没收、禁止销售令等行政手段，事后从市场上将该食品收回；若食品经营者不服其行政处罚，并诉至法院，食品药品管理局对该食品有安全隐患的事实负有举证责任。[3]

（二）美国转基因食品研发试验的法律规制

1. 研发试验管制。在美国，当研究人员提出一项转基因生物实验的构想时，必须通过国家卫生院的实验研究安全规范的审查。在实验室研究阶段完成后，由动植物健康检验局对其温室设备进行安全评估，评估合格后才能进行温室试验。完成温室阶段试验后，则可申请种子或试验材料进行田间试验的许可，田间试验期间必须通过田间的生物安全评估，在累积足够的田间试验数据后，才能依据试验数据申请结束管制状态的许可。动植物健康检验局

---

〔1〕 原文是：generally recognized as safe. （鉴于部分英文表述译成中文后，中文表述难于区分，本书在必要时标出原文表述）

〔2〕 See FDA, *Statement of Policy: Foods Derived from New Plants Varieties*, Fed. Reg. May 29, 1992 (57): 22990.

〔3〕 Katharine Van Tassel, "The Introduction of Biotech Foods to The Tort System: Creating a New Duty to Identify", *U. Cin. L. Rev.*, 72 (2004), p.1651.

仅在其认为该植物对于环境中的其他植物不会造成重大危险，而且与其同类传统作物相比较，并没有特别的安全隐患时，才会核发许可。值得注意的是，动植物健康检验局对转基因作物的田间试验的这种管制模式，并不适用于传统育种方式的作物，因此农业部的这项管制规定是以生产过程为基础的，即以生产过程的不同而予以区别对待。动植物健康检验局可以通过确认"非管制状态的申请"，对某一管制对象核准不予管制。动植物健康检验局从接受申请到核准，一般需要10个月时间，在此期间会将申请资料公布于众，并接受社会各界提出的意见和建议。一般而言，通过动植物健康检验局核准的转基因植物，即可视同普通植物进行种植或者育种。如果该转基因作物所转入的外源基因是用于制造杀灭害虫的毒蛋白的，在该转基因作物进行商业化前，须向环境保护局进行评估、注册，即由环境保护局对转基因作物进行安全性评估程序，对该作物在种植中毒蛋白的表现进行评估；当作物用于生产食品或者饲料时还要对是否制定毒蛋白的含量限制做出决定，此项审查大约需要一年半时间，期间会向大众公开信息，听取大众的意见和建议。

此外，科学与技术政策办公室于2002年8月宣布了一项新联邦行政行为草案，草案拟修订关于食品或饲料用途的转基因作物田间试验的规定，要求对该作物所产生的蛋白质进行早期食品安全评估。这些规定旨在避免转基因技术衍生的外源基因及其产物，在没有达到一定的安全标准时，少量地混入种子市场、制成食品或者用作饲料。于该新体制下，美国食品药品管理局有权在转基因作物小规模种植时，就对相关资料进行审查，并决定该作物是否有致敏性或毒性的安全风险。但很遗憾，该草案至今也未获通过。

2. 研发试验的自愿咨询。根据美国食品药品管理局公布的《新植物品种食品的政策声明》和《转基因食品自愿咨询程序处理原则》，转基因食品在美国上市原则上不要求事先获得许可，但设立了一项自愿咨询程序。自愿咨询程序是指转基因食品生产加工者可以就其产品可能引发的人体健康风险向美国食品药品管理局进行咨询，咨询内容通常包括转基因食品原料作物、食品用途、转基因物质的来源及其作用、引入外源基因所欲达到的效果、已知的相关致敏性与毒性以及断定该食品可以安全食用的其他根据。食品药品管理局负责转基因食品自愿咨询的主管部门为食品安全与营养管理中心（CFSAN）和兽医管理中心（CVM）；此外，食品药品管理局特别成立生物技术评估小组（BET），成员由食品安全与营养管理中心和兽医管理中心的专家组成，以辅助并确保咨询程序的顺利进行。食品药品管理局在转基因食品自愿咨询过程中，不会对经营者所提交的材料进行复杂的科学审核；相反，食品药品管理局主要是根据专家组的评估结果，来判断转基因食品在商业化后，是否会产生严重后果，迫使其日后必须采取法律措施。所谓严重后果主要是指植物毒素大量增加、食品重要营养成分降低、引发新型过敏症、现行法律禁止的食品添加剂在转基因食品中出现等。

转基因食品处理原则建议，转基因食品、饲料之相关业者最好在产品开发阶段，就向食品药品管理局主管部门提出初步的咨询，以利于解决转基因食品可能产生的安全性、营养及法律适用问题。转基因食品经营者除了可以书面方式提出初步咨询外，也可以通过电话等方式咨询。食品药品管理局原则上仅就初步咨询所涉及的科学、安全性及法律适用问题进行书面审议，但必要时也可召开会议，由专家组与经营者的专家们进行直接沟通讨论。食品药品管理局主管部门会将初步咨询的所有沟通、往来信息做成备忘录或其他必要的书面形式，并建立档案。

（三）美国转基因食品生产加工的法律规制

1. 上市前的自愿咨询。初步咨询以后，转基因食品经营者在后续产品研发中，势必会收集到更多的相关信息，以便能足以确认食品的安全性符合相关法律法规。转基因食品处理原则建议，在食品上市前，经营者最好向主管机关提交转基因食品的"安全性和营养评估的摘要"，摘要应当包括以下内容：转基因食品的名称和转基因作物的名称；转基因食品、转基因动物饲料可能的用途和使用方式的详细说明；转基因生物转入基因的来源、特点及其功能；转入基因拟达到的技术效果或目的；转入基因在食品、饲料成分或特点中表现出来的效果；转入基因表现产物功能、特性的相关信息，包括上述产物在转基因作物及其食品内的含量评估；任何已知或预测的转入基因表达产物所引发的致敏性和毒性；足以说明食品虽包含表达产物，但并无安全疑虑的根据和理由；关于转基因食品与同类传统食品比较的相关信息，特别是重要营养成分和自然生成的毒素方面；转基因食品引发过敏反应的潜在可能性的任何材料或信息；其他与转基因食品安全性和营养评估有关的任何信息。除提出上述材料外，转基因食品经营者若认为有必要，也可与食品药品管理局主管部门的专家共同召开研讨会。

食品药品管理局主管部门在接到上市咨询后，应在 10 日内将"安全性和营养评估摘要"送交生物技术评估小组成员；生物技术评估小组成员应在4周内决定，咨询人所提出的摘要是否已经清楚说明咨询食品的安全性问题，是否需要进一步补充材料。生物技术评估小组成员也可以决定是否与咨询人所有的专家召开讨论会；会议形式可不拘一格，现场会、电视电话会议均无不可。最后，由食品药品管理局汇集整理生物技术评估小组成员的咨询意见做成备忘录，并就该咨询食品是否符合《联邦食品、药品及化妆品法》的规定、是否适用食品标识要求的相关规定等进行说明，以书面方式将咨询结果通知咨询人，并在互联网上公布相关信息。

食品药品管理局认为，产品上市前的自愿咨询程序非常重要，透过咨询程序，能实现转基因食品经营者与食品药品管理局保持密切的合作关系，食品药品管理局也能及时掌握转基因食品的上市情况；必要时，食品药品管理局还可以通过问答方式与经营者讨论转基因食品、添加剂的安全性、标识或法律适用问题。一般而言，完成整个转基因食品上市前自愿咨询程序大约需要1年时间。根据统计，从1991年8月至2002年2月间，食品药品管理局共完成了53件转基因食品上市咨询。[1]

2. 上市前强制咨询草案。鉴于该项咨询程序具有自愿性，所以多数转基因食品生产者并没有主动进行咨询，造成了消费者对转基因食品的疑虑重重。迫于消费者的压力，美国食品药品管理局宣布将提出一项规定草案来加强对转基因食品上市前的审查，并于2001年1月公布《转基因食品的上市申报规则草案》，该草案对转基因食品上市采取强制性的申报管制制度。草案规定，任何研发、运输、进口或销售转基因食品的从业者，在转基因食品上市前，最少提前120天向美国食品药品管理局进行申报，并提出相关实验数据，以说明该食品与传统方式生产的同类食品同等安全，美国食品药品管理局负责对该食品进行评估。美国食品药品管理局应在收到资料后15日内进行形式审查，确认申请者所提供的数据是否符合规定或有所遗漏；120天内将评估结果通知申报者，并通过网络或以其他适当方式对外公告。美国食品药品管理局的评估结果有以下几种可能：一是，延长评估期间，可以将评估期间延长120

---

[1] Sara J. MacLaughlin, "Food for the Twenty-First Century: An Analysis of Regulations for Genetically Engineered Food in the United States, Canada, and the European Union", *Ind. Int'l & Comp. L. Rev.*, 14 (2003), p. 392.

天,转基因食品在延长期间不得上市;二是,不建议转基因食品上市,若申报者所提供的数据无法证明该转基因食品的安全性与传统食品相同,美国食品药品管理局将不建议该食品上市;三是,美国食品药品管理局对于转基因食品上市并无意见,亦即当美国食品药品管理局对于申请者所提供的资料无疑问,且该资料可以证明转基因食品与传统食品有同样的安全性。在美国食品药品管理局完成评估前,申报人有权撤回申报案,美国食品药品管理局收到撤回申请后,将停止评估程序并发函确认。撤回申报不影响该食品再次提出申报和评估。但是,令人遗憾的是草案公布迄今也未能正式生效。截至目前,该项咨询程序仍属自愿性质。

(四) 美国转基因食品流通消费的法律规制

在转基因食品的流通消费环节,最容易引起争议的就是转基因食品的标识制度。美国食品药品管理局的《新植物品种食品的政策声明》规定,所有转基因食品都必须经过一项以科学为基础、针对产品特性尤其是特殊成分的安全评估,倘若转基因食品与同类传统食品没有实质性差异,则无须加以标识;否则,美国食品药品管理局可进行特别复检,视复检结果决定是否必须加以标识。可见,在美国并非所有转基因食品都实行自愿标识制度,有些转基因食品实行的是强制标识制度,是自愿标识与强制标识共存的局面,国内多数学者将美国归属为转基因食品自愿标识国家,或许是绝大多数情形下可以自愿标识之故。

1. 强制标识。强制标识是指根据法律规定必须对转基因食品加以标识,否则将承担不利的法律后果。关于需要强制标识的转基因食品种类,美国《新植物品种食品的政策声明》规定得比较笼统,声明规定:倘若转基因食品与传统食品存在差异以致原有名称不再适合使用或者存在应当告知消费者的安全或食用方法问题,则必须对该产品进行适当标识,告知消费者。而美国《转基因食品自愿标识指导草案》则规定得较为具体,草案规定转基因食品存在以下四种情形时,必须进行标识,以便消费者能够知悉真实情况。这些情形包括:一是,如果一种转基因食品与同类传统食品间存在值得关注的性质差异,以至于一般的或者通常的名称已不能准确地描述该食品,则必须变更产品名称来描述它们之间的差异;二是,如果对转基因食品或者其所含成分的食用方法或者食后结果存有争议,则必须标识告知消费者该情况;三是,如果一种转基因食品与同类传统食品相比,有特殊的营养物质,则必须加以标识反映该性质差异;四是,如果一种转基因食品含有某种过敏源,且消费者不可能根据食品名称判断出来,则必须标识说明存在该过敏源。

2. 自愿标识。自愿标识是指法律并未规定一定要对转基因食品进行标识,生产者或销售者可以根据市场趋势或消费者偏好,自行决定是否对其产品加以标识。对于实质等同于同类传统食品的转基因食品,美国食品药品管理局之所以一直实行自愿标识制度,原因有二:其一,美国《联邦食品、药品及化妆品法》仅要求对产品的特征加以标识,产品的生产方法并不属于标识内容范围。虽然食品的制造方法与其安全性或者营养价值似乎存在某种内在关联,但食品药品管理局认为检验食品安全性的关键要素在于产品本身而非制造方法。其二,食品药品管理局认为,如果对转基因食品制造方法进行标识,会对消费者产生误导,因为,"如此标识可能会强烈暗示转基因食品与传统食品不同,甚至可能会使消费者认为传统食品在某方面更具优越性"[1]。这种观念对转基因食品自愿标识的具体方法也有着深远的影响。

美国食品药品管理局在《转基因食品自愿标识指导草案》中,重申反对就转基因食品实行强制标识的态度,坚信与传统食品实质等同的转基因食品无须特别标识,生产者可以自愿选择对其生产的食品进行标识。对于选择进行标识的生产者,食品药品管理局在草案中提出一些必须依循的指导,指导的中心思想是标识要避免误导消费者和制造商须承担标识内容的举证责任。具体如下:

(1) 正面标识。正面标识又称积极标识,是指明确标出食品中含有转基因成分或经过转基因技术加工处理。对如何正面标识,美国食品药品管理局认为应当使用"生物工程技术制造"[2]或者"本产品含有生物技术生产的原料"[3]等字眼,反对使用"基因转移"[4]、"基因工程"[5]等字眼。他们认为,使用其指导的术语消费者更愿意接受,也不易被误导;而"基因转移"的含义不够明确,它仅指通过一种技术改变了生物的基因型,但无从知悉这

---

[1] Fred H. Degnan, "Biotechnology and the Food Label: A Legal Perspective", *Food & Drug L. J.*, 55 (2000), pp. 308~309.

[2] 原文是: Genetically engineered.

[3] 原文是: This product contains cornmeal that was produced using biotechnology.

[4] 原文是: genetic modification.

[5] 原文是: genetic engineering.

种技术是现代生物技术还是传统技术，如杂交技术。

（2）负面标识。负面标识又称消极标识，是指明确标出食品中不含转基因成分或未经过转基因技术加工处理。对于负面标识，美国食品药品管理局认为应当避免使用"不含转基因成分"[1]或"未经转基因技术处理"[2]等字眼，因为它会使消费者认为食品中的转基因成分达到"零"水平，事实上，由于生产过程中存在潜在的、偶发性的情况，证明这一点几乎不可能；它还会误导消费者认为，不含转基因成分的食品比含有转基因成分的食品更优良。所以，应当使用尽可能避免误导消费者的表达，比如"未使用生物工程技术制成的原料"[3]或者"非生物工程技术制成的大豆豆油"[4]等。

值得注意的是，美国的强制标识与自愿标识之间并不排斥，可以兼容。草案中即有例证，如豆油标识中表述"高不饱和脂肪酸豆油，由生物工程技术制造的低饱和脂肪酸大豆生产"[5]，其中"高不饱和脂肪酸豆油"属于强制标识的内容，因为传统豆油已经不能准确描述其含有高不饱和脂肪酸的特性，因此需要变更产品名称加上诸如"高不饱和脂肪酸"的字样，才能正确描述其区别于同类传统食品的特性（见上述须强制标识的第一种情形），而"由生物工程技术制造的低饱和脂肪酸大豆生产"则属于自愿标识内容。

3. 错误标识与生产者举证责任。美国《联邦食品、药品及化妆品法》第343条（a）（1）规定，倘若食品标识的任何项目虚伪不实或使人陷入错误，即为错误标识。认定一个食品是否为错误标识，并不需要证明标识者有欺骗意图或者确实有人被误导、欺骗[6]，也不是基于一个明智的消费者的观点来判断，而是以一个无知的、欠考虑的以及易受骗的消费者的观点为准。[7]根据美国《转基因食品自愿标识指导草案》的规定，如果生产者进行负面标识，则他们应提出证据，证明其标识内容属实和没有误导性。如果生产者不能提

---

[1] 原文是：GMO free.
[2] 原文是：not genetically modified.
[3] 原文是：We do not use ingredients that were produced using biotechnology.
[4] 原文是：This oil is made from soybeans that were not genetically engineered.
[5] 原文是：This product contains high oleic acid soybean oil from soybeans developed using biotechnology to decrease the amount of saturated fat.
[6] United States v. 95 Barrels – Cider Vinegar, 265 U. S. 438（1924）.
[7] United States v. An Article of Food…'Manischewitz…Diet Thins', 377 F. Supp. 746（1974）.

供"标识表述或暗示的重要事实"或者"标识中使用产品可引起后果的重要事实",则会被认为标识具有误导性。将两个规定综合考察,不难看出,美国食品药品管理局通过加重传统食品生产者的标识成本,转嫁了转基因食品生产者的标识责任,透着浓郁的应将转基因食品与传统食品等同对待的气息。[1]

二、欧盟转基因食品法律规制

(一) 欧盟转基因食品法律规制概述

1. 主管机关及其职能。

在欧盟,所有转基因食品管制事宜,均由欧盟食品安全管理局(EFSA)负责。

2. 主要法规。[2]

欧盟对转基因食品的法律规制所涉及的法律法规主要有以下三类:一是,封闭环境下转基因生物实验的相关规定,主要包括《封闭条件下转基因微生物使用的指令》(以下简称90/219指令)、《基因技术在农业应用的保存、定性、收集和使用的规章》(以下简称1590/2004规章);二是,转基因生物、转基因食品环境释放的相关规定,主要包括《转基因生物有意环境释放以及废止指令90/220/EEC的指令》(以下简称2001/18指令)[3]、《转基因生物跨境运输的规章》(以下简称1946/2003规章);三是,食品安全的相关规定,

---

[1] 张忠民:"美国转基因食品标识制度法律剖析",载《社会科学家》2007年第6期。

[2] 欧盟法规均是欧盟机构依据创始条约授权所制定的派生性法规,主要有以下两类,一类是具有法律约束力的规章(Regulation)、指令(Directive)、决定(Decision)和欧洲法院宣布的判决;另一类是不具有法律约束力的建议(Recommendation)和意见(Opinion)等。其中,具有法律约束力的几种法规形式的效力并不一致,规章是一种直接适用于各成员国的欧盟法规范,此种立法的主要目的是为了使欧盟整体运作顺畅,所以规章直接适用于所有成员国,而且其法律效力优于一般国内法规;指令是为达成某一特定目的所采取的立法方式,其对象可以是全体成员国也可以是单一成员国,接到指令的成员国有义务达成指令的目标,成员国需要修订、补充或拟定国内的法律进行落实,所以指令一般都有实施的期限,在规定的期限内,成员国应完成有关国内法的修改或采取适当的措施,逾期者将会受到共同体司法审查的追究;决定主要是针对某一特定成员国的特定事项,包括对于自然人和法人做出法律的约束,因此决定具有直接的适用性,且对于其所要规范的内容具有完全的法律约束力。

[3] THE EUROPEAN PARLIAMENT AND THE COUNCIL OF THE EUROPEAN UNION, DIRECTIVE "2001/18/EC of 12 March 2001 of the European Parliament and of the Council on the deliberate release into the environment of genetically modified organisms and repealing Council Directive 90/220/EEC", *Official Journal of the European Communities*, 2001 (L106), pp. 1~38.

主要包括《食品安全管制原则与成立欧盟食品安全管理局的规章》（以下简称178/2002 规章）、《新颖食品和新颖食品成分管理规章》（以下简称258/97 规章）[1]、《转基因食品和饲料管理规章》（以下简称1829/2003 规章）[2]和《转基因生物、饲料、食品追踪与标识管理规章》（以下简称1830/2003 规章）[3]。另外，2004 年欧盟出台了《转基因技术业者的环境责任指令》（以下简称2004/35 指令）[4]。2010 年 1 月 12 日，欧盟发布了 G/TBT/N/EEC/304 号通报，标题为关于依照欧洲议会和理事会法规（EC）No1829/2003，应用转基因食品和饲料授权的执行规则，以及修订法规（EC）No641/2004 和 No1981/2006 的委员会法规草案。涉及供食品/饲料使用的转基因植物，含有或由转基因植物组成的食品/饲料，以及由转基因植物生产的食品/饲料。该法规草案提出了关于应用转基因食品和饲料投放市场授权的执行规则。规定了该应用准备和提供的规则，以及风险评定要求、食品和饲料售后监控、由关于转基因食品和饲料的法规1829/2003 规定的检测、鉴定方法和参考资料。[5]

3. 规制原则和规制程序。

（1）规制原则。欧盟转基因食品的法律规制原则，主要体现在178/2002 规章和258/97 规章的相关规定。欧盟在178/2002 规章中首次明确了食品安全管制的原则性规定，并组建欧盟食品安全管理局。178/2002 规章明确指出，规章基于对人体健康与消费者权益的保护，考虑到食品供给的多样性而制定；

---

[1] THE EUROPEAN PARLIAMENT AND THE COUNCIL OF THE EUROPEAN UNION, "Regulation (EC) No 258/97 of the European Parliament and of the Council of 27 January 1997 concerning novel foods and novel food ingredients", *Official Journal of the European Communities*, 1997（L43）, pp. 1~6.

[2] THE EUROPEAN PARLIAMENT AND THE COUNCIL OF THE EUROPEAN UNION, "Regulation (EC) No 1829/2003 of the European Parliament and of the Council of 22 September 2003 on genetically modified food and feed", *Official Journal of the European Communities*, 2003（L268）, pp. 1~23.

[3] THE EUROPEAN PARLIAMENT AND THE COUNCIL OF THE EUROPEAN UNION, "Regulation (EC) No 1830/2003 of the European Parliament and of the Council of 22 September 2003 concerning the traceability and labelling of genetically modified organisms and the traceability of food and feed products produced from genetically modified organisms and amending Directive 2001/18/EC", *Official Journal of the European Communities*, 2003（L268）, pp. 24~28.

[4] Directive 2004/35/EC of the European Parliament and of the Council of 21 April 2004 on environmental liability with regard to the prevention and remedying of environmental damage.

[5] 韩永明、翟广谦、徐俊锋："欧盟转基因生物管理法规体系的演变及对我国的启示"，载《浙江农业科学》2013 年第 11 期。

为实现这些目标，规章制定了关于食品和饲料管制的一般原则，并建立欧盟食品安全管理局。[1]规章适用于所有食品和饲料的生产、加工和运输等各个阶段，原则的具体执行办法，最迟于2007年1月1日前必须完成。[2]

178/2002规章规定的基本原则主要有：①立法目标：食品和饲料立法必须保障人体健康、消费者权益与商业的均衡发展，并应当考虑到动植物健康和环境保护；保障食品和饲料在欧盟内能自由流通；立法必须考虑到国际规范的相关规定。[3]②风险分析：食品立法必须基于风险分析，以独立、客观、透明化的科学证据为依据；风险管理必须基于风险评估的结果，尊重欧盟食品安全管理局的意见，并考虑预防原则的适用性。[4]③预防原则：在特定个案中，对于现有信息的分析结果认为有危害人体健康的可能性，但在科学上又无法确定时，为确保人体健康，可以采取风险管理的暂时措施，待科学能提供更多信息时再进行风险评估；采取必要措施时应综合考虑科技因素、经济因素和其他因素，而且暂时措施须在必要限度内，不得对商业造成过度的限制，在合理期间内应组织重新评估。[5]④消费者保护：必须给消费者提供更多的选择权，而且保障消费者对食品相关信息的知情权；同时，要防止诈欺消费者或使消费者陷于错误行为等。[6]⑤透明原则：立法过程必须向公民团体进行咨询，并公开相关信息。[7]

178/2002规章规定的食品和饲料立法一般规范主要有：①确保安全：任何危险、有害人体健康的食品不得上市流通。危险的判断要考虑到食品的一般食用习惯、提供给消费者的信息等因素确定。饲料安全要求与食品的要求相同。[8]②商品宣传安全：所有食品和饲料的标识、广告用词用语、包装方式、包装材料等，不得使消费者陷于错误认识。[9]③产品责任：食品和饲料

---

[1] 178/2002规章第1条。
[2] 178/2002规章第4条。
[3] 178/2002规章第5条。
[4] 178/2002规章第6条。
[5] 178/2002规章第7条。
[6] 178/2002规章第8条。
[7] 178/2002规章第9、10条。
[8] 178/2002规章第14、15条。
[9] 178/2002规章第16条。

经营者必须确保生产、加工、运输等各个过程都严格监控，控管方法符合欧盟的相关规范；各成员国有监督义务，并确保相关法令的贯彻执行；经营者发现其产品违反欧盟有关规定时，有下架回收并通知有关主管机关的义务；相关产品责任，按欧盟有关法律执行；[1]④可追踪性：所有食品和饲料在生产、加工、运输等各个阶段，必须建立可追踪制度；食品和饲料经营者需保证持有其上手的信息以供追踪；所有食品和饲料都必须建立来源标识，以便追踪。[2]

（2）规制程序。258/97 规章是关于新颖食品及其成分的规定，所谓新颖食品是指欧盟境内至今尚未普遍供人类消费的食品或食品成分[3]，包括含有转基因成分或者由转基因生物生产的食品或食品成分，但不包括食品添加剂和调味品[4]。规章所规范的食品或食品成分必须对消费者无害、不致误导消费者，不能与所要替代的传统食品有重大差异，以致造成消费者营养不良。[5]规章规定了新颖食品申请上市的两种程序，一种是简易程序，另一种是一般程序。简易程序适用于新颖食品或食品成分与传统食品具有实质等同性的情形，但不包括含有转基因成分的食品[6]。因此，转基因食品的上市必须遵循一般程序办理，具体过程如下：

转基因食品上市前，经营者必须向拟上市会员国的主管机关提出申请，同时将申请副本送至欧盟执委会。[7]申请材料中应包括相关主管机关依据2001/18 指令核发的同意环境释出的文件的复印件以及相关数据。[8]会员国主管机关于收到申请后 3 个月内，组织进行初步评估，并决定该食品是否需要作进一步评估；同时，尽快将初步评估报告送达欧盟执委会，再由执委会传送至其他会员国。会员国与执委会应当在初步评估后 60 天内，对该食品是

---

[1] 178/2002 规章第 17~21 条。
[2] 178/2002 规章第 18 条。
[3] 258/97 规章第 1 条。
[4] 258/97 规章第 2 条。
[5] 258/97 规章第 3 条。
[6] 258/97 规章第 3 条。
[7] 258/97 规章第 4 条。
[8] 258/97 规章第 9 条。

否许可上市作出决议,若不同意上市需要附上理由。[1] 若依初步评估报告认为有必要进行进一步评估,或者有其他会员国提出异议,则该申请案的许可决定按下面的程序执行[2]:执委会先就该申请案的决定提出草案,交由欧盟食品安全管理局进行专业审查,若草案与食品安全管理局的意见一致,则执委会即可执行草案,若两者意见不一致或者食品安全管理局未提出意见,则执委会再将草案交由理事会决议,若3个月内理事会未作决议,则执委会可直接执行草案。[3] 执委会对申请案做出许可决定后,应尽快告知申请人,并在欧盟公报上刊登,许可决定包括许可范围、使用条件、标识要求、名称等内容。[4] 规章对申请上市许可的转基因食品,除了要求执行欧盟有关标识制度的规定外,若转基因食品存在以下情况,还必须进行特殊标识。这些情况包括:基于科学评估,转基因食品与同类传统食品不能实质性等同;转基因食品中含有同类传统食品中不存在的物质,且该物质可能对部分人有健康隐患;转基因食品中含有同类传统食品中不存在的物质,且可能引发道德上的顾虑等。[5] 此外,规章同2001/18指令一样,规定有一项"预防条款",即允许会员国在对新信息或对既有信息再评估的基础上,暂时禁止或停止该食品在其境内流通。[6] 尽管欧盟于2003年将258/97规章关于转基因食品管制部分纳入了新制定的1829/2003规章和1830/2003规章中,但是后者对于前者而言是特别法与一般法的关系,概括而言并未改变程序要求,仅仅是进一步细化而已。

(二)欧盟转基因食品研发试验的法律规制

1. 基因资源运用计划纲领。2004年4月26日,欧盟制定了1590/2004规章,该规章是转基因技术农业应用中基因资源运用的计划性纲领,是欧盟为实现共同农业政策,并履行其参加的国际公约(生物多样性公约)而专门制定的。[7] 规章适用于所有在农业领域应用的动物、植物和微生物基因资源,

---

[1] 258/97规章第6条。
[2] 258/97规章第7条。
[3] 258/97规章第13条。
[4] 258/97规章第7条。
[5] 258/97规章第8条。
[6] 258/97规章第12条。
[7] 1590/2004规章第1条。

包括本地或者外地的具有活性的动植物、胚胎、精子、花粉等物品的保存、定性、收集、使用等行为。[1] 规章确定的计划纲领决定对多种活动进行帮助，可分为目标行动、协同行动和附随措施。目标行动旨在促进基因资源在本地或者外地的保存、定性、收集与使用，在互联网上建立欧盟基因资源数据库，以促进基因资源信息交流。[2] 协同行动旨在鼓励对目标行动的相关信息进行交流，尤其是跨国性信息交流。[3] 附随措施主要包括通知、分发信息、建议以及召开各种研讨会、报告会等活动，由欧盟进行赞助和监督。[4] 通过该规章的计划性纲领，可以提高欧盟对动植物基因资源的运用效率，表明了欧盟妥善利用基因资源的决心，这些举措也符合生物多样性公约的规定。

2. 转基因生物实验的规制。欧盟90/219指令的规范对象是封闭环境下的转基因生物实验的相关活动。指令规定，行为人首次在密闭环境下进行转基因生物实验前，应当对实验用的转基因生物进行安全评估，并向会员国主管机关申报。[5] 实验过程中，行为人应详实记录转基因生物的利用过程，并妥善保管记录材料，主管机关随时可以调阅记录材料。[6] 如果行为人发现转基因生物可能产生危害或者已经得到能证明产生危害的实验数据，应当立即通知主管机关；主管机关认为有必要，有权禁止或要求停止该转基因生物实验，[7] 或者向社会大众及有关团体公告，征求利用该转基因生物的意见和建议。[8] 行为人在进行转基因实验前，应当准备好突发事件应急预案或者相关行为准则；会员国若认为有必要，可以基于双边协定，与其他欧盟会员国合作，相互提供资料。[9] 如果出现意外情况或者发生紧急状况，会员国主管机关应立即通知受影响国家和欧盟执委会。[10] 会员国主管机关每年年底应向欧盟执委会提交本国转基因生物实验的报告；每3年提出本指令的执行情况报

---

[1] 1590/2004规章第2条。
[2] 1590/2004规章第5条。
[3] 1590/2004规章第6条。
[4] 1590/2004规章第11条。
[5] 90/219指令第8条。
[6] 90/219指令第9条。
[7] 90/219指令第12条。
[8] 90/219指令第13条。
[9] 90/219指令第14条。
[10] 90/219指令第15条。

告；欧盟执委会每3年汇整一次各会员国所提交的资料，统计相关数据，适时对大众公布。[1]

3. 非上市流通转基因生物及其产品环境释出的管制。2001/18指令旨在对转基因生物及其产品的环境释出，在欧盟境内进行统一管制，以确保人类健康和环境安全。[2] 所谓转基因生物是指生物体的基因物质已经改变，且改变并非基于自然交配、自然重组产生。[3] 所有进入市场或者非市场流通的转基因生物及其产品包括转基因食品、转基因饲料、转基因农产品、转基因作物种子等环境释出，均受该指令规范。该指令全文共38条，分为四大部分：第一部分是一般性原则；第二部分是非上市转基因生物释出；第三部分是进入市场的转基因生物释出；第四部分是附则。

（1）释出管制原则。任何转基因生物释出均须向会员国主管机关提出书面申请，并取得主管机关同意；为实现指令对转基因生物有效管理与监控的目标，会员国须在国内指定主管机关或专门负责机构，负责审核转基因生物释出申请和申请人所提出的环境风险评估是否妥当；若转基因生物释出未经申请或申请未获批准，会员国主管机关应当采取有效方式终止该转基因生物继续释出或流通，要求行为人进行补救和赔偿，并告知社会公众和其他欧盟会员国。转基因生物释出或使用的审核，应当遵循逐步审核和逐案审核原则；转基因生物及其产品的释出应当采取逐步开展、循序渐进方式，只有当前阶段转基因生物释出显示出对环境和人类健康安全时，才能增加释出或进行下一步释出；主管机关也应当逐案评估、审核释出申请，只有在确认该转基因生物释出对人类健康和环境无直接或间接伤害时，才能同意申请；为掌握转基因生物释出对人类健康和环境影响的情况，主管机关应当制定一套完整的转基因生物释出监控计划与机制，由主管机关负责对转基因生物释出进行持续追踪和管制。[4] 除了关于转基因生物释出管理，在该指令拟定过程中，欧盟会员国也就抗生素抗性标记停止使用事宜达成协议。在基因技术实验中，研究人员为便于程序进行，往往需要使用有害环境或人类健康的抗生素抗性

---

[1] 90/219指令第18条。
[2] 2001/18指令第1条。
[3] 2001/18指令第2条。
[4] 2001/18指令第4条。

标记，该标记物质可能会使特定基因转化成其他物种，或具有不当扩散的危险性。因此，该指令明确明定，进入市场的转基因生物释出，应于2004年底前完全停止使用该物质；非上市流通的转基因生物释出，也应于2008年底前停止使用该物质。[1]需要指出的是，以上原则要求对进入市场的转基因生物及其产品的环境释出同样适用。

（2）释出管制程序。非上市转基因生物释出申请程序相对比较简洁。转基因生物释出前，申请人应当持下列材料向转基因生物释出所在地的主管机关提出申请：一是，从事转基因生物释出行为的人员、转基因生物的情况、释出条件、转基因生物与环境可能产生的交互作用、转基因生物释出后的监控计划、废弃物处理、紧急应变措施以及释出不当的补救措施等材料，并附上材料的摘要。二是，环境风险评估的有关材料，包括环境风险评估方法、评估数据、评估结果等。[2]

申请人向主管机关提出转基因生物释出申请后，或者主管机关审核同意释出后，若有其他资料或情况表明，该转基因生物释出对人类健康或环境具有危害可能性的，申请人应立即向主管机关提交相关材料，并采取适当的保护措施；主管机关应当对外公告这些新材料或新情况，并有权要求申请人暂停或终止转基因生物释出。[3]转基因生物释出完成后，申请人应向主管机关报告释出的结果。[4]

（三）欧盟转基因食品生产加工的法律规制

1. 上市流通转基因生物及其产品环境释出的管制。2001/18指令规定，任何转基因生物及其产品拟上市流通，均须先履行申请、评估、同意、监控、标识等程序。

（1）提交申请。当事人以在欧盟上市流通为目的，提出转基因生物及其产品释出申请的，应当持下列材料向转基因生物释出所在地的主管机关提出申请：该转基因生物使用对生物多样性的影响、转基因生物释出的用途与使用方式、研究显示其对人类健康和环境的影响；若转基因生物释出用途与使

---

[1] 2001/18指令第4条。
[2] 2001/18指令第6条。
[3] 2001/18指令第8条。
[4] 2001/18指令第10条。

用方式有所变更的，申请人必须重新提出转基因生物释出的申请。此外，在申请期间若有新的研究成果或者资料表明该转基因生物释出对人类健康或环境有危害可能的，申请人必须立即提出危险防止措施，并及时修正向主管机关提出的申请资料；环境风险评估相关情况、所采用的评估方式以及评估结果；该转基因生物产品在市场上流通状况，特别是关于产品的使用和处理的情况；申请转基因生物的释出期间不得超过10年；监控计划的有关材料；转基因生物释出标识和包装样本；上述材料的内容摘要。[1]

（2）评估与审核。主管机关应当在收到申请后90天内，完成评估报告，评估内容须符合本指令的要求，对转基因生物及其产品释出的申请做出同意释出、附条件同意或是不同意释出的初步决定，并将评估报告及时送达申请人和欧盟执委会。执委会应当在接到该主管机关的评估报告后30天内，将这些材料送至其他会员国的主管机关。执委会或其他会员国的主管机关有权就该转基因生物释出申请事宜发表意见和建议。最后，该主管机关将审核结果书面通知申请人。[2]主管机关不同意转基因生物释出的，必须附上理由说明；同意释出的，其"书面同意通知"应当包含以下内容：同意范围，即同意上市流通的转基因生物或者产品的种类、特性和使用范围；同意的有效期间；该转基因生物或者产品上市流通的使用、处理、包装条件、保护环境、经济、地理区域等应具备的条件或状况；申请人应当随时妥善保存转基因生物或其产品的释出样本，主管机关若有需要应立即提交；转基因生物或者其产品释出应有标识；转基因生物释出后的监控执行等。

经审核同意的转基因生物及其产品的释出有效期间为10年，有效期满后当事人必须备齐相关文件，重新提出释出申请。[3]在转基因生物及其产品释出有效期间届满前9个月，当事人应该持以下材料向原核发主管机关重新提出申请：原释出同意文件的复印件；转基因生物释出后持续进行的监控报告；该转基因生物对人类健康或者环境风险的最新研究成果和材料；未来转基因生物释出后的监控计划、对原释出同意修改或补充建议。主管机关、执委会和其他

---

[1] 2001/18 指令第13条。
[2] 2001/18 指令第14条。
[3] 2001/18 指令第15条。

会员国主管机关对重新申请的评估、审核程序，与第一次申请基本相同。[1]

（3）监控与管制。转基因生物及其产品在市场上流通后，申请人应当严格执行监控计划，并定期向执委会和主管机关提交监控报告；主管机关认为有必要，有权调整申请人的后续监控计划。若有其他材料或事实状况表明该转基因生物及其产品的市场流通对人类健康或环境有危害可能的，申请人应当立即提交相关材料，并采取适当的保护措施；主管机关收到申请人提交的新材料后，应于30天内完成评估报告，及时送达执委会和其他会员国的主管机关，并决定是否修正释出同意的内容或终止该同意。[2] 主管机关应当采取适当措施，确保上市流通的转基因生物及其产品的标识符合本指令的要求。[3]

若转基因生物及其产品释出程序完全符合本指令的要求，则欧盟任一成员国主管机关不得禁止、限制或妨碍该转基因生物及其产品的上市流通。[4] 但是，即便是符合本指令程序的转基因生物及其产品在释出后，若有其他新的材料表明该转基因生物及其产品对人类健康或环境确实能产生危害的，任一成员国主管机关均有权限制或禁止该转基因生物及其产品在国内流通，并告知社会公众；该会员国应当尽快将限制或禁止的决定、环境风险评估报告等相关资料送达执委会和其他会员国。[5]

（4）公众参与。为使公众知悉转基因生物及其产品的释出信息，并赋予公众表达意见的机会，主管机关应当以适当方式对外公告有关信息，使公众知悉释出申请、审核同意内容、释出后监控报告。[6] 公告的程序和内容，成员国可另行订立实施细则。成员国主管机关每3年向执委会报告一次本指令的执行情况，由执委会将报送材料汇编整理后对外公布。[7]

2. 转基因食品上市的核准。在欧盟，无论是人类食品还是动物饲料，只要是由转基因生物组成、生产加工、含有转基因成分或者食品成分由转基因

---

[1] 2001/18 指令第17条。
[2] 2001/18 指令第20条。
[3] 2001/18 指令第21条。
[4] 2001/18 指令第22条。
[5] 2001/18 指令第23条。
[6] 2001/18 指令第24条。
[7] 2001/18 指令第31条。

生物制造，其上市前的安全评估、核准、监控等事宜，均由1829/2003规章予以规范。[1]转基因食品上市是指在欧盟境内运输、买卖（包括签订买卖合同）、交付等行为，是否是有偿行为在所不问。[2]

（1）上市申请。未经核准的转基因食品不得上市；申请人或其代理人必须在欧盟境内有住所。申请人应当向主管机关充分说明，拟上市的转基因食品符合上市要求，即该食品对人体健康、动物健康和环境保护均无危险，也不会误导消费者，而且在营养方面不会造成消费者的营养不良。[3]

转基因食品的上市申请，应当向申请人所在地的成员国主管机关提出；主管机关收到申请材料后，应尽快通知欧盟食品安全管理局和其他会员国的主管机关。申请人提交转基因食品上市申请时，应附上以下证明材料：转基因食品所涉及的转基因生物的释出符合2001/18指令的相关证明文件；转基因生物释出后所进行的环境影响监控的相关材料；转基因食品的用途和特性的说明；转基因食品符合生物安全议定书的有关规定；先前的研究报告或任何资料，表明该转基因食品符合本规章明确的安全性要求；任何研究报告或材料，表明该转基因食品的特性与同类传统食品并无差异；或者申请人可以提供拟上市的转基因食品的样本，可以取代上述研究报告或材料；合理的声明，说明该转基因食品不会引发任何伦理上、宗教信仰上的疑虑；或者由申请人提供拟上市转基因食品的样品，以取代上述声明；该转基因食品使用或处理时的特别要求；转基因食品的样本或相关物质的寄存地；转基因食品上市后的市场监控计划书和监控方法。[4]

（2）审核与核准。转基因食品上市申请提出后6个月内，欧盟食品安全管理局应当以书面形式向执委会提出初步意见；欧盟食品安全管理局研究该初步意见时，应该咨询欧盟境内执行安全性评估和环境风险监控的机关或组织。[5]是否同意转基因食品上市的正式决定，由执委会做出；核准上市的决定，应当附加条件或限制，比如应进行特别的环境风险监控、安全性评估、限制使用范围、限制处理方法等；执委会应当将转基因食品上市申请的审核

---

[1] 1829/2003规章第1条。
[2] 1829/2003规章第2条。
[3] 1829/2003规章第4条。
[4] 1829/2003规章第5条。
[5] 1829/2003规章第6条。

决定,在欧盟公报上进行公告;转基因食品相关业者不因取得上市核准,而减轻因该食品所产生的任何民事、刑事责任。[1]

转基因食品核准上市的有效期间为10年,在有效期限届满前1年,当事人应提供下列材料,再次提出上市申请:上次转基因食品的上市核准;转基因食品上市后的监控报告、监控机关名称;关于该食品对人体和环境安全性的新信息;未来的监控和安全性评估计划。[2]

除涉及商业秘密的信息外,转基因生物释出和转基因食品上市的申请、审核的相关资料,均应对外进行公告。[3] 为了维护转基因食品相关业者的知识产权,转基因食品上市申请所提供的科学性数据,其他申请者10年内不得利用,除非原申请人同意。[4]

(四)欧盟转基因食品流通消费的法律规制

1. 转基因食品标识制度。

(1) 转基因食品标识制度的历史沿革。欧盟对转基因食品标识的立法发端于90/220指令,该指令主要规范转基因生物有意环境释放和投放市场的行为,但其适用对象包括转基因食品,并提出对转基因食品必须进行标识的要求,至于如何进行标识,则没有具体规定。需要特别指出两点:一是,该指令确定欧盟对转基因食品将实行强制标识制度,而非自愿标识制度;二是,指令前言中明确指出"本指令起草时考虑了预防原则,指令的执行也必须考虑预防原则";这些规定为欧盟此后的相关立法定下了基调。伴随着转基因食品在欧盟不断上市,90/220指令的相关规定暴露出操作性差的缺陷。针对这个问题,欧盟在1997年1月出台258/97规章,规定对成分构成、营养价值和用途方面与传统食品不具有"实质性相似"的转基因食品和食品成分本身必须进行标识,标识须包含转基因技术改变了传统食品的哪些特征、新特征对人类健康可能产生的影响、新特征与宗教伦理观念可能发生的冲突等信息。该条例虽然对90/220指令中的标识规定予以细化,增强了可操作性,但也存在两个明显不足:其一,对标识内容和方式的要求比较笼统,不够具体;其

---

[1] 1829/2003规章第7条。
[2] 1829/2003规章第11条。
[3] 1829/2003规章第29条。
[4] 1829/2003规章第31条。

二，规定标识对象范围较窄，含有转基因物质的添加剂及其加工品以及由于意外情况而含有转基因物质的食品均被排除在外。于是，欧盟于1997年9月和1998年5月先后制定了1813/97规章[1]和1139/98规章[2]。其中，条例1139/98规章还首次提出了转基因食品的判断标准，即只要食品中含有外源性DNA或者外源性DNA产生的蛋白质，就认定为转基因食品，这个标准成为此后欧盟判断转基因食品的标准。2000年1月欧盟又出台了《修正转基因食品强制标识（1139/98/EC）的规章》（以下简称49/2000规章）[3]和《转基因添加剂和调味料强制标识的规章》（以下简称50/2000规章）[4]。49/2000规章规定，无论是出于何种原因，只要食品中含有的转基因物质占总量的1%以上，就必须进行标识；50/2000规章则规定，含有转基因成分或者由转基因材料所生产的食品添加剂和调味料，也必须进行标识。值得一提的是，条例49/2000/EC创设了转基因食品风险限值制度，该制度具有很强的管理功能。鉴于上述条例对90/220指令的修正主要集中在食品或饲料方面，为对该指令进行包括环境释放在内的全面完善，欧盟于2001年3月出台了2001/18指令，废止了90/220指令。至此，欧盟转基因食品标识制度的基本框架已经形成。但是，欧盟许多消费者、环保组织和成员国对此框架并不满意，纷纷要求欧

---

[1] THE COMMISSION OF THE EUROPEAN COMMUNITIES, "COMMISSION REGULATION (EC) No 1813/97 of 19 September 1997 concerning the compulsory indication on the labeling of certain foodstuffs produced from genetically modified organisms of particulars other than those provided for in Directive 79/112/EEC (Text with EEA relevance)", *Official Journal of the European Communities*, 1997（L257），pp. 7~8.

[2] THE COUNCIL OF THE EUROPEAN UNION, "COUNCIL REGULATION (EC) No 1139/98 of 26 May 1998 concerning the compulsory indication of the labeling of certain foodstuffs produced from genetically modified organisms of particulars other than those provided for in Directive 79/112/EEC", *Official Journal of the European Communities*, 1998（L159），pp. 4~7.

[3] THE COMMISSION OF THE EUROPEAN COMMUNITIES, "Commission Regulation (EC) No 49/2000 of 10 January 2000 amending Council Regulation (EC) No 1139/98 concerning the compulsory indication on the labeling of certain foodstuffs produced from genetically modified organisms of particulars other than those provided for in Directive 79/112/EEC", *Official Journal of the European Communities*, 2000（L6），pp. 13~14.

[4] THE COMMISSION OF THE EUROPEAN COMMUNITIES, "Commission Regulation (EC) No 50/2000 of 10 January 2000 on the labeling of foodstuffs and food ingredients containing additives and flavorings that have been genetically modified or have been produced from genetically modified organisms", *Official Journal of the European Communities*, 2000（L6），pp. 15~17.

盟加强对转基因食品的管制。于是,欧盟在2003年统合1813/97规章、139/98规章、49/2000规章和50/2000规章4项管理规则,并将258/97规章有关转基因食品标识部分移入,整合成1829/2003规章;同时,为加强监控转基因食品对生态环境和人类健康的影响,并具有必要时撤回已上市问题转基因产品的能力,制定了1830/2003规章。欧盟这两项条例于2004年实施后,上述被整合的4项规章即失去效力;这两项规章与258/97规章的法律关系是特别法与一般法的关系。目前,欧盟转基因食品标识制度主要由1829/2003规章和1830/2003规章进行规范。

(2)现行转基因食品标识制度。

第一,标识适用对象。从欧盟转基因食品标识制度的发展历史看,标识适用对象的范围呈不断扩张之势,现行转基因食品标识制度更是实现了实质性突破;现行制度通过废弃实质性相似规则、降低和细化风险限值等变革,使标识对象范围实现了实质性扩张。

放弃实质性相似规则。根据此前的规定,即便食品是由转基因生物制成,只要最终产品中已经检测不到转基因生物的DNA或蛋白质,则认定该食品与传统食品"实质性相似",从而无须标识。欧盟现行转基因食品标识制度彻底突破了这个规则,规定:"在欧盟境内交付给消费者的食品,只要包含转基因生物或者由转基因生物组成或者由转基因生物制成以及所含成分由转基因生物制成,无论最终产品中是否含有该转基因生物的DNA或蛋白质,都必须加以标识"[1]。换言之,只要食品包含转基因生物成分或者所含成分由转基因生物原料制成,均须加以标识,而最终产品中是否含有转基因生物的DNA或者蛋白质,则在所不问。需要特别指出的是,就转基因食品安全性评估而言,欧盟此前实行实质性相似规则,与美国阵营实行的"实质等同原则"颇有几分相通之处,这也是欧美转基因食品标识制度仅有的一点交集。所谓实质等同原则,其实"是一种食品安全评估策略,它隐含着转基因食品并无安全隐患的前提假设,将转基因食品与传统食品在遗传表现特性、组织成分等方面进行比较,倘若两者之间没有实质性差异,则认为不需要对其进行特别管

---

[1] 1829/2003规章第12条。

制"[1]。而欧盟现行转基因食品标识制度废弃了实质性相似规则，这无疑会加剧欧美之间本已存在的转基因食品贸易摩擦。

降低并细化风险限值。考虑到生产者在食品生产过程中，即便没有使用转基因生物做原料，而且已经采取必要措施尽量避免其产品含有转基因物质，仍然有可能因为意外因素而含有转基因物质。欧盟现行转基因食品标识制度也规定了此类情形下的风险限值，且较之以前更为严格，突出表现在风险限值的降低和细化。现行制度规定："由于技术上无法避免或者偶然因素而造成食品中含有转基因物质的，如果该转基因物质已经取得欧盟的销售许可，则转基因物质含量低于0.9%的，可以不予标识；如果该转基因物质尚未取得欧盟的销售许可，则转基因物质含量低于0.5%的，可以不予标识；否则均须加以标识"[2]。另外，欧盟议会在2007年4月投票表决有机食品规范时，建议将有机食品含有转基因物质的风险限值设定为0.1%，这个比例是目前科技能检测到的极限值，不过欧盟理事会农业部长会议对此尚未裁决。[3]

转基因食品风险限值是为缓解人类认知上的局限，实现转基因食品安全风险管制格式化的一种方式。人类无法掌控转基因食品的安全风险，只能依据当前的科学知识，设定一个限值，推定高于此限值是危险的，而低于此限值是安全的，因此风险限制的设定，具有强烈的管制色彩，与事实上安全与否并无对应关联。而且，转基因食品风险限值的确定除了依据科技知识外，往往还会考虑经济和社会因素，所以限值本身不仅包含科技理性还包含了经济理性和政策理性，集中反映了一个国家或地区对转基因食品安全风险的忍受度。因此，我们有理由认为：欧盟现行转基因食品标识制度中设定的风险限值由1%降低到0.9%，特殊情形下降低到0.5%，对有机食品甚至提出降到目前科技能检测到的极限值0.1%，并非是基于对转基因食品安全性的判断结论，仅仅是表明欧盟对转基因食品的严格管制态度而已。

第二，标识内容及方式。欧盟现行转基因食品标识制度对标识内容进行了更具操作性、更为明确的规定。现行制度规定：标识应当书写清楚且易于

---

[1] Matthew Rich, "The Debate Over Genetically Modified Crops in the United States: Reassessment of Notions of Harm, Difference, and Choice", *Case W. Res.*, 54 (2004), p. 902.

[2] 1829/2003规章第47条。

[3] See "European Parliament: limiting GMOs in organic foods to 0.1 percent", http://www.coextra.eu/news/news836.html. 访问时间：2007年1月18日。

辨认；标识应当标在"食品成分"栏内，若没有"食品成分"栏，则必须在商标上清晰标出；标识也可以用脚注方式标出，但脚注的文字大小必须同正文相同；对于没有进行包装直接出售的转基因食品，应当制作不小于10平方厘米的标识牌，置于该商品上或者紧邻商品放置；标识的内容应当表述为"转基因"或者"转基因（生物名称）生产"或者"含有转基因（生物名称）"或者"含有转基因（生物名称）生产（成分名称）"字样。若存在以下特殊情形，除标出上述字样外，还须详细标出该食品的特点或者特性：一是，该转基因食品在组成成分、营养价值、营养效果以及食品用途上，相异于对应的传统食品；或该转基因食品符合特定人群健康需求。二是，该转基因食品可能引发道德上或宗教上的疑虑。[1]

欧盟对转基因食品标识的内容和方式规定如此具体，主要意旨是给消费者提供充分而明确的相关信息，避免消费者被误导或者欺诈，有效保障消费者知情权，让消费者根据自己的意愿来选择是否消费转基因食品。值得注意的是，欧盟现行标识制度并没有对负面标识比如"不含转基因"予以禁止，其意义在于消费者有机会选到确定不含转基因物质的食品。因为消费者选择标有负面标识的食品，意味着购买到的是不含转基因物质的食品，而选择未标正面标识的食品，则购买到的可能是标识制度适用范围以外或者基于风险限值得以豁免但仍含有转基因物质的食品。[2]

2. 转基因食品的可溯及性。为加强监控转基因食品对人类健康和生态环境的影响，使得在必要时有能力撤回已上市问题转基因产品，欧盟现行1830/2003/EC规章规定了对转基因食品的"可追踪性"监控机制[3]。所谓可追踪性，是指追踪市场上转基因食品从生产到流通全过程的能力。[4] 具体规定是：从转基因食品进入市场开始，经营者应当确保将食品包含转基因生物或者由转基因生物制成食品的国际统一编号以及该食品购买人情况等信息，以书面形式交与购买人，以后以此类推，保证信息资料伴随食品流通，且该信息资料必须保存5年；但是，标识适用对象以外或者基于风险限值得以豁免但仍

---

[1] 1829/2003规章第13条。

[2] 张忠民："欧盟转基因食品标识制度浅析"，载《世界经济与政治论坛》2007年第6期。

[3] 1830/2003规章第1条。

[4] 1830/2003规章第3条。

含有转基因物质的食品,不在追踪监控之列。[1] 由于转基因食品的可追踪性,使得相关信息与转基因食品一起流通,如此就形成了一个追踪转基因食品去向的锁链。政府可以通过对转基因食品流通地和消费人群进行长期监测,研究转基因食品对生态环境和人体健康的影响情况;如果发现产生了始料未及的负面影响,可以及时采取挽救措施。但还是有学者认为,在转基因生物与非转基因生物共存的情况下,欧盟转基因食品可追踪制度难以获得有力的技术支撑,对消费者只是一种虚幻的承诺,无法取得让消费者知悉真实情况的效果。[2] 笔者对此不以为然,欧盟转基因食品可追踪性监控机制,可以说是转基因食品标识制度的延伸,两者配合运用,功能相当强大,不仅有助于政府及时有效地处理转基因食品的意外侵害事件,更有助于对转基因食品侵权责任的厘清。

3. 转基因食品的市场监控。转基因食品经核准上市后,相关经营者应当严格执行环境风险监控或安全性评估的有关规定。[3] 欧盟食品安全管理局认为有必要,有权向欧盟执委会提出书面意见,建议修正、暂缓或撤销转基因食品的上市许可。[4] 如果有确实的证据显示,已许可上市的转基因食品会对人体健康、动物健康以及环境安全产生严重危害的,食品安全管理局有权采取必要的紧急措施,禁止该转基因食品在市场上流通。[5] 欧盟会员国应当制定相关法规,对违反转基因食品上市和标识制度规定的经营者,采取有效而适当的制裁措施。[6]

4. 转基因食品经营者的环境责任。为了贯彻环境保护主张,欧盟于2004年4月通过了2004/35/EEC指令,规范对象包括任何对自然资源可能产生直接或间接影响的行为。据此,转基因食品生产的各个环节中,若对于生态环境、受保护物种及其栖息地造成损害或威胁,或者造成水源、土壤的破坏进而对人体健康产生损害或威胁的,相关经营者应当承担责任。指令采取"污

---

[1] 1830/2003 规章第4条。

[2] Peter Burchett, "A Castle in the Sky: The Illusory Promise of Labeling Genetically Modified Food in Europe", *Penn St. Int'l L. Rev.*, 23 (2004), pp. 200~202.

[3] 1829/2003 规章第9条。

[4] 1829/2003 规章第10条。

[5] 1829/2003 规章第34条。

[6] 1829/2003 规章第45条。

染者付费"原则,规定对所有可能产生环境损害的活动,当事人均应承担预防和赔偿的责任,而且损害赔偿的金额不设上限。但当事人如果能够证明,其所从事的活动与环境破坏或者人体损害之间没有直接的因果关系,可以免除责任。另外,转基因食品生产活动已取得主管机关的核准,依照当时的科技知识水平,无法评估该活动对于环境或人体会产生影响,且经营者能够证明其在转基因生产活动中并无过错,主管机关也可以豁免其责任。事实上,指令要求转基因食品生产者承担环境保护责任,是落实企业的社会责任,与一般意义上的民事责任有所不同。因此,转基因食品对于个人财产、人身所造成损害而产生的赔偿责任,仍属于传统上的民事责任,受害人仍有权依据民事相关法律,请求损害赔偿。

整体而言,欧盟环境责任指令是具有一定前瞻性的立法,要求会员国必须在2007年4月底前完成国内法的转换。转基因食品生产活动是否会对人体健康和生态环境产生危害,目前缺乏科学定论,仍然有待长期的追踪调查和科学论证,因此,原则上只要转基因食品经营者遵守了欧盟的相关法律法规,并采取了适当措施积极预防环境损害发生,就应该认定可以适用指令的免除责任条款。但毋庸置疑的是,此指令在会员国具体落实后,肯定会增加转基因食品经营者在欧盟的经营成本。

5. 转基因生物/食品的跨境流通。2002年6月,欧盟加入卡塔赫那生物安全议定书,为配合该国际规范的实行,欧盟于2003年7月制定了1946/2003规章,规范包括转基因食品在内的活性转基因生物跨境流通的相关事宜。该规章基于预防原则,在兼顾2001/18指令相关规定的前提下,拟建立转基因生物的跨境流通的信息共享体系,保障转基因生物运输、保存与利用的安全,避免对生物多样性和人类健康造成危害。[1]

(1) 转基因生物的流通规范。输出者在第一次进行此种转基因生物跨境运输前,应当向输入国(无论是否为议定书的缔约国)主管机构,提出"通知申请",通知内容包括转基因生物有关资料、用途说明等信息,并保证提供信息的真实性。[2] 输入国对通知申请采用书面方式确认同意,输入国的不作为,不得被认为同意输出者的申请。输入国在收到通知后270天内没有做出

──────────

[1] 1946/2003规章第1条。
[2] 1946/2003规章第4条。

是否同意决定的,输出者可以向输入国主管机构再次提出书面申请,可请输入国60天内答复,同时将申请书副本送至议定书秘书处、输出国主管机构和欧盟执委会。在计算期间时,输入国为取得相关必要信息所需时间不计算在内。在输入国没有书面同意之前,输出者不得进行转基因生物的跨境运输。上述程序,可通过双边或多边协商简化。[1]输出者在获得输入国同意的决定后,必须妥善保存其通知申请、输入国决定等相关文件至少5年,并将文件副本送至输出国主管机关和执委会,执委会原则上有权公开这些文件。[2]输出者在自然环境变迁或有新的科学证据影响风险评估时,应当通知输入国重新决定。输入国90天内没有答复的,输出者可以再行通知,在合理期间内输入国仍未答复的,输出者可将通知副本送至议定书秘书处。[3]

(2)转基因食品/饲料的流通规范。在欧盟境内或成员国境内跨境运输用作人类食品或者动物饲料的转基因生物的,执委会或者做出跨境运输决定的成员国,应当通知议定书信息交流与生物科技风险预防中心。[4]输出者应当尊重议定书缔约国关于此类转基因生物输入核准与否的决定,也应当尊重非议定书缔约国依据其国内符合议定书目标的相关法规做出的决定。对于发展中国家或经济转型中的国家,不论其是否为议定书的缔约国,输出者都应尊重其因缺乏相关国内规范而依据议定书所做出的暂行决定。当这些国家不作任何表示时,不得认为该国同意输入。欧盟境内所有用作人类食品或者动物饲料的转基因生物的跨境运输,都必须得到欧盟的核准。[5]

欧盟各成员国均应当尽力防止无意的转基因生物跨境运输,当成员国发现可能有无意的转基因生物跨境运输情况发生,而且该行为可能或正在危害到生物多样性的保持与永续利用时,应当立即通知执委会、其他成员国、可能受此影响的其他国家、议定书生物科技风险预防中心以及相关国际组织,尽快采取必要的防范措施。[6]

---

[1] 1946/2003规章第5条。
[2] 1946/2003规章第6条。
[3] 1946/2003规章第7条。
[4] 1946/2003规章第9条。
[5] 1946/2003规章第10条。
[6] 1946/2003规章第14条。

三、日本转基因食品法律规制

（一）日本转基因食品法律规制概述

1. 主管机关。日本的转基因食品主要管制机构主要有文部科学省、通产省、农林水产省和厚生劳动省4个部门。文部科学省主要职责是审批大学实验室转基因技术研究与开发阶段的工作；通产省主要负责推动转基因技术在化学药品、化学产品和化肥生产方面的应用；农林水产省主要负责审批重组生物向环境中的释放，其下属机构科学技术局还负责非大学的实验室转基因技术研究与开发阶段的工作；厚生劳动省主要负责转基因食品和食品添加剂的审批和安全评估事宜。此外，日本的内阁办公室药品食品卫生委员会也参与农林水产省和厚生劳动省的部分工作。

2. 主要法规。日本是较早开展转基因技术安全立法工作的国家之一。目前，日本规制转基因食品的法律主要有《食品、农业、农村基本法》、《食品卫生法》、《农林物资的规格化以及确定质量标识法》（JAS）；主要行政法规有通产省制定的《农、林、渔及食品工业应用转基因技术准则》；文部科学省制定的《在大学研究设施中进行的转基因技术实验指南》；科学技术局制定的《适用于所有非大学研究机构产业应用转基因技术实验指南》；农林水产省制定的《在农林渔、食品和其他相关产业中应用转基因生物体指南》、《在饲料中应用转基因生物体的安全评估指南》和《转基因食品标识标准》；厚生劳动省制定的《在饲料添加剂中应用转基因生物体的安全评估指南》和《利用转基因技术生产食品和食品添加剂指南》。[1]

3. 规制原则和规制程序。日本在转基因食品法律规制上遵循的是预防原则。根据日本上述法律规定，对大学、政府机构直属科研部门或者企业在研发、生产和销售转基因食品行为的规制，遵循按线条分步骤进行的原则。第一步，转基因技术实验活动的监督管制。大学进行转基因技术实验的，必须遵循文部科学省制定的《在大学研究设施中进行的转基因技术实验指南》；非大学单位开展转基因技术实验的，必须遵循科学技术局制定的《适用于所有非大学研究机构产业应用转基因技术实验指南》。上述两项实验指南虽然管制

---

[1] 关于日本具体法规请查询该国农林水产省网站：http://www.s.affrc.go.jp/docs/anzenka/basic/safety_structure.htm. 访问时间：2008年5月1日。

单位不同,但实质性内容并无太大差异,都对实验条件、程序、制度建设、应急处理等进行了较为详细的规定,文部科学省和科学技术局负责定期进行检查指导。第二步,转基因作物田间实验的环境安全评价。研发者在实验室开发出转基因作物后,可向农林水产省提交进行田间试验的申请,田间试验分为隔离条件下的试验和环境释放试验两个阶段,由农林水产省依据《在农林渔、食品和其他相关产业中应用转基因生物体指南》进行环境安全评价,环境安全评价的目的是为了确保转基因作物不会对环境产生负面影响。第三步,转基因作物的食品、饲料安全性评价。转基因作物通过环境安全评价后,若想进行商业化种植,还须对食品安全性和饲料安全性进行认证。安全性评价的程序是先由研发者进行评价,然后再由政府组织专家进行审查确认,只有被确认安全的转基因作物才能实现商业化生产。食品安全性评价由厚生劳动省根据《食品卫生法》制定的《利用转基因技术生产食品和食品添加剂指南》进行安全评价;饲料安全性评价由农林水产省根据《在饲料中应用转基因生物体的安全评估指南》进行安全评价。第四步,转基因食品的标识制度。上市流通的转基因食品必须进行标识,主要由农林水产省根据《转基因食品标识标准》和厚生劳动省根据《食品卫生法》、《利用转基因技术生产食品和食品添加剂指南》进行规制。

(二) 日本转基因食品研发试验的法律规制

1. 转基因生物研发的管制。日本文部科学省和科学技术局分别依据《在大学研究设施中进行的转基因技术实验指南》和《适用于所有非大学研究机构产业应用转基因技术实验指南》对大学科研机构和非大学科研机构的基因技术实验活动进行管制,对实验室及封闭温室内转基因生物的研究进行规范,力求从源头上规避转基因生物的潜在风险。各研究单位须根据上述两项实验指南的规定,结合自己在转基因生物研究过程的实际情况,制定具体的实施细则,并成立专门的转基因生物安全管理小组。如东京大学就专门制定有《东京大学转基因生物使用实施规则》,该实施规则对学校职责任务、安全管理小组的设置、试验研究项目的审查、教育培训与健康管理、实验室管理措施和应急预案等提出了明确的要求。学校成立专门的小组协同各学院小组负责转基因生物研究项目的审查,并制定与之配套的转基因生物安全控制措施确认申请书和转基因生物国内外转移程序。日本文部科学省和科学技术局负责对各研发单位执行实验指南的情况进行指导、监督和处罚。[1]

2. 转基因作物的环境安全性评价。日本对转基因作物进行环境安全评价[2]，主要由农林水产省负责实施，厚生劳动省、文部科学省、环境省等按照职能分工配合实施。按照"谁研发谁评价"的原则，转基因作物的环境评价主要由研发机构委托有资质的环境安全检测机构[3]进行安全评价检测，但环境安全检测隔离试验场必须通过农林水产省的认证。环境安全评价分隔离条件下的试验和环境释放试验两个阶段进行，评价的内容主要包括：转基因生物的生存竞争能力，主要考虑转基因植物对野生植物的竞争性，例如营养、光照、生活环境和对生长的影响；转基因生物产生有害物质对野生植物生长发育的影响；转基因生物和野生近缘种的基因漂移。安全评价的程序是：研发者委托检测机构（或者自己进行检测），由检测机构拟定试验方案，报请农林水产省；农林水产省派出官员在试验前进行实地检查，并撰写考察报告进行备案；试验期间，由各地农政局根据备案报告进行例行检查，及时处理违规情况并上报农林水产省。需要强调的是环境释放试验应在农林水产省认定的隔离试验场进行，试验场采取的主要隔离措施包括：试验场和外部环境的

---

[1] 2008年6月20日，日本神户大学、东北大学、日本大学和近畿大学等4所大学因为在处理转基因生物时出现方法不当、手续不全等问题，被日本文部科学省处以书面严重警告。文部科学省指出，神户大学研究生院医学研究科在过去6年中一直在走廊里而不是在实验室里培养转基因大肠菌、酵母等，并且没有采取法定的防扩散措施，用过的培养液不经杀灭转基因生物就倾倒进下水道；东北大学从2004年2月至2008年1月，在手续不全的情况下从事转基因狂犬病病毒、艾滋病病毒实验；近畿大学没有采取防止转基因实验鼠逃跑的措施；日本大学事先没有办理充分的实验许可手续。详情参见钱铮："日本4所大学因处理转基因生物不当被严重警告"，http://www.sciencenet.cn/htmlnews/2008621171732222208157.html，访问时间：2008年6月26日。

[2] 目前，日本主要开展油菜、玉米、大豆等生物的环境安全评价，主要研究以下问题：一是，外源基因漂移的问题，主要开展了转基因油菜的基因漂移机制研究和玉米花粉传播、杂交的检测；二是，转Bt基因玉米对非靶标鳞翅目昆虫的影响；三是，转基因作物试验田中杂草、昆虫、土壤微生物群落动态变化，对转基因油菜、大豆试验田进行了5年的跟踪检测；四是，环境恢复重组微生物对土壤微生物群落的影响。参见刘培磊、李宁、汪其怀："日本农业转基因生物安全管理实施进展"，载《世界农业》2006年第8期。

[3] 目前，日本在全国认证了24所环境安全检测机构，其中国立机构19所，民间企业5所，检测任务主要来源于3个途径：一是，政府为消除公众疑虑，委托开展的安全性试验；二是，检测机构对自己研发产品的安全性检测；三是，其他研发单位租用检测机构开展安全性检测。参见刘培磊、李宁、汪其怀："日本农业转基因生物安全管理实施进展"，载《世界农业》2006年第8期。

隔离，比如采用山体、树林等自然环境隔离，或者在试验场四周设立封闭围栏、安装监控设备等；试验场的人员隔离，主要是严格控制人员的出入、试验人员进出的防护措施以及防止试验材料带出；废弃物的隔离，比如设备清洗废水的及时处理、废弃材料及时焚毁等。

3. 转基因作物的食用安全性评价。日本对转基因饲料或者饲料添加剂的安全性评价，主要由农林水产省负责实施，内阁办公室药品食品卫生委员会协助实施。内阁办公室药品食品卫生委员会实施风险评估，并向农林水产省提供技术建议和与公众进行信息交流；农林水产省负责受理、审批安全评价申请，并向内阁办公室食品安全委员会进行技术咨询。评价的重点是，与同类传统饲料或者添加剂进行对比，评估转基因作物中新表达的蛋白质对家畜是否具有毒性，以及转基因作物新表达的蛋白质家畜体内变为有害物质的可能性。

日本对转基因食品或者食品添加剂的安全性评价，主要由厚生劳动省负责实施，内阁办公室药品食品卫生委员会协助实施。安全评估程序是：申请人首先向厚生劳动省提交申请书；厚生劳动省收到申请书后即向内阁办公室药品食品卫生委员提出咨询；由药品食品卫生委员交给其食品卫生分会进行审议，具体事宜由食品卫生分会属下的食品卫生生物技术部（由食品卫生、生物技术、社会科学等多领域专家组成）办理；食品卫生分会在审议食品卫生生物技术部的报告后，提交给药品食品卫生委员并由其向厚生劳动省进行答复；厚生劳动省根据答复情况进行决议后，将评价结果通知申请者并进行公示。评价内容主要包括受体植物的安全性、外源基因的特性、新表达蛋白质的特性、新表达蛋白的致敏性和毒性、转基因食品的营养品质变化等。评价过程中，非常重视公众参与，申请者的申请书、食品卫生生物技术部评价报告等都会向社会公开，接受公众的建议或者意见。

（三）日本转基因食品生产加工的法律规制

日本对转基因食品生产加工的法律规制主要体现在"区分生产流通管理"制度上。区分生产流通管理是指将转基因作物与非转基因作物在生产、流通及加工的各个阶段，当事人以善良管理人之注意进行分别管理，并建立能证明自己已经尽到注意义务的管理方法。在农林水产省颁布"转基因食品标识标准"之前，转基因食品与非转基因食品基本难以区分，随着消费者群体中希望购买不使用转基因原料加工食品的人逐渐增多，为了能向这些消费者准确地提供未使用转基因原材料的加工食品,日本制定了非常严格的区分生产流通管理制度。区分生产流通管理制度的实质是,通过当事人给予充分注意,能有效防止转基因作物与非转基因作物在生产、流通、加工等环节中,形成交叉污染,进而为政府有效管理转基因食品提供信息基础。该管理制度虽然属于自愿性质,但由于是否实行该制度对当事人生产的食品标识影响很大(本书下面将进行介绍),因此当事人大都会选择实施该制度。

日本要求实施区分生产流通管理制度的当事人,必须将转基因食品与非转基因食品在各个阶段都严格区分开来,而且在此过程中,当事人需要向下一个人提供标记产品名称、产地、收获年份等信息及有关管理内容的证明书;该证明书接受人向下一人出售从前一人处收到的非转基因食品时,需要提供同样的证明书,并附上从前一人处收到的证明书的复印件。证明书基于根据流通各个阶段中管理主体的管理内容而编制,并由确认主体递交给下一主体。日本考虑到国内转基因食品的主要进口来源,还专门针对美国、加拿大制定了进口大豆、玉米等非转基因农产品的分别生产流通管理手册,认证过程分为农民生产、收购商运输、驳船运输、出口商运输、港口仓储、批发运输、产品粗加工、食品加工 8 个阶段,每一阶段都需要向下一阶段出具管理记录和非转基因证明。

(四) 日本转基因食品流通消费的法律规制

1. 标识制度。关于食品标识问题,日本原来有两种规范:其一,是依照《食品卫生法》进行标识,由厚生劳动省负责实施;其二,依照《农林物资的规格化以及确定质量标识法》进行标识,由农林水产省负责实施。这两种标识体系有所区别,但其法律目的却具有互补性,前者是从公共卫生的立场进行的标识,后者则是从消费者知情权和选择权的角度进行的标识。因此,日本也有两套转基因食品标识制度。

(1) 农林水产省的转基因食品标识制度。为有效规制转基因食品标识问题,农林水产省建立了一个包括消费者代表、生产者、分销商和专家等组成的转基因食品标识委员会。针对转基因食品的生产、加工及流通状况、消费者需求、技术可能及国际趋势等方面的情况,转基因食品标识委员会举办了多次研讨会。委员会的一些成员特别是消费者组织的代表,强烈要求政府对转基因食品实行强制标识。作为政府对消费者的回应,1997 年 7 月,日本通过了《农林物资的规格化以及确定质量标识法》修正案,其中规定豆腐、毛豆、玉米等30项食品，若以科学方法检查含有转基因成分，则需要进行标识；2000年3月1日，农林水产省颁布第517号公告即《转基因食品标识标准》[1]，该标准于2001年4月1日开始实施，成为日本转基因标识问题最主要的法律依据。农林水产省对转基因食品标识的管制，因区分标准较多，所以情况较为复杂。

第一，依据是否进行区分生产流通管理，规定整体指导原则。一是，以转基因原料生产的食品，若经过确认是实行区分生产流通管理的，实行强制标识，标识办法为"原料名称（经区分的转基因）"或者"原料名称（转基因）"，如"大豆（经区分的转基因）"。二是，无论以转基因原料还是以非转基因原料生产的食品，只要其在生产、流通、加工等任何一个环节，不能被确认是区分生产流通管理的，一律进行强制标识，标识方法为"原料名称（未经区分的转基因）"，如"大豆（未经区分的转基因）"。三是，以非转基因原料生产的食品，经确认是实行区分生产流通管理的，实行自愿标识，可以标识为"原料名称（经区分的非转基因）"或者"原料名称（非转基因）"，比如"大豆（经区分的非转基因）"。四是，以非转基因原料生产的食品，虽然经确认是实行区分生产流通管理，由于不可控制因素仍混入转基因原料的，若混入率不超过5%，仍然实行自愿标识；超过5%，则实行强制标识；若是人为因素故意混入的，则无论是否超过5%，均实行强制标识，标识办法同上。以上标识的适用范围均为大豆、玉米、马铃薯、油菜籽和棉籽五种；若加工食品的原料，在国内不存在同类转基因生物，食品不能进行非转基因标识。

第二，对上述一、二类食品，依据转基因食品是否与同类传统食品实质等同，细化标识规定。一是，对与同类传统食品不能实质等同的转基因食品，实行强制标识。适用对象包括高油酸大豆、高油酸大豆油及其制品。标识方法为"原料名称（高油酸转基因）"，如"大豆（高油酸转基因）"。二是，对与同类传统食品实质等同的转基因食品，实行强制标识。适用对象包括：①豆腐和油炸豆腐产品；②豆腐、豆腐渣、豆腐皮；③纳豆；④豆乳；⑤豆酱；⑥熟大豆；⑦罐装大豆或瓶装大豆；⑧大豆粉；⑨炒熟大豆；⑩以上

---

[1] 此后，日本农林水产省于2001年9月28日、2002年2月22日、2005年10月10日分别发布第1335、1334、1535号公告，对转基因食品标识目录进行修改，分别增加了高油酸大豆及其加工品、马铃薯及其加工品、三叶草及其加工品等项目。

①~⑨项所列食品为主要原料[1]的食品；⑪以大豆（烹调用）为主要原料的食品；⑫以大豆粉为主要原料的食品；⑬以大豆蛋白为主要原料的食品；⑭以毛豆为主要原料的食品；⑮以黄豆芽为主要原料的食品；⑯玉米点心；⑰玉米淀粉；⑱爆米花；⑲速冻玉米；⑳罐装或瓶装玉米；㉑以玉米粉为主要原料的食品；㉒以玉米粒为主要原料的食品；㉓以玉米（烹调用）为主要原料的食品；㉔以上述⑯~⑳项所列食品为主要原料的食品；㉕生食用马铃薯；㉖马铃薯干；㉗马铃薯淀粉；㉘马铃薯点心；㉙以上述㉕~㉘项所列食品为主要原料的食品；㉚以马铃薯（烹调用）为主要原料的食品；㉛以三叶草为主要原料的食品。经过确认区分生产流通管理的标识方法为"XX（经区分的转基因）"或者"XX（转基因）"，未经过确认区分生产流通管理的标识方法为"XX（未经区分的转基因）"。三是，虽然是以转基因原料生产的食品，但经过加工的食品内已经不再含有外源基因及其产物的，实行自愿标识。适用对象包括：①酱油；②大豆油；③玉米片；④玉米糖浆；⑤玉米液化糖；⑥玉米糊精；⑦玉米油；⑧油菜籽油；⑨棉籽油；⑩马铃薯泥；⑪马铃薯淀粉；⑫马铃薯片；⑬经过冷冻或者高温杀菌的马铃薯食品。所谓的自愿标识，是指要么标明是转基因食品，要么不作标识，但不能标明"非转基因"标识。

（2）厚生劳动省的转基因食品标识制度。厚生劳动省依据《食品卫生法》从公共卫生的立场出发，就上市销售的食品制定必要的标识标准。本来厚生劳动省认为经过安全性评价若转基因食品与同类传统食品实质等同，就可不必再进行专门的标识与传统食品予以区别。然而随着日本消费者对于转基因食品的关注和顾虑日益高涨，厚生劳动省的态度发生巨大转变，甚至决定制定比农林水产省更为严格的转基因标识制度。厚生劳动省对转基因食品规制的法律依据，除了《食品卫生法》外，还有《利用转基因技术生产食品和食品添加剂指南》，但后者是任意性规范，欠缺法律的执行力。考虑到随着转基因食品在国际上的迅猛发展，而且今后可能有更多的新颖食品出现，厚生劳动省决定重新修订《利用转基因技术生产食品和食品添加剂指南》，并于2001年4月将其变更为强制性规范。

厚生劳动省对转基因食品标识的管制，依据食品是否进行区分生产流通管理而区别对待。对实施区分生产流通管理的转基因食品，要求强制标识，

---

[1] 主要原料是指在主原料中重量比属于前3位且占食品总重量5%以上的项目，下同。

标识内容为"XX（转基因）"，比如"大豆（转基因）"；对实施区分生产流通管理的非转基因食品，则实行自愿标识，标识内容为"XX（非转基因）"，比如"大豆（非转基因）"；对未实施区分生产流通管理的食品，由于其可能是转基因食品，标识内容是"XX（转基因不区分）"，比如"大豆（转基因不区分）"。但同时规定，对于下列两类食品暂时不实行强制标识，一类是虽然由转基因原料加工而成，但加工后的食品中外源基因及其产生的蛋白质已经除去或者分解，可不予标识，比如由转基因大豆生产的酱油、大豆油等；另一类是食品的主要原料是非转基因原料，且转基因原料所占比例很小，可不予标识，至于以何为界限则暂时依照《农林物资的规格化以及确定质量标识法》规定的5%执行。当然，食品生产者自愿进行标识的，法律亦不禁止。

2. 监督制度。日本在全国建立了比较完善的转基因食品检验监督机制，包括检测方法的研制和转基因食品的检验监督。

（1）转基因食品检验方法。主要由食品综合研究所、农林水产省、厚生劳动省和科学技术局研制，其中食品综合研究所技术力量最为雄厚，已开发了多种转化事件特异性检测方法，包括 DNA 快速提取、单基因定性 PCR、多基因定性 PCR、实时定量 PCR、竞争性定量 PCR 和基因芯片，并按照 ISO/TC34 的要求建立了标准对照物质（质粒分子）。目前，日本建立了抗农达大豆，转基因玉米 Mon810、Event176、GA21、T25、NK603、TC1507、Mon863、BT11、BT10、CBH351，转基因番木瓜 55－1 和转基因马铃薯 NL、NL plus、NL－Y 的标准检测方法，转基因玉米 BT10、Starlink、中国 Bt 水稻以及转聚合基因玉米的检验方法正在进一步完善。

（2）转基因食品标识的监督。此项工作主要由农林水产省科学技术局负责，下设小樽、仙台、横滨、名古屋、神户、冈山、门司 7 个中心，分别负责不同地区转基因食品标识的检验监督。各个中心都建有专门的转基因食品检测实验室，实行分区隔离和专人负责管理，尽量避免可能的外来污染。检测机构每年在市场抽取样品进行检测，对于检测出转基因成分、未进行标识的食品，需要到生产工厂对产品原料进行进一步检测，以确定转基因成分是否达到5%的标识阈值。转基因食品检测经费由国家统一划拨。[1]

---

〔1〕 刘培磊、李宁、汪其怀："日本农业转基因生物安全管理实施进展"，载《世界农业》2006年第8期。

四、比较、评析与启示

（一）规制理念的比较、评析与启示

转基因食品是科技发展的产物，但耐人寻味的是，人们对其安全性存有置疑，恰是因为科技具有局限性；毕竟，现代科技不能证明其有害，也不能证实其无害，科技的局限性决定了转基因食品安全的不确定性。基于对科学证据证明力的不同理解，世界各国管制转基因食品的态度，表现出极大差异。欧盟、日本认为科技本身具有局限性，当前科技不能证明其有害，并不等于证实了其无害，所以应当依循预防原则，对转基因食品采取严格的管制态度。而美国认为，既然当前科技不能证明其有害，就当认定其无害，坚定科学是管制的基石，应当遵循"可靠科学原则"[1]，对转基因食品采取宽松的管制态度。

预防原则起源于德国环境法，其原义是："政府对于可能产生环境损害的行为应当有所预见，即使行为与损害之间的因果关系尚未得到充分的科学证明，也有先行采取行动避免损害发生的义务"[2]。后逐渐发展成为应对科技潜在风险，保障人类健康和生态环境安全的一项重要管制原则，其核心理念是：由于人类健康和生态环境方面的损害，通常具有不可逆转性，所以对可能造成损害的目标必须谨慎对待；科学本身也具有局限性和不确定性，所以科学证据不能作为决策中的唯一衡量准则；政府在科学证据不足的情形下，仍应有所作为来防止损害发生，绝不能等到最坏结果发生后才采取行动。[3]

欧盟之所以对转基因食品采取预防原则加以管制，主要由以下因素决定。首先，哲学因素。人类中心主义观念最先起源于欧洲，且对其反思最早的也是欧洲；随着动物权利论、生物中心主义尤其是生态中心主义等非人类中心主义在欧洲的兴起，这种理念也逐渐反映在立法层面。在非人类中心主义的理念下，人类利用转基因技术来改变生物属性、干预生物的进化，生产转基

---

[1] John S. Applegate, "The Prometheus Principle: Using the Precautionary Principle to Harmonize the Regulation of Genetically Modified Organisms", *Indiana Journal of Global Legal Studies*, 9 (2001), p. 223.

[2] John S. Applegate, "The Prometheus Principle: Using the Precautionary Principle to Harmonize the Regulation of Genetically Modified Organisms, Sustainable Development, Agriculture, and the Challenge of Genetically Modified Organisms Symposium", *Indiana Journal of Global Legal Studies*, 9 (2001), p. 247.

[3] 张忠民："美国转基因食品标识制度法律剖析"，载《社会科学家》2007年第6期。

因食品来满足自身利益的做法,缺乏合法性基础。因为生态系统的每一构成者都具有"内在价值",也就是说它们本身是有"法"存在的,它们拥有追求其幸福的权利,人类没有权利干预它们这种内在的、天赋的权利;人类如果强行干预,就会破坏它们本身所具有的"法",从而导致混乱和失衡。即便是人类为了自身的生存和发展而生产转基因食品,其前提也是实施转基因技术的结果不能逾越生态承载能力,不能危害整个生态系统稳定性。在对利用转基因技术的后果是否会逾越生态承载能力、危害整个生态系统的问题,尚且没有得出肯定结论的时候,人类就不能大规模利用该技术。反映在转基因食品的法律规制问题上,就是采取积极预防的态度,在没有确认其对生态环境和人类健康没有危害前,采取严格的规制措施。其次,社会学因素。转基因风险是传统风险还是现代风险,随着风险社会理论在欧洲的广泛传播和逐渐认同,得出了明确的结论。风险社会理论首先对科学万能主义提出质疑,对专家垄断决策发起挑战;伴随着科技理性向工具理性的蜕变,技术统制与专家霸权也在逐渐瓦解;转基因技术在扩展人类认识半径的同时,也扩张了人类不可掌控的空间。转基因食品风险是现代风险,由人类自己的行为所成就;而人类行为之所以能造成风险,根源恰恰是科学的不确定性。转基因食品风险所具有的跨越时空性、不可感知性、不可计算性、不可逆性,以及可能转化成为经济风险、信任风险、政治风险、社会风险的令人畏惧的关联性,并非危言耸听。当疯牛病风靡英国时,该国专家决策系统向公众强调的"我们一直都是依据科学决策"的解释,已经苍白无力,最后信任风险转变为信任危机;当美国牛肉拟进入韩国市场时,韩国政府反复强调的"牛肉均已经过科学检验、美国人都在食用、没有任何安全隐患"的说辞,得到的反应是公众游行示威的反对浪潮,最终政治风险导致政府内阁集体辞职。因此,对转基因食品风险的清醒认识,足以让决策者在转基因食品的诱惑面前保持理性,进而采取预防措施来应对转基因食品的风险。所以,有学者认为"欧盟食品安全法律对转基因食品如此严格的要求,是欧盟为重新取得消费者信任的需求,因为消费者已经对食品链中不同角色的目的产生了怀疑"[1]。再次,经济因素。欧盟在转基因食品国际贸易中,是重要的进口地区,受到 WTO 规

---

[1] Bernd van der Meulen, "Genetically Modified Organisms: Philiosophy, Science, and Policy: The EU Regulatory Approach to GM Foods", *Kan. J. L. & Pub. Pol'y*, 16 (2007), p. 322.

则限制，在无法直接使用配额和数量限制来阻止转基因食品进口的情况下，只能借助各种技术壁垒为进口设置障碍。采用预防原则，可以使转基因食品在进入欧盟市场之前，必须再经过一轮耗费财力、人力和物力的风险评估与审批程序，实际上对转基因食品起到了增加进口费用和时间的技术贸易壁垒作用。我们不否认欧盟会有这方面的考虑，但是我国很多学者认为这是欧盟采取预防原则的重要甚至主要原因〔1〕，笔者并不以为然。笔者认为这种认识未免有些狭隘，是技术－经济主义理念下的主张，我们应该以更高、更宽广的视角来审视这个问题。笔者认为这是一个因素，但绝对不是重要因素，更不是主要因素。最后，法学因素。《欧盟条约》第95条第3款规定，欧盟执委会在提出一项有关健康、安全、环境以及消费者保护的提案时，应当采取较高的保护标准；第174条第2款更是明确规定"对环境的保护必须采取预防原则"〔2〕。欧盟于2000年2月公布的"预防原则政策说明书"中，明确提出"对于当前科学证据不能充分、确定证明无害的目标，只要经初步的科学评估显示可能对环境、人类、动植物健康有潜在风险，便可适用预防原则"〔3〕。同时，预防原则还是欧盟为重建食品安全制度、恢复消费者信心，而出台的《食品安全白皮书》〔4〕中确定的基本原则。此外，欧盟于2002年加入以预防原则为指导的生物安全议定书后，欧盟内部法律应当与之协调。日本对转基因食品采取预防原则的原因与欧盟类似，只是哲学因素方面更多体现出中国哲学的价值观，因为历史上中日的往来已使得中国哲学在日本具有深远影响。

然而，美国认为"对转基因食品法律规制采取预防原则，等同于对其设立了'零风险'标准作为审批的条件，而事实证明任何食品具有'零风险'

---

〔1〕 持此主张的学者较多，参见王迁："欧美转基因食品法律管制制度比较研究"，载《河北法学》2005年第10期。

〔2〕 European Union, "Consolidated Version of the Treaty Establishing the European Community Contents", *Official Journal of the European Communities*, C329 (2002) 69, 108.

〔3〕 European Commission, "Communication from the commission on the precautionary principle," http://eur-lex.europa.eu/LexUriServ/site/en/com/2000/com2000_0001en01.pdf. 访问时间：2007年1月18日。

〔4〕 COMMISSION OF THE EUROPEAN COMMUNITIES, "WHITE PAPER ON FOOD SAFETY," http://ec.europa.eu/dgs/health_consumer/library/pub/pub06_en.pdf. 访问时间：2007年1月18日。

都是不可能的。因为,无论是食品的生产方法,还是食品原料,都可能给食品带来某种程度的风险。因此,即便有足够的科学证据证明转基因食品与同类传统食品并无实质性差异,符合有关国际标准,进口国也可以因为没有证明其为'零风险',而利用预防原则来限制产品的进口"[1]。如此一来,"预防原则就成了贸易保护主义的保护伞"[2]。美国主张遵循可靠科学原则,主张对转基因食品的规制不能以无端猜测和消费者忧虑为基础,必须有可靠的科学证据证明存在风险,并可能导致损害时,政府才能采取法律规制措施。基于这一理念,美国在转基因食品安全评估方面提出"实质等同原则"。所谓实质等同原则,其实是一种食品安全评估策略,它隐含着转基因食品并无安全隐患的假设前提,将转基因食品与传统食品在遗传表现特性、组织成分等方面进行比较,倘若两者之间没有实质性差异,则认为不需要对其进行特别管制。[3]美国之所以采取可靠科学原则,有两大主要因素。其一,哲学因素。这种观念是人类中心主义理念下的延伸,人类为能满足自己的需要,可以利用转基因技术去改造其他生物来生产转基因食品,其他生物存在的价值就是被人类支配、占有和使用。人类利用转基因技术改造其他生物时,没有义务考虑其他生物的感受和对自然是否造成伤害,即便是评估转基因食品是否会对人类本身造成伤害,也必须依靠科学,也只能根据科学来判断;因为科学是万能的,是可以无限增长的。否则,就是愚昧,就是反人类的行为。反映在转基因食品的法律规制问题上,则是应该采取严格科学原则,只要科学不能证明其有害,它就是无害的,应当采取开放式的态度,甚至采取积极鼓励的制度,而对科学的不确定性、局限性以及可证伪性均视而不见。其二,经济因素。在转基因食品国际贸易中,美国是世界上最大的转基因食品生产国和出口国,在巨大的国家经济利益的驱动下,美国自然希望为生产开发转基因食品的生物技术公司创造良好的法律环境,保持生物技术的领先优势。可靠科学原则成了美国在国内对转基因食品奉行自律管制、在国际上推行转基

---

[1] Iain Sandgord, "Hotmonal Imbalance? Balancing Free Trade and SPS Measures After the Decisionin Hormones", *VUWLR*, 29 (1999), pp. 426~427.

[2] Marc Victor, "Precautionor Protectionism? The Precautionary Principle, Genetically Modified Organisms, and Allowing Unfounded Fear to Undermine Free Trade", *Transnational Law*, 14 (2001), p. 295.

[3] Matthew Rich, "The Debate Over Genetically Modified Crops in the United States: Reassessment of Notions of Harm, Difference, and Choice", *Case W. Res*, 54 (2004), p. 902.

因产品自由贸易、对抗他国技术贸易壁垒的基础。但是,笔者对经常见诸报端的"美国转基因食品已经相当普遍,美国人已经吃了好多年,没有安全方面问题"等说法,有不同意见。因为他们可能没有注意到,美国目前商业化生产的转基因食品并非该国国民的主食,该国国民的主食是小麦,而转基因小麦在美国却没有商业化生产,这个问题很值得深思。

上述讨论给予我们如下启示:在生态中心主义已经得到广泛认同之际,在风险社会已经来临之时,对转基因食品法律规制采取"预防原则"是极其必要的,更何况该原则已被多数国家国内法所采纳,也已为很多生态环境保护的国际规范所吸收。人类只有走出技术——经济主义的思维,突破人类中心主义的理念,认识到科学的局限性,才能对转基因食品法律规制问题有一个高屋建瓴的认识。而且,"立法中采取谨慎预防原则其实早已是司空见惯的事,自古以来,在人们能反过来证明新技术是安全之前,新技术一直被认定是不安全的,在整个环境法的发展空间中则更是始终采用'预防原则',即当有些东西还没有具体因果关系、科学证据时,由于我们担心某种作为可能对我们好几个世代产生不良的影响,这种情况之下,我们可能用预防来当作挡箭牌,以避免一些不必要的危险发生"[1]。

特别需要指出的是,笔者主张采取预防原则,绝对不等于说在反对科学,不仅不是在反对科学,相反却是在依靠科学,科学证据依然是我们判断是非的基础,只有当科学证据无法明确证明的时候,预防原则才有适用的余地;换言之,预防原则是过渡性原则,采取预防原则的目的是尽可能掌控风险,以防不测,给人类一个时空上的缓冲,这是一个观察与等待的过程,采用预防原则期间我们在观察着转基因技术实际应用中的情况,我们在等待着科学的进步,当我们经过相当长时间观察没有出现人类担心的情况之时,当科学发展足以证明转基因食品无安全隐患之际,预防原则也就成为我们放弃的对象。

另外,中国传统哲学对转基因食品法律规制具有指导意义,也很契合目前世界流行的可持续发展和人与自然和谐相处的理念,能很好地在发展转基因科技潜能与规避转基因技术风险之间寻求到平衡点。依据中国哲学,人类发挥自身创造能力,探索生命奥秘、研究转基因技术的行为是正确的,也是

---

[1] 邱格屏:"基因科技管制:目的、原则与模式",载《社会科学家》2009年第8期。

必须的，因为这是"人为天地立心"的必要条件，是人对自然界所负义务的必要组成部分；人类利用转基因技术达成改造、甚至创造新生物的结果，如果该结果符合自然界"内在价值"的要求，那么也是无可厚非的，甚至是值得赞许的，因为这是人实现自然界"内在价值"的一种实践，是在完成人对自然界所肩负的使命和责任。所以，在转基因食品的法律规制问题上，针对不同的行为应当采取不同的态度。对转基因技术的研究，应该给予大力支持；对利用转基因技术生产转基因食品的行为，如果是有利于人类健康的，有利于其他生物的，有利于维护自然界平衡发展的，则应当给予支持；对仅为满足人类、甚至是部分人的膨胀私欲，而利用转基因技术生产转基因食品的行为，则应当严格禁止。

（二）规制方法的比较、评析与启示

转基因食品的法律规制方法有两种：一是，仅针对转基因食品进行规制，这是一种具有事后救济思想的规制方法；二是，针对转基因食品的生产全过程进行规制，这是一种具有事前防范思想的规制方法。采取哪种规制方法，取决于对转基因技术安全性的认识，如果认为转基因技术不会制造生态环境破坏和人类健康损害的风险，而仅仅是一种生产方法，那么就没有必要对食品生产全过程进行规制，仅针对转基因食品进行规制即可；如果认为转基因技术本身可能制造风险，则必须对转基因食品的生产全过程进行规制，否则就无法规避风险，保障生态环境和人类安全。欧盟和日本对该问题的认识属于后者，而美国对该问题的认识属于前者。

前已论及，欧盟和日本认为转基因技术这一生产制造转基因食品的方法在本质上缺乏安全性，从而导致转基因食品具有生态环境破坏和人类健康损害的安全隐患，因此在科学证据能够证明转基因食品对人体健康或生态环境无害之前，应当采取预防原则来加以规制。实施预防原则的焦点问题是先行采取行动避免损害发生，先行采取行动是前提，避免损害发生是目标，掌控风险是预防原则的灵魂所在。因此，先行采取的行动必须有利于提高对风险的掌握与控制，这就决定了先行采取行动的实际内容是对转基因食品生产的每个过程都必须予以规制，以达到控制全局的目的。所以，欧盟和日本采取的规制方法是针对转基因食品的生产全过程进行规制。相应地，欧盟和日本均制定了一套转基因食品从研发到上市的法律规范。在美国，对食品安全的管理历来都反对根据生产制造方法为管制依据，而是认为无论食品由何种技术生产制造，都应按照同样的标准进行管制。因此对于任何食品都只应考察其本身是否会给人类健康和生态环境造成威胁，而无论其是否为转基因技术的产物。基于这一思想，美国将转基因食品直接纳入保护人类健康和生态环境的现有法律管制框架之内。食品药品管理局明确表示，管制来源于转基因作物的食品与管制来源于传统作物食品的方法完全相同。无论食品是通过何种技术和方法生产加工而成，都是根据食品的客观特征和用途加以管制的。开发制造食品的方法本身虽然有时可以帮助理解食品的安全性和营养特征，但检查食品安全的关键因素仍然是食品的特征，而不是使用的新方法。相应地，在美国转基因食品的上市程序与一般食品相同，不需要额外进行复杂的科学审查程序；转基因食品所适用的法律政策也与一般食品相同。那么，究竟采取哪种规制方法更具成效呢？也许，法律实践已经给出答案。2000年发生在美国的轰动全球的"星联（Starlink）"玉米事件[1]，充分说明了基于生产过程的规制方法远比基于食品本身的规制方法更为有效。

1995年，比利时植物基因工程系统公司开发一种注册为"星联"（Cry9C）的Bt玉米[2]品种。1997年，植物基因工程系统公司向美国环境保护局申请"星联"的注册权，由于公司的申请材料表明"星联"玉米含Cry9C蛋白质毒素，可能引起人类过敏，环境保护局决定给予其限制性注册，即只允许作为动物饲料或者生产生物燃料来种植该玉米。1999年，星联玉米在美国种植面积达到了250 000英亩。2000年9月，转基因食品预警中心发现了在一种塔可饼的食品中含有星联玉米的基因的证据，塔可饼生产商承认

---

[1] 关于"星联"玉米事件的更为详细的情况请参阅：Linda Beebe, "Symposium Issue II Pesticides: Whyat Will theFuture Reap?: Note: In re Starlink Corn: The Link between Genetically Damaged Crops and an Inadequate Regulatory Frame Work for Biote Chnology", *Wm. & Mary Envtl. L. & Pol'y Rev.*, *Winter*, 28 (2004), pp. 511~537; D. L. Uchtmann, "StarLinkTM——A Case Study of Agricultural Biotechnology Regulation", *DRAKE J. AGRIC. L.*, 7 (2002), pp. 159~178; Amelia P. Nelson, "Legal Liability in the Wake of StarlinkTM: Who Pays in the End?", *DRAKE J. AGRIC. L.*, 7 (2002), pp. 241~69；[美]玛丽恩·内斯特尔：《食品安全：令人震惊的食品行业真相》，程池、黄宇彤译，社会科学文献出版社2004年版，第2~13页。

[2] 截至目前，开发出来的转基因作物中，比较成功的例子之一就是这种含有苏云金芽孢杆菌（Bacillus thuringiensis, Bt）基因的玉米。苏云金芽孢杆菌毒素基因能表现出一个对昆虫有毒的晶体蛋白，"星联"玉米含有的是一种新型的苏云金芽孢杆菌毒素Cry9C（晶体蛋白#9C），这种成分对蛀虫、玉米钻心虫、螟蛉、毛虫以及其他害虫的幼虫有显著效果。

检验结果,并召回了250万盒同类食品,其他公司也陆续召回了分布在美国、加拿大和韩国的同类食品。同时,美国食品药品管理局和农业部接到超过40个消费者对星联玉米过敏的报告。消费者、食品生产商、农场主都将索赔目标指向了"星联公司"[1],起初他们否认指控,并试图置疑基因身份识别公司检测方法的准确性。当一系列的实验证明星联玉米出现在超市食品中时,公司转而采取另一种策略:请求环境保护局同意在超市食品中含有星联玉米4年,直到所有的混合玉米食品售完为止。提出的理由是,食品中有害成分含量极少,不会对消费者造成危害,而且将所有星联玉米从玉米供应系统和超市货架上撤出,将导致玉米食品供应系统瘫痪。事实上,食品供应瘫痪的问题确实是需要考虑的,因为2000年的美国玉米中有超过1.24亿蒲式耳的混合玉米,并且日本和韩国拒绝任何转基因玉米进入本国;而且,许多含有玉米原料的食品中都含有星联基因,就连传统玉米种子、其他转基因玉米种子以及出口玉米,都未能幸免。同时,公司还向环境保护局提请建立星联玉米可耐受标准,在可耐受标准下,管理部门将忽视食品的Cry9C痕迹基因或者蛋白质问题。公司警告玉米加工商说,星联玉米已经完全与普通玉米混合在一起,对付这种情况的唯一办法只能是接受它。更为糟糕的是,2000年11月,美国农业部向环境保护局通报说,其无法确定星联玉米的种植地点;同月,美国种子贸易协会以不能保证其出售的种子不含星联基因成分为由,请求美国农业部同意设立1%的星联玉米耐受水平;2001年3月,美国农业部报告说,拟用于该年种植的传统玉米种子中也含有微量的星联玉米;2001年7月,环境保护局咨询小组确认星联玉米能够引起过敏;2001年9月,美国消费者协会了解到,公司在1999年就已经知晓星联玉米已向食品领域出售,并且于2001年1月告知环境保护局。似乎一瞬间,所有的矛盾都被激化,连商业评论员都十分沮丧地说:"几乎所有的人都卷进去了,星联玉米的发明者的保证是无用的,管理疏忽、公司合并、盲目信任、错误的希望、悲哀的无知,你能想象到的一切都出现了。"[2]然而,事件的影响力并未就此停步,2000

---

[1] 在此之前,包括事件发生此后,星联玉米技术所有权人多次变换,而且所有人之间产权关系也是千丝万缕,因此不再详细表述具体公司,通称为"星联公司"。

[2] [美]玛丽恩·内斯特尔:《食品安全:令人震惊的食品行业真相》,程池、黄宇彤译,社会科学文献出版社2004年版,第12~13页。

年12月日本发现28 000吨含有星联基因的食品；2001年12月，加拿大政府声明为防止星联玉米进入食品领域已经花费了将近100万美元；2002年10月，澳大利亚基因扫描公司报道在1/3的食品样本中发现了星联基因的痕迹。最终，星联公司为回收星联玉米和赔偿损失花费了1亿多美元，美国农业部为防止玉米市场崩溃，采取回收混合玉米措施花费2000万美元。更重要的是，星联玉米事件导致公众对食品产业和政府能力丧失信心[1]。

可以说，星联玉米事件是对美国基于食品的规制方法的一次大测试。如果对转基因食品进行分类管理；如果对转基因食品生产的各个环节都加强管制；如果对转基因食品上市实行许可制度；如果对转基因食品进行强制标识；如果上述任何一个如果变成现实，笔者想美国环境保护局也不会如此被动尴尬，美国农业部也不会如此茫然无知，美国相关业者和美国政府也不会遭受如此之大的损失。然而，令人遗憾的是，在美国基于产品的规制方法下，以上的如果永远都只能是一种假设。从某种意义上说，美国采取的规制方法是低效率的，很难想象这就是被称为"消费者深信的美国决策机构给他们制定的最为现代、极为科学的规范"[2]。

这个决策本身就是新型风险。正如有学者所言，"星联玉米的幽灵依然在我们头上盘旋，但下次再不期而至时，也许就不会如此温和了"[3]。美国部分决策者似乎也在重新审视自己的规制方式，其标志就是2001年1月《转基因食品的上市申报规则草案》的公布，该草案对转基因食品上市采取强制性的申报管制制度。

（三）标识制度的比较、评析与启示

转基因食品标识制度既涉及法律规制成效，又涉及消费者权益保护，因此备受各国关注。概括而言，欧盟和日本实行的是转基因食品强制标识制度，美国实行的是转基因食品自愿标识制度。美国有学者认为，"与强制性转基因

---

[1] Linda Beebe, "Symposium Issue II Pesticides: What Will the Future Reap?: Note: In re Starlink Corn: The Link between Genetically Damaged Crops and an Inadequate Regulatory Frame Work for Biote Chnology", *Wm. & Mary Envtl. L. & Pol'y Rev.*, 28 (2004), pp. 511~537.

[2] Carl R, "Galant. Labeling Limbo: Why Genetically Modified Foods Continue to Duck Mandatory Disclosure", *Hous. L. Rev.*, 42 (2005), p. 159.

[3] Rebecca M, "Bratspies. Consuming (F) ears of Corn: Public Health and Biopharming", *Am. J. L. and Med*, 30 (2004), p. 404.

食品标识相关联的成本相比,自愿标识制度是一种最适合消费者,最能保障消费者安全的方式;自愿标识不仅避免了强制性标识制度的弊端,又能满足消费者的需要。更让消费者放心的是,只要消费者有需要,非转基因食品就会在市场上存在"[1]。笔者对此观点,却不以为然。

从经济学角度讲,采取自愿标识制度事实上就是依靠市场进行规范,而强制标识是公共权利对市场的一种干预。前已论述,随着经济的日益社会化,转基因食品市场的生产者与消费者之间,存在严重的信息偏在问题,而这个问题是市场调节的一个盲区。诚如有学者所言:"在市场经济体制下信息问题具有私人占有、信息成本增加和信息高度分散等特点。由于信息的私人占有,且信息的提供是需要成本的,因此,如果不能获得利益,依靠生产经营者自发地提供信息似乎不大可能。另一方面,经营者可以利用信息优势,进行有利于自己的宣传。由此,需要从法律上,做出适当的制度安排,迫使经营者提供真实的信息,并禁止经营者利用信息优势,进行损人利己的宣传。"[2]欧盟和日本采取的转基因食品强制标识制度,恰是采用法律手段对信息偏在的修正。有经济学者仅就转基因食品标识制度选择与消费者福利之间的关系进行经济分析后也认为,"采取不加贴标识的管制方式,由于信息不对称,消费者没有能力从外观上区分出转基因食品与非转基因食品的差别。拥有更多信息的厂商,必然有机会主义倾向,把转基因食品的价格定的和非转基因食品一样。因此,对于偏好转基因食品的消费者,由于厂商的机会主义行为,他将被迫付出与传统食品相同的较高价格,从而降低福利水平,而且这些消费者有可能买不到他偏好的转基因食品。对于不是特别拒绝转基因食品的消费者而言,他们愿意在价格适度降低时购买转基因食品,但由于没有加贴标识,也被迫在支付与传统食品同样价格的情况下承担了可能买不到转基因食品的风险。对于转基因食品持更大拒绝态度的消费者,由于恐惧转基因食品的风险,转向购买价格更高的替代品,同样造成了福利损失。因此,全体消费者均遭受了程度不等的福利损失。在自愿加贴标识的管制方式下,厂商将自己

---

[1] Carl R, "Galant. Labeling Limbo: Why Genetically Modified Foods Continue to Duck Mandatory Disclosure", *Hous. L. Rev.*, 43 (2005), p. 162.

[2] 许明月、张新民:"现代经济的社会性与经济法:关于经济法产生原因与性质的思考",载《现代法学》2003年第6期。

决定是否为转基因食品加贴标识。由于存在偏好转基因食品或愿意支付低价格来获得本不情愿的转基因食品的消费者，一些厂商会选择自愿为自己的转基因食品加贴标识，同时为自己的产品制定低于传统食品的价格。这时，如果厂商没有机会主义行为，则不会有消费者的利益受到影响。然而，由于信息不对称，将会使某些厂商采取机会主义行为，即由于缺乏强制而不加贴标识，并制定与传统食品相同的价格。在这种情况下，偏好转基因食品和对转基因食品拒绝态度不强烈的消费者可以购买转基因食品，不会有福利的损失。但对转基因食品拒绝态度强烈的消费者，要么承担买到转基因食品的风险，要么购买价格更高的替代品，必然造成其利益受损"[1]。可见，从经济学角度来评判，实行强制标识制度优于采取自愿标识制度。

从法学角度看，转基因食品是否进行标识有两方面的法律效果：一是，对转基因食品法律规制的成效有决定性影响，倘若转基因食品没有标识，一旦出现安全性问题，管理者的处境将相当尴尬，因为其仅仅能知道该厂商生产的该品种有安全问题，也仅仅能对其采取限制措施，而到底有多少食品也是源于同类转基因原料，这些食品已经流通到何处，均无从知晓，势必处处被动，呈现救火队员形象；二是，决定着消费者的知情权和选择权，倘若可以对转基因食品不予标识，他们根本无法从物理外观上将转基因食品与传统食品识别开来，知情权将受到严重侵害，选择权更无从谈起。基于转基因食品规制原则和规制方法视角审视，欧盟和日本实行的转基因食品强制标识制度，以及美国实行自愿标识制度，都是其规制原则和规制方法的延续。欧盟和日本两国采取的规制原则是预防原则，其法律规制的前提是转基因食品存在安全隐患，因此采取基于生产过程的规制方法，希望通过对转基因食品的整个生产流程的控制，来实现有效预防其安全隐患的目的，倘若不对转基因食品实行强制性标识，那么基于生产流程的管理就将失去可追溯性，一旦出现食品安全事件，管理者将处于被动状态，将无法体现预防原则的精神，所以强制性标识成为必然的选择。美国对转基因食品的法律规制采取的是可靠科学原则，只要目前科学并不能证明转基因食品有害，就应当认为其无害，提出只要最终食品与同类传统食品没有实质性差异，就应当同等对待。这种基于产品本身的规制方法，当然没有要求转基因食品进行标识的必要，但是

---

[1] 耿向平："转基因食品标签管制方式的经济学分析"，载《经济经纬》2004年第5期。

如果生产者愿意提供有关信息，也不予禁止，如此一来，自愿标识就是这种规制体系的必然结论。[1] 至于采取强制标识还是采取自愿标识更有利于提高转基因食品的法律规制效果，笔者认为上面谈到的"星联"玉米事件，足以让我们做出评判，此不赘述。下面，笔者主要从消费者的知情权和选择权保护角度来探讨决策者应当选择何种标识制度。

一般而言，对转基因食品实行何种标识制度，涉及生产者和消费者两方面的利益。对生产者而言，进行标识本身需要增加成本，更重要的是考虑到消费者可能的谨慎态度，还有遭受巨额经济损失的风险，对强制标识制度历来持反对态度；对消费者来说，倘若可以对转基因食品不予标识，他们根本无法从物理外观上将转基因食品与传统食品识别开来，知情权将受到严重侵害，选择权更无从谈起。从标识制度的规范效果看，相对于自愿标识而言，"强制标识更尊重消费者的平等和自由，在和生产者的平等和自由相冲突时，消费者的权益优先"[2]。面对转基因食品生产者与消费者之间的利益冲突，如何平衡两方利益，各国态度并不一致，欧盟和日本均认为消费者权益更应获得保护，从而选择强制标识制度；美国则更倾向于维持生产者的权利，从而选择自愿标识制度。欧盟认为，"知情权是当代法治社会的一项基础性人权，公民只有充分地享有知情权，才能行使选择权来合理地安排自己的生活，最大限度地保护自己的权益；加之转基因食品具有特殊性，对消费者知情权的漠视，不仅会损害消费者健康上、经济上的利益，还可能会损害消费者宗教上、道德上以及伦理上的诸多利益"[3]。此外，欧盟如此突出消费者权益的地位，还有社会学的因素，近些年来"欧洲发生的荷尔蒙牛肉、疯牛病等食品安全事件，导致了欧洲大众的健康危机，削弱了大众对政府的信任，此举是欧盟为重新唤起大众信任而采取的行动"[4]。还有学者认为"欧盟奉行

---

[1] Rachele Berglund Bailey, "A Tale of Two Systems: A Comparison Between U. S. and EU Labeling Policies of Genetically Modified Foods", *S. J. Agril. L. Rev.*, 15 (2005/2006), pp. 201~208.

[2] 付文佚：《转基因食品标识的比较法研究》，云南人民出版社2011年版，第99页。

[3] 张忠民："欧盟转基因食品法律制度浅析"，载《世界经济与政治论坛》2007年第6期。

[4] Rachele Berglund Bailey, "A Tale of Two Systems: A Comparison Between U. S. and EU Labeling Policies of Genetically Modified Foods", *S. J. Agril. L. Rev.*, 15 (2005/2006), p. 215.

消费者权益至上原则与欧盟相对保守的传统文化观念不无关联"[1]，而强制标识制度"可以给消费者提供相关的信息，让消费者按照自己的文化价值观行事，从而感到自己的价值观受到了尊重"[2]。也许原因很多，但结果却是唯一而明确的，那就是欧盟转基因食品标识制度从产生到发展，无不弥漫着浓郁的消费者权益至上的气息。

然而，美国法律中生产者与消费者的利益冲突表现得尤为复杂。于美国法，转基因食品的自愿标识制度，给予生产者充分的自由，却造成消费者知情权的缺失；如果要保障消费者知情权的实现，就必须实行强制标识制度，而实行强制标识制度又可能会侵害到生产者的宪法性权利——商业性言论自由。消费者知情权与生产者商业性言论自由之间的权利冲突，涉及消费者的知情权、消费者的选择权、消费者的宗教自由以及生产者的商业性言论自由等多方面的因素。[3]所谓商业性言论是指"为营利或任何商业目的而进行的推销产品或提供服务中任何形式的言论，或者提出一项合法营业或商业交易的言论"[4]。《美国宪法修正案》第1条规定，宪法保障言论自由，其中包括自由发表言论权，此项权利辐射到商业性言论的相关理论源于 Central Hudson Gas &Electric Corp. v. Public Service Commission of New York 案[5]，该案中最高法院认为商业性言论属于自由发表言论权，但考虑到其具有商业利益的因素，受宪法保障的程度应较自由发表言论权低，且须进行比较严格的政府限制。[6]食品标识属于商业性言论，因此是否对转基因食品进行标识的权利也应当受到宪法保障。

---

[1] Neville Craddock, *Flies in the Soup – European GM Labeling Legislation*, UK: Nature Publishing Group, 2004, p. 383.

[2] Laylah Zurek, "The European Communities Biotech Dispute: How the WTO Fails to Consider Cultural Factors in the Genetically Modified Food Debate", *Tex. Int'l L. J.*, 42 (2007), 368.

[3] Kelly A. Leggio, "Limitations on the Consumer's Right to Know: Settling the Debate Over Labeling of Genetically Modified Foods in the United States", *San Diego L. Rev.* 38 (2001), 893.

[4] Virginia State Bd. Of Pharmacy v. Virginia Citizens Consumer Council, 425 U. S. 748 (1976).

[5] Central Hudson Gas &Electric Corp. v. Public Service Commission of New York, 447 U. S. 557 (1980).

[6] 美国最高院指出，若商业性言论涉嫌引人错误或者欺诈，则政府当然有权限制；若商业性言论是合法行为，政府加以限制必须满足以下要件：①可证明限制是为了维护重大政府利益；②限制法规直接促进欲维护的政府利益；③为维护政府利益限制实为必要，已达到最小限度。

美国对转基因食品实行的自愿标识制度，造成消费者知情权与生产者商业性言论自由之间的冲突，以致美国发生了多起围绕这两项权利而展开的诉讼。较为典型的生产者维权案例是 1996 年发生的 International Dairy Foods Association v. Amestoy 案[1]。基本案情是，1995 年美国佛蒙特州为回应公民对"重组牛生长激素（rBST）"的关切，通过了一项法律，要求对使用转基因激素 rBST 奶牛所生产的乳制品在出售时必须加以标识，以便消费者在被告知的情况下进行选择，否则生产者要承担相应法律责任。美国国际乳制品协会（IDFA）联合生产者为此提起诉讼，认为佛蒙特州这项立法违宪，要求法院颁布禁令，阻止法律的执行。地方法院认为：佛蒙特州公民对 rBST 使用情况的关切，属于州政府的重大利益，州政府有权限制生产者的商业性言论自由。然而，美国第二巡回上诉法院认为：规定生产者在乳制品上加以标识，说明乳制品源于使用了 rBST 的奶牛，无异于向消费者发出警告。这实际上是在强迫生产者发表自己本不愿发表的、不利于自己的声明。由于这种乳制品的安全性已经得到证明，生产者有权根据宪法修正案第 1 条享有"商业性言论自由"，拒绝披露乳制品的制造方法，包括是否来源于使用了 rBST 的奶牛。法院进一步指出：政府如要对这种商业性言论自由加以限制，必须对与该言论有关的信息拥有"重大利益"。而佛蒙特州政府并未主张通过这项法律的动机是为了保护其公民健康或者安全，而是强调基于"消费者的强烈关切和公众知情权"。但消费者的关切和"知情权"本身并不构成政府的"重大利益"，并不足以使政府限制商业性言论自由这项宪法性权利。[2]因此，驳回了地方法院的判决，颁发禁令禁止执行佛蒙特州这项法律。较为典型的消费者维权案例是 2000 年发生的 Alliance for Bio - Integrity v. Shalala 案[3]。基本案情是，美国的一个社团基于对转基因食品的严重顾虑，对美国食品药品管理局 1992 年声明的转基因食品标识制度非常不满，遂诉至美国哥伦比亚特区地方法院，认为根据美国《联邦食品、药品及化妆品法》转基因食品与同类传统食品并非实质等同，食品药品管理局的转基因食品标识政策侵害了消费者的知情权、

---

〔1〕 International Diary Foods Association v. Amestoy, 92 F. 3d 67（2d Cir. 1996）．

〔2〕 International Diary Foods Association v. Amestoy, 92 F. 3d 71, 73（2d Cir. 1996）．

〔3〕 Alliance for Bio - Integrity, et al., v. Donna Shalala, et al., 116 F. Supp. 2d 166（United States District Court for the District of Columbia 2000）．

宗教自由和环境安全。最后，法院"在尊重食品药品管理局的理念下"[1]，驳回了社团的所有诉讼请求。因为该案是美国第一个直接针对美国转基因食品标识制度而提起的诉讼，从而备受关注，各界反应不尽相同，一些学者就对该案的裁判提出了严厉的批评。[2]

可见，针对消费者知情权与生产者商业性言论自由之间的冲突，美国食品药品管理局观点是明确的，即有必要限制消费者的知情权以保障生产者的商业言论自由，理由是没有确切的科学证据证明转基因食品损害人身健康，所以地方政府没有权利要求生产者进行标识；美国法院的判决也支持食品药品管理局的观点，认为若对转基因食品实行强制标识，可能侵害由宪法保障的生产者商业言论自由的权利，尽管商业言论自由是较低层次的言论自由，也应当给予较为充分的保障[3]。

虽然通过上述法律剖析可知，在美国现行的法律框架内，食品药品管理局实行的转基因食品自愿标识制度，并未违反宪法或法律的规定，且得到美国法院的大力支持；但笔者认为，从立法层面上审视，确实有诸多值得反思之处。

第一，消费者的知情权更应保障。在消费者知情权与生产者的商业性言论自由之间，应该是前者更应受到保障。美国宪法所保障的言论自由，主要是指发表或者不发表有关政治、宗教或意识形态等方面言论的时候，公民或者团体享有自由。商业性言论自由虽然经过判例确定，也受宪法保障，但保障力度相对是比较低的，尤其是对于"公开信息要求"，有的法院认为这属于地方政府的合法权利。在 Zauderer v. Office of Disciplinary Counsel of the Supreme Court of Ohio 案[4]中，法院认为公开信息要求与"言论禁止"之间存在很大差异，宪法对于言论自由的保障扩大至商业性言论，其合法性基础在于商业

---

[1] Kelly A. Leggio, "Limitations on the Consumer's Right to Know: Settling the Debate Over Labeling of Genetically Modified Foods in the United States", *San Diego L. Rev*, 38 (2001), p. 915.

[2] Steven M. Druker, "How A U. S. District Court Revealed the Unsoundness of the FDA's Policy on Genetically Engineered Foods, A Report on the Results of Alliance for Bio-Integrity v. Shalala, et al", http://www.biointegrity.org/report-on-lawsuit.htm，访问时间：2007年3月28日。

[3] Rachele Berglund Bailey, "A Tale of Two Systems: A Comparison Between U. S. and EU Labeling Policies of Genetically Modified Foods", *S. J. Agril. L. Rev.*, 15 (2005/2006), pp. 192~199.

[4] Zauderer v. Office of Disciplinary Counsel of the Supreme Court of Ohio, 471 U. S. 626 (1985).

性言论所提供的信息对于消费者所具有的价值;查阅此前所有关于商业性言论自由的案例,会发现很多法院认为公开信息要求较言论禁止而言,对商业性言论自由的侵害是轻微的;为了消除消费者的困惑或者避免被骗,有些信息于适当时候公开是有必要的;当然,这并不表示商业性言论自由不包括不公开言论的自由,因为只要公开信息要求与政府预防消费者受欺骗的利益存在合理关联,就可以认为商业性言论者的权利已经受到了适当保障。该案法院还认为,对于地方政府公开信息要求的条件低于言论禁止,无须达到Central Hudson Gas &Electric Corp. v. Public Service Commission of New York 案所建立要件中"最小限度"的要求,即不违法。对此,在Bates et al. v. State Bar of Arizona 案[1]中,法院也持类似观点。从案例中可以看出,政府为防止消费者受骗而向生产者提出公开信息要求,对生产者的商业性言论自由给予必要限制,单单消费者的关切似乎就足够了。换言之,消费者的知情权比生产者的商业性言论自由更应受到法律保护,该权利本身就足以作为对转基因食品实行强制标识的依据,更何况再加上消费者在宗教、道德、伦理以及生态环境保护上的权利。上述 International Dairy Foods Association v. Amestoy 案之所以做出生产者商业性言论自由权较消费者知情权更优的判决,"更多的是法院为使转基因食品标识争议各方达成共识,在消费者与生产者之间寻求的利益平衡点而已"[2]。

第二,消费者宗教、道德上的要求应受关切。决定消费者是否消费转基因食品的因素很多,包括宗教上的、道德上的、伦理上的以及个人偏好上的等多个方面。例如回教信徒对于猪肉的禁食,素食者对于所有肉类的回避;再如有一些人可能基于道德、伦理或者环保上的考虑,极力反对生物科技,进而拒绝食用转基因食品。鉴于目前转基因技术已有能力将动物基因转入食用作物的基因组内,若不对转基因食品实行强制标识,则这些人基于上述原因,欲回避转基因食品的权利就被漠视了。这种漠视实质上是对消费者宗教信仰自由的一种妨碍,但美国法院对此并不以为然。在前述 Alliance for Bio-Integrity v. Shalala 案中,原告主张美国食品药品管理局对转基因食品实行的自

---

〔1〕 Bates v. State Bar of Arizona, 433 U. S. 350 (1976).

〔2〕 Kelly A. Leggio, "Limitations on the Consumer's Right to Know: Settling the Debate Over Labeling of Genetically Modified Foods in the United States", *San Diego L. Rev*, 38 (2001), p. 918.

愿标识制度，没有考虑到有些宗教对特殊食品的限制，所以食品药品管理局违反美国宪法所保障的宗教信仰自由；同时，该政策加重了公民宗教信仰的负担，违反美国《宗教自由回复法（RFRA）》[1]的相关规定。这些主张并未被法院所接受，法院认为食品药品管理局所采取的制度立场在宗教方面是中立的，原告无法证实自愿标识制度在实质上加重原告信仰宗教的负担，所以食品药品管理局并不违反《宗教自由回复法》；即使自愿标识制度偶然地加重了信仰宗教的负担，也不构成对信仰宗教自由的侵害，因为政府机关执行职务时，拒绝以符合特定公民的宗教信仰的方式行事，并不会造成一项实质性的负担。美国宪法所保障的信仰宗教自由，并不要求政府采取行动促进个人宗教信仰的实践。总之，法院认为虽然食品药品管理局的转基因食品自愿标识制度，可能会给原告造成不便，但并未给原告宗教信仰带来实质性的负担，也未迫使原告放弃其宗教信仰或实践。如此一来，"这些人本应拥有的食品选择权，却因为不对转基因食品实行强制标识而被牺牲了"[2]。

第三，应当考虑转基因食品的安全性与损害救济。虽然美国政府拒绝承认与同类传统食品实质等同的转基因食品对人类健康会造成隐患，但转基因食品的安全性在科学界仍有争议是不争事实，有许多科学家警告消费者转基因食品可能会含有新型的有毒物质、过敏源，甚至会增加致癌风险并产生抗抗生素病原体。而且，转基因食品涉嫌损害人体健康的案例，在美国本土上曾经出现，但美国政府并未汲取教训，而是一味地采取漠视态度。1989年，一种受欢迎的食品添加剂"色氨酸"引发"嗜曙红细胞肌痛综合症"，在美国造成30多人死亡，5000多人残废。悲剧的罪魁祸首"色氨酸"是由一种转基因细菌生产，但被美国食品药品管理局认定此色氨酸与非转基因细菌生产的色氨酸实质等同，并批准上市。尽管肇事的色氨酸纯度达99.6%，达到核准要求，但就在那极小部分里，却含有几十种污染物，从而造成悲剧。事后，肇事厂家声称事件原因是生产工艺上的缺陷，但与此同时却毁灭证据，拒不公布用来生产这一色氨酸的转基因细菌的情况，使得该事件成为悬案。[3]鉴

---

[1] 42 U. S. C. 2000bb (1993).

[2] Sarah L. Kirby, "Genetically Modified Foods: More Reasons to Label Than not", *Drake Journal of Agricultural Law*, 6 (2001), p. 358.

[3] Sarah L. Kirby, "Genetically Modified Foods: More Reasons to Label Than not", *Drake Journal of Agricultural Law*, 6 (2001), p. 359.

于目前人类科学技术的局限性,美国政府应当重新考虑对转基因食品安全性的态度,进而重新考虑对转基因食品标识的态度。倘若转基因食品可能存在安全隐患,那么就有必要考虑损害救济。按照美国目前的转基因食品标识制度,受害者可能根本不知道损害是否因食用转基因食品所致,是哪个生产者的何种转基因食品所致,造成责任承担者迷失、受害者求偿无门的局面,这对侵权法十分发达的美国而言,不能不说很有讽刺意味。当然,即便美国政府对转基因食品实行强制标识,也并不意味着能解决所有转基因食品所引起的损害救济问题,但是其绝对有助于把受害者从无助中解救出来,是毋庸置疑的[1]。

上述分析给予我们的启示是:基于转基因食品生产者与消费者的经济分析也好,还是基于生产者披露信息权与消费者的知情权的法学分析也罢,都仅仅是对转基因食品实行强制标识的表象原因,真正深层次原因是目前科学尚无法证明转基因食品对生态环境和人类健康没有安全隐患,我们不能拿人类的未来作为赌注,仅此一条就足以让我们选择对转基因食品实行强制标识,以便人类能够对其进行掌控,以防不测。

第二节 转基因食品法律规制的国际法考察

一、转基因食品法律规制的国际化

(一)转基因食品法律规制国际化的必然性

转基因食品所蕴含的辉煌前景,让人类怦然心动、跃跃欲试;而转基因食品可能产生的安全隐患,也确实让人心有余悸、惶惶不安。科技无国界,全球在同一时间共同站在了转基因技术面前;生命永不息,全球没有一个地方可以避免转基因动植物生命繁衍。因此,转基因食品生来就是一个全球性议题,需要国际规范予以调整。

1. 转基因食品利益具有国际性。宏观上讲,转基因技术属于全人类,若能运用得当,会提高全人类的福利。从微观上讲,转基因食品研发的门槛很高,既需要很高的技术支持,又需要雄厚的运营资本,所以转基因食品自诞

---

[1] 张忠民:"美国转基因食品标识制度法律剖析",载《社会科学家》2007年第6期。

生起就注定了其发展的全球不平衡性，只有兼备以上条件的国家，才具有发展转基因食品的能力。具备条件的国家花费大量人力物力研发转基因食品，绝非仅追求科研成果，而是追求其所蕴涵的巨大商业利益；若想将潜在利益转变为现实利益，就必须着眼全球市场，通过开展国际贸易才能实现。可见，转基因食品利益本质上具有浓郁的国际性色彩。基于转基因食品利益的国际性，世界各国可谓合作与竞争并存，因此需要制定一套国际规范，来确保市场交易的公平性，实现国际贸易的自由化。

2. 转基因食品风险具有国际性。与传统社会的风险及其后果是限于某个区域不同，转基因食品风险可以跨越时空，已变得无地域限制了。随着国际间相互依赖日益加深和经济贸易往来日益频繁，无论人们是否愿意，转基因作物都毫不停息地在世界范围内蔓延，转基因食品也已经悄无声息地充斥着超市的货架，风险也随之越境交叉蔓延，可以说无论是它们在空间上的影响还是与此相连的社会影响，人们都已无法限制。因此，转基因食品风险既是本土的又是全球的，风险氛围将是弥散的、总体性的，无人能逃逸其外。而且，随着转基因作物在世界范围内的土地上生生不息地成长，转基因食品被人们日积月累地食用，风险的影响已不仅仅局限于一代人，而是两代人甚至更多代的人。可见，转基因食品的风险是普遍存在的、全球性的以及不可扭转的，从社会的角度看，它普遍存在，威胁到所有生命，从人类到动植物；从空间上看，它们是全球性的，超越了地理界限的限制，突破了政治边界，影响到微生物界以及大气层；在时间上，它是不可逆转的，对人类和物种的后代产生了消极影响。基于转基因食品风险的国际性，世界各国已不可能单靠自身力量，来有效防范安全隐患，必须通过国际合作建立一套国际规范才能实现。

3. 各个国家或地区的立法趋向多元化。由于基因科技打破了生物进化的时空界限，人为地改变了生物经过数亿年进化而成的稳定基因型，加之人类目前对生物基因奥秘并未完全破解，转基因技术尚不够完善，所以转基因食品可能具有人类健康和生态环境方面的安全隐患。各个国家或地区对转基因食品安全的认识不同，转基因食品与本国或地区利益的相关度不同，致使各国从自身利益出发制定不同趋向的法规；以应对来势凶猛的转基因食品国际贸易和扑朔迷离的转基因食品潜在风险。世界各国对转基因食品的法律规制也不尽一致，甚至相互对立。前已论及，美国坚信转基因食品与传统食品一样安全,坚持奉行可靠科学原则,采取基于产品的规制方法,对其采取较为宽松的管理态度;而欧盟、日本和我国则对转基因食品安全存有顾虑,坚持奉行预防原则,采取基于生产过程的规制方法,对其采取较为严格的管理态度。即便是对转基因食品法律规制较为类似的国家如欧盟、日本和我国,在一些具体制度上也会存在一些差异。随着经济全球化的进程,国际交易频繁,各国对转基因食品法律规制的差异,会转变为国际贸易上的争端,而要解决这些争端,就必须有相应的国际规范出台。[1]

(二)转基因食品相关国际规范现状

转基因食品既蕴涵着巨大的商业利益,也可能具有人类健康和生态环境方面的安全隐患,加之转基因食品利益与风险均具有国际性,所以必须通过制定国际规范,才能有效地对两者进行平衡。基于转基因食品利益的国际性,世界各国可谓合作与竞争并存,因此需要制定一套国际规范,来确保市场交易的公平性,实现国际贸易的自由化;而基于转基因食品风险的国际性,世界各国已不可能单靠自身力量,来有效防范安全隐患,必须通过国际合作建立一套国际规范才能实现。但问题是,转基因食品安全的科学不确定性,会导致这样一个悖论:为追求利益最大化必然会强调贸易自由,为保障环境和人类安全则必须对贸易进行限制,因此转基因食品安全保护与转基因食品贸易自由之间存在尖锐矛盾。尽管所有的国际规范都试图寻求两者之间的平衡,但不同理念所保护的中心利益也有所不同。贸易自由理念下的转基因食品国际规范,名为防止安全隐患蔓延,但实质意图则是防止一些国家假借确保安全之名,滥用限制性贸易措施,以确保贸易自由的实现;环境与人类安全理念下的国际规范,旨在避免国际风险和灾害的发生蔓延,势必对贸易自由有所影响。基于此,笔者将转基因食品的国际规范大致分为两类,一类是以环保健康为中心的转基因食品国际规范,另一类是以贸易自由为中心的转基因食品国际规范。以环保健康为中心的转基因食品国际规范主要包括:《生物多样性公约》(以下简称 CBD)、《卡塔赫纳生物安全议定书》(以下简称 CPB)和国际食品法典委员会提出的一系列标准及原则(以下简称 Codex 准则)。以贸易自由为中心的转基因食品国际规范主要包括:世界贸易组织(以下简称

---

〔1〕张忠民:"转基因食品安全国际规范的冲突与协调:从'欧美转基因食品案'展开的思考",载《宁夏大学学报(人文社会科学版)》2008年第4期。

WTO）规范框架下的《关税与贸易总协定》（以下简称GATT1994）、《实施卫生与植物卫生措施协议》（以下简称SPS）和《技术性贸易壁垒协定》（以下简称TBT）。GATT1994、TBT和SPS虽然都不是针对转基因食品所制定的规范，但其相关规定对转基因食品国际贸易有适用余地。

二、以环保健康为中心的转基因食品国际规范

（一）生物多样性公约（CBD）

1992年6月，在巴西里约热内卢联合国环境与发展大会上第一次在国际范围内讨论了生物技术的安全使用和管理问题。大会通过的"21世纪议程"中对生物技术的开发、利用和管理做出了战略部署。它在肯定生物技术对人类具有重要作用的同时，强调只有谨慎地发展和利用生物技术才能获得生物技术的最大惠益，并要求各国通过达成包括风险评估和风险管理的可适用原则的国际协定，来确保安全开发、应用、交流和转让生物技术。大会通过了CBD来调节生物技术对生物多样性的保护和利用、生物技术的安全使用和转让，及其生物技术惠益的分配等问题。CBD于1993年12月29日生效，现已有177个国家批准加入该公约。

CBD重申各成员国对其生物资源享有主权，[1]声明根据联合国宪章和国际法的准则，各国有权依据其环境政策开发自己的资源，同时也有责任确保活动在其司法管辖范围内，不得危害其他国家或地区。[2]要求查明和监测对生物多样性产生或可能产生重大不利影响的过程和活动。[3]若这些过程或活动已对生物多样性造成重大不利影响，成员方应予以管制或管理。要求成员方尊重、保存和维持体现传统生活方式而与生物多样性的保护和持续利用相关的知识、创新和实践并促进其广泛应用，由这些知识、创新和实践的拥有者认可和参与，并公平地分享因利用这些知识、创新和做法而获得的惠益。要求成员方制定或者采取办法管理、管制或者控制由于生物技术改变的、可能对保护和持续利用生物多样性产生不利影响的活生物体在使用和释放时可

---

[1] CBD前言。
[2] CBD第3条。
[3] CBD第7条。

能产生的风险。[1]成员方可以利用经济和社会手段达到生物多样性保护和可持续利用的目的。[2]规定成员方就该国内自然资源具有管辖权，运用自然资源者必须获得该成员方主管机关依国内法授予许可。拥有自然资源的成员方，对其他成员方环境安全用途上的遗传资源的使用不应限制。以遗传资源为主体的科学研究，应让拥有该遗传资源的成员方全程参与或在该资源原产地进行；成员方应采取必要措施，以公平且均等的方式与其他成员方分享研发结果以及所产生的利益。[3]要求各成员方考虑是否需要一项议定书，用于安全转让、处理和使用生物技术改性的活生物体及其产品；各成员方应当提供这些改性的活生物体的有关材料。[4]该规定成为日后制定CPB的法律基础。

CBD为生物资源和生物多样性的全面保护和持续利用建立了一个法律框架，旨在保护生物多样性、持续利用生物多样性组成部分以及公平分享利用遗传资源产生的利益。由于转基因食品既涉及对生物多样性的影响，又涉及对遗传资源的利用，因此CBD的可持续发展思想及其建立起来的具体制度对转基因食品具有一定适用空间。

（二）生物安全议定书（CPB）

CPB是根据CBD的要求，针对利用现代生物技术获得的、可能对生物多样性和可持续使用产生不利影响的任何改性活生物体（以下简称LMO）的越境转移问题，制定的一项国际规范。目前有141个缔约国，但美国、加拿大、阿根廷等LMO主要出口国并没有加入。[5]CPB目标是依循预先防范办法，确保LMO的转移、处理和使用安全，同时兼顾对人类健康的保护。[6]CPB适用于可能对生物多样性和可持续使用产生不利影响的所有LMO的越境转移、过境、处理和使用[7]，但不适用于由其他国际协定或组织予以处理的、用作人

---

[1] CBD第8条。
[2] CBD第11条。
[3] CBD第15条。
[4] CBD第19条。
[5] 关于CPB成立的背景、具体条文、目前成员国数量以及具体国家所处的审议状态等详细情况请访问CPB官方网站：http://www.cbd.int/biosafety/signinglist.shtml，访问时间：2007年6月28日。
[6] CPB第1条。
[7] CPB第4条。

类使用药物的 LMO 越境转移。[1] CPB 将 LMO 分为引入环境的产品和直接用作食品、饲料加工的产品两类,前者与保护生物安全和生态环境相关,后者主要与人类健康相关,并针对越境转移分别作了规定。CPB 主要规则有提前知情同意、预防原则、风险评估、风险管理、公众意识、公众参与、信息交流、包装标识、损害赔偿等,其中与转基因食品安全最具关联的是:

1. 预防原则。预防原则是指当出现严重或者不可逆转的损害威胁时,即便缺乏充分确定的科学证据,也应当采取旨在避免或者尽量减轻此种威胁的预防措施。预防原则在 CPB 中多处体现,甚至有所创新。CPB 开宗明义地讲本议定书依循预先防范办法;[2] 缔约方进行风险评估应当按照附件三的规定,并依科学上合理的方式做出,[3] 而附件三规定缺少科学知识或科学共识不应必然地被解释为没有风险或风险可以被接受;为保护人类健康,即使对 LMO 在进口缔约方所产生的潜在不利影响,没有掌握充分的科学证据,亦不应妨碍该缔约方采取一定措施,来避免或最大限度减少潜在不利影响。[4] 可见,CPB 基于转基因技术仍然充满未知,赋予缔约国依据预防原则,在没有充分科学证据的情形下采取必要措施以防患于未然的权利。

2. 提前知情同意原则(AIA 程序)。CPB 明确提出:又忆及 CBD 缔约方大会于 1995 年 11 月 17 日第 II/5 号决定要求订立一项生物安全议定书,其具体侧重点应为凭借现代生物技术获得的、可能对生物多样性的保护和可持续使用产生不利影响的任何改性活生物体的越境转移问题,特别是着手拟定适宜的提前知情同意程序,以供审议。[5] 提前知情同意程序的适用在拟有意向进口缔约方的环境中引入改性活生物体的首次有意越境转移之前和拟直接用作食物或饲料或用于加工的改性活生物体首次越境转移之前。但是,提前知情同意程序不应适用于经作为本议定书缔约方会议的缔约方大会的一项决定认定在亦顾及对人类健康构成的风险的情况下不太可能对生物多样性的保护和可持续使用产生不利影响的改性活生物体的有意越境转移。[6] 提前知情同意原则体现

---

[1] CPB 第 5 条。
[2] CPB 前言、第 1 条。
[3] CPB 第 15 条。
[4] CPB 第 10 条、第 11 条。
[5] CPB 前言。
[6] CPB 第 7 条。

了对缔约方主权的充分尊重，贯穿 CPB 始终。

3. 风险评估与管理原则。CPB 规定风险评估应按附件三的规定并以在科学上合理的方式做出，同时应考虑采用已得到公认的风险评估技术。此种风险评估应以根据所提供的资料和其他现有科学证据作为评估所依据的最低限度资料，以期确定和评价改性活生物体可能对生物多样性的保护和可持续使用产生的不利影响，同时亦顾及对人类健康构成的风险。进口缔约方应确保做出决定而进行风险评估，也可要求出口者进行此种风险评估。如果进口缔约方要求由发出通知者承担进行风险评估的费用，则发出通知者应承担此种费用。[1] 缔约方应参照 CPD 的规定，制定并保持适宜的机制、措施和战略，用以制约、管理和控制在本议定书风险评估条款中指明的、因改性活生物体的使用、处理和越境转移而构成的各种风险。应在必要范围内规定必须采取以风险评估结果为依据的措施，以防止改性活生物体在进口缔约方领土内对生物多样性的保护和可持续使用产生不利影响，同时亦顾及对人类健康构成的风险。每一缔约方均应采取适当措施，防止于无意之中造成改性活生物体的越境转移，其中包括要求于某一改性活生物体的首次释放之前进行风险评估等措施。每一缔约方均应做出努力，确保在把无论是进口还是于当地研制的任何改性活生物体投入预定使用之前，对其进行与其生命周期或生殖期相当的一段时间的观察。缔约方应开展合作，以期确定可能对生物多样性的保护和可持续使用产生不利影响的改性活生物体或改性活生物体的某些具体特性，同时亦顾及对人类健康构成的风险，为处理此种改性活生物体或其具体特性采取适当措施。[2]

4. 公众知情与参与原则。CPB 明确提出：意识到现代生物技术扩展迅速，公众亦日益关切此种技术可能会对生物多样性产生不利影响，同时还需顾及对人类健康构成的风险。[3] 因此，缔约方应促进和便利开展关于安全转移、处理和使用改性活生物体的公众意识的教育活动及公众参与，同时顾及对人类健康构成的风险，以利于生物多样性的保护和可持续使用。各缔约方在开展此方面工作时应酌情与其他国家和国际机构开展合作；力求确保公众意识

---

[1] CPB 第 15 条。
[2] CPB 第 16 条。
[3] CPB 前言。

的教育活动的内容包括使公众能够获得关于可能进口的、根据本议定书确定的改性活生物体的资料。各缔约方应按照其各自的法律和规章，在关于改性活生物体的决策过程中征求公众的意见，并在不违反关于机密资料的规定的情况下，向公众通报此种决定的结果。每一缔约方应力求使公众知悉可通过何种方式公开获得生物安全资料的信息和资料。[1]

5. 标识措施。CPB 为了避免 LMO 对生物多样性和人类健康的潜在风险，要求对拟直接作食品、饲料加工用的 LMO 附有单据，明确说明其中"可能含有"LMO，且不打算有意将其引入环境，并附上供进一步索取信息资料的联络点；对拟有意引入进口缔约方环境的 LMO 应附有单据，标明其为 LMO，并具体说明其名称、特征，以及其性质对安全处理、储存、运输和使用的任何要求。[2]缔约国发出通知所需提供的资料应包括 LMO 的名称和标识，如果出口国有 LMO 生物安全程度分类制度，应列出其所属类别。[3]可见，CPB 对转基因食品出口方提出了相当高的标识要求。2012 年 10 月在印度海德拉巴举行的第六次缔约方会议上，"对改性活微生物和动物的独特标识制度上也鼓励采用标识制度，这是一个巨大的突破，扩展了改性转基因生物标识制度的范围，为后续的具体规定奠定了基础"[4]。

6. 加强发展中国家的能力建设。CPB 提出，考虑到许多国家、特别是发展中国家此方面能力有限，难以应付改性活生物体所涉及的已知和潜在风险的性质和规模，[5]要求各缔约方应开展合作，以有效履行本议定书为目的，通过诸如现有的全球、区域、分区域的国家机构和组织以及酌情通过促进私人部门的参与等方式，协助发展中国家和经济转型国家缔约方、特别是其中最不发达国家和小岛屿发展中国家逐步建立和/或加强生物安全方面的人力资源和体制能力，包括生物安全所需的生物技术。为实现这个目的，各缔约方应依照《公约》中的相关条款，在生物安全的能力建设方面充分考虑到各发展中国家缔约方、特别是其中最不发达国家和小岛屿发展中国家对资金以及

----

[1] CPB 第 23 条。

[2] CPB 第 18 条。

[3] CPB 附件一。

[4] 乔雄兵、连俊雅："论转基因食品标识的国际法规制——以《卡塔赫纳生物安全议定书》为视角"，载《河北法学》2014 年第 1 期。

[5] CPB 前言。

对获得和转让技术和专门知识的需求。在能力建设方面开展的合作应根据每一缔约方的不同情况、能力和需要进行，包括在对生物技术进行妥善、安全管理方面和为促进生物安全而进行风险评估和风险管理方面提供科学技术培训，并提高生物安全方面的技术和体制能力。在此种生物安全能力建设中还应充分考虑到经济转型国家缔约方的需要。[1]

7. 社会－经济因素。缔约方在按照本议定书或按照其履行本议定书的国内措施做出进口决定时，可根据其国际义务，考虑到因改性活生物体对生物多样性的保护和可持续使用的影响而产生的社会——经济因素，特别是涉及生物多样性对土著和地方社区所具有的价值方面的社会——经济因素。鼓励各缔约方开展合作，针对改性活生物体所产生的任何社会——经济影响、特别是对土著和当地社区的影响进行研究和交流信息。[2]

8. 赔偿责任和补救。CPB 规定：作为本议定书缔约方会议的缔约方大会应在其第一次会议上发起一个旨在详细拟定适用于因改性活生物体的越境转移而造成损害的赔偿责任和补救方法的国际规则和程序的进程，同时分析和参照目前在国际法领域内就此类事项开展的工作，并争取在四年时间内完成这一进程。[3] CPB 于 2003 年 9 月生效以后，缔约方大会根据该规定，多次讨论赔偿责任和补救问题，但直到 2010 年 10 月在日本名古屋召开的第五次缔约方大会上，才通过了《卡塔赫纳生物安全议定书赔偿责任和补救问题名古屋－吉隆坡补充议定书》[4]。然而，"该补充协议书强调的是对转基因生物越境损害转移的行政方法，而非责任。而且，其将许多问题交由国家决定或在国内层面执行。这反映国家在谈判方面缺乏一致。该补充协议书并没有建立转基因生物对人、财产或环境造成损害的责任制度"[5]。尽管如此，随着近年来通过该补充协议的国家逐渐增多，相信建立真正的损害赔偿责任制度已

---

[1] CPB 第 22 条。

[2] CPB 第 26 条。

[3] CPB 第 27 条。

[4] 详细内容参见："Report of the Group of the Friends of the Co－Chairs on Liability and Redress in the Context of the Cartagena Protocol on Biosafety on the Work of its Fourth Meeting", http://www.cbd.int/doc/meetings/bs/bsgflr－04/official/bsgflr－04－03－en.pdf（2011－01－18）.

[5] 阙占文：《转基因生物越境转移损害责任问题研究：以〈生物安全议定书〉第 27 条为中心》，法律出版社 2011 年版，第 43 页。

为时不远。[1]

(三) Codex 准则

针对转基因食品安全问题，FAO 和 WHO 于 1990 年提出转基因食品安全评估措施的共同声明，于 1996 年就转基因植物、微生物、动物（包括鱼类）所衍生的转基因食品安全性以及致敏性问题，召开多次联合专家会议。[2] 特别是联合创立国际食品法典委员会，旨在提出食品安全标准与规则，作为全球食品供应的操作规范。国际食品法典委员会在采纳一项标准时候，一般需要得到全体通过，有时也会通过投票表决。

2003 年 7 月 1 日，在罗马召开的联合国食品标准会议上，国际食品法典委员会采用了三项关于转基因食品安全评估的新标准：《源于现代生物技术的食品风险分析原则》[3]、《源于转基因植物食品的食品安全评估指南》[4] 和《源于转基因微生物食品的安全指南》[5]。这三项转基因食品安全标准涵盖了目前有关转基因食品政策方面的争议性问题，比如《源于现代生物技术的食品风险分析原则》将风险分析过程分为三个阶段，即风险评估、风险管理与风险沟通。在风险评估阶段，须以个案为基础，就其安全性进行合乎科学与

---

[1] See "The Nagoya – Kuala Lumpur Supplementary Protocol on Liability and Redress reaches the halfway mark to entry into force with ratification by Hungary", http://www.cbd.int/doc/press/2013/pr-2013-12-17-bs-en.pdf（2014-02-18）.

[2] 关于会议所达成具体共识，请参见 "FAO/WHO Expert Consultation on Biotechnology and Food Safety (1996)", http://www.fao.org/ag/agn/food/risk_biotech_food_en.stm，访问时间：2007 年 1 月 18 日；"FAO/WHO Expert Consultation on Evaluation of Allergenicity of Genetically Modified Foods (2001)", http://www.fao.org/ag/agn/food/risk_biotech_allergen_en.stm 访问时间：2007 年 1 月 18 日；"Safety Assessment of Foods Derived from Genetically Modified Animals, including Fish, Report of the FAO/WHO Expert Consultation, Rome, 17 – 21 November 2003", http://www.fao.org/DOCREP/006/Y5316E/Y5316E00.htm，访问时间：2007 年 1 月 18 日。

[3] 详细规定请参见 "Principles for the Risk Analysis of Foods Derived from Modern Biotechnology", http://www.codexalimentarius.net/download/standards/10007/CXG_044e.pdf（2007-01-18）.

[4] 详细规定请参见 "Guideline for the Conduct of Food Safety Assessment of Foods Derived from Recombinant – DNA Plants", http://www.codexalimentarius.net/download/standards/10021/CXG_045e.pdf，访问时间：2007 年 1 月 18 日。

[5] 详细规定请参见 "Guideline for the Conduct of Food Safety Assessment of Foods Produced Using Recombinant – DNA Microorganisms", www.codexalimentarius.net/download/standards/10025/CXG_046e.pdf，访问时间：2007 年 1 月 18 日。

统计学方法的研究与分析，同时遵循国际食品法典委员会提出的其他安全性评估纲要；进行风险管理时，必须考虑风险评估结果的不确定性，并采取适当措施来管理此种不确定性，风险管理措施包括食品标识、附条件上市许可和上市后监控等；风险沟通则在风险评估与管理的各个阶段均扮演关键角色，使所有利害关系人包括政府、业界、学界、媒体与消费者间能充分互动与沟通。新通过的国际食品法典标准规定应该避免转入常见过敏性食品的基因，除非能保证转入的基因不会导致过敏；反对在转基因技术操作中使用对抗生素产生抗药性的物质作为基因标记。标准详细规定了转基因食品营养变化的检测程序，用以判断转基因食品中是否含有新的毒素或者致敏原，以及是否可能导致意想不到的后果。标准明确提出，在转基因食品投放市场之前，应当首先进行安全评估；标准中还对转基因食品的可追踪性做出了具体规定。值得强调的是，标准规定了一条底线，要求转基因生物制成的食品应该同与其相应的传统食品一样安全。

虽然 Codex 准则对各国没有法律拘束力，但已逐渐被各国所采纳。原因是 Codex 准则与 WTO 下的 SPS 在食品安全方面关系比较紧密，Codex 准则所采纳的标准将被自动视为"以科学为依据"，从而在 WTO 内免受质询。随着 WTO 在国际食品相关争端案例报告中，多次引用 Codex 作为判案依据，进一步增强了各国对 Codex 准则的重视。

三、以贸易自由为中心的转基因食品国际规范

（一）关税与贸易总协定（GATT1994）

GATT1994 是由若干贸易法律规则和这些规则的例外条款构成，作为人类历史上第一个全球性的多边贸易协定。虽然这些规则在制定时，转基因技术还没有出现，转基因食品还没有产生，但它们对转基因生物及其制品的国际贸易仍然具有重要意义。

GATT1994 所设立的原则主要包括：①最惠国原则。即任何缔约方给予来自或运往任何其他国家任何产品的利益、优惠、特权或豁免应立即无条件地给予来自或运往所有其他缔约方领土的同类产品。[1] ②非歧视原则和国民待遇原则。任何缔约方的产品进口至任何其他缔约方领土时，在有关影响其国

---

[1] GATT1994 第 1 条。

内销售、标价出售、购买、运输、分销或使用的所有法律、法规的规定方面，其所享受的待遇不得低于国内同类产品所享受的待遇，即某一缔约方进口产品"应该获得的待遇不低于本国同类产品的待遇"。[1] ③过境自由原则。货物、船舶和其他运输工具，如经过一缔约方领土的一段路程，无论有无转船、仓储、卸货或改变运输方式的情形，仅为起点和终点均不在运输所经过的缔约方领土的全部路程的一部分，则应被视为经该缔约方领土过境。来自或前往其他缔约方领土的过境运输，应具有经过每一缔约方领土的过境自由。[2] 转基因食品的过境运输亦当享受这种自由。④反倾销和反补贴。转基因食品在价格方面的优势可能会产生另外一个问题，即倾销和补贴的问题。如果一缔约方认为转基因食品构成了倾销和补贴，将会对其征收反倾销或反补贴税。按照WTO规则，各缔约方有权在证据确凿的条件下对损及本国产业的进口倾销和补贴采取反倾销或反补贴措施。⑤一般例外条款。WTO为各成员方设定了诸多义务，但缔约方即使违背了WTO的上述义务，只要其措施的实施不在情形相同的国家之间构成任意或不合理歧视的手段，或构成对国际贸易的变相限制的要求的前提下，WTO也不阻止任何缔约方采取或实施下述相关措施：一是，为保护公共道德所必需的措施；二是，为保护人类、动、植物的生命或健康所必需的措施；三是，为保护可用尽的自然资源所必需的有关措施。[3]

GATT1994的这些原则对转基因食品贸易仍然具有指导意义。比如最惠国原则，对转基因食品而言，如果将转基因食品与传统食品视为同类食品的话，若一成员采取了特别针对转基因食品的政策法规，就可能违反这条原则。因为最惠国原则仅适用于两种产品是"同类产品"的情况，因此，判定转基因食品的"同类产品"判断标准问题是一个争议焦点。特别是其一般例外条款中关于"为保护人类、动、植物的生命或健康所必需的措施"WTO也不阻止的规定，对转基因食品而言可谓意义重大，因为转基因食品可能存在人类健康或者生态环境方面的安全隐患，所以绝大部分转基因食品贸易的争议焦点都集中在该条款的适用上。

---

［1］ GATT1994 第 3 条。
［2］ GATT1994 第 5 条。
［3］ GATT1994 第 20 条。

（二） 实施卫生与植物卫生措施协议（SPS）[1]

SPS是乌拉圭回合多边贸易谈判达成的新协议，是对GATT1994第20条第（B）款的补充和具体发展。SPS规则仅适用于该协议中所定义的"卫生与植物卫生措施"，是指以下任何一种措施：用以在成员境内保护动物和植物生命或健康，防止因瘟疫、疾病、带病菌或致病菌的侵入，形成或传播而产生的危险；用以在成员境内保护人类和动物生命或健康，防止因食物、饮料或饲料中的添加剂、污染物、毒素或致病菌而产生的危险；用以在成员境内保护人类生命或健康，防止因动物、植物或产品中携带的疾病或瘟疫的侵入，形成或传播而产生的危险；用以在成员境内防止或限制因瘟疫的侵入、形成或传播而产生的其他损害。[2]世界贸易组织的成员国在相关立法活动和执法活动中必须遵守SPS规定。SPS的目标在于确认任何政府为本国提供其认为适当的健康保护水平是主权权利的同时，保证这种主权权利不被滥用于贸易保护主义目的或者对国际贸易产生不必要的阻碍。为了实现这个目标，SPS规定成员在制定和实施SPS措施时必须遵循一系列原则，违反这些原则，将构成贸易壁垒。

SPS设立的主要原则包括：①科学证据原则。SPS规定，各成员应保证所采取措施仅在保护人类、动、植物的生命或健康所必需的限度内实施。[3]即便是各国采取的检疫措施高于国际标准、指南和建议，也必须以科学为依据。[4]这些规定说明，科学证据是一切卫生检疫措施的首要标准，是检疫规则的基石。当然，科学证据原则也有例外，在科学证据不充分时，成员方仍可根据获得的有关信息，采取临时卫生检疫措施，但必须在合理期限内，设法寻求更多信息以进行客观的风险评估。[5]②风险评估原则。SPS允许在风险评估的基础上，根据自己可承受危险的程度，制定本国的标准和规则，同时还须

---

[1] Agreement on the Application of Sanitary and Phytosanitary Measures, April 15, 1994, MarrakeshAgreement Establishing the World Trade Organization, Annex IA, Legal Instruments – Results ofthe Uruguay Round（1994）.

[2] SPS附件A。

[3] SPS第2条第2款。

[4] SPS第3条第3款。

[5] SPS第5条第7款。

考虑国际组织制定的风险评估技术。[1] 在进行风险评估时，各成员方应考虑可获得的科学证据、加工与生产方法，相关生态和环境条件等因素。[2] 为了对贸易的负面影响降至最低限度，成员方应在考虑有关风险评估因素的基础上，确定其可接受的风险水平，并据此做出保护的适度水平。[3] 根据风险评估原则，成员方在制定卫生与植物卫生措施时应以生物风险评估为基础。风险评估是指进口方对进口产品可能带入的病虫害的定居、传播、危害和经济影响，或者对进口食品、饮料、饲料中可能存在的添加剂、污染物、毒素或致病有机体可能产生的潜在不利影响，做出的科学分析报告。[4] 充分的风险评估可以既包括主流科学观点，又涵盖非主流意见。而且，风险评估不必做出定量的结论。③与国际标准协调原则。SPS 要求各国采取的动植物检疫措施应该依据国际标准、准则和建议，并应尽可能参与相关的国际组织及其附属机构的活动，以促进在动植物检疫措施方面的国际协调。[5] 这些组织包括保护食品安全的食品法典委员会（CAC）、保护动物健康的国际兽疫组织（OIE）和维护生物多样性的"国际植物保护公约"秘书处（IPPC）。[6] 符合国际标准、指南和建议的卫生与植物卫生措施，应被视为保护人类、动物或植物的生命或健康所必需的措施，并被视为与 SPS 和 GATT1994 的有关规定相一致。[7] 当然，这并不妨碍缔约国在认为现有国际标准不够严格时，自己另订立更严格的标准。[8] 各成员方可以采取比国际标准更严格的动植物卫生措施，但必须陈述科学证明的理由或证明有关国际标准达不到该国认为合适的健康保护水平。[9] ④与国内标准协调原则。SPS 协议明确承认各成员方政府享有制定保护生命与健康所必需的法律、规定和要求的主权，有权采取卫生及动植物卫生措施。但这种主权不得滥用于保护主义，成为贸易壁垒。这种

---

[1] SPS 第 5 条第 1 款。
[2] SPS 第 5 条第 2 款。
[3] SPS 第 5 条第 4 款。
[4] SPS 附件 A。
[5] SPS 第 3 条第 1 款。
[6] SPS 第 12 条第 3 款。
[7] SPS 第 3 条第 2 款。
[8] SPS 第 12 条第 4 款。
[9] SPS 第 3 条第 3 款。

措施的实行应限制在保护人类及动植物的生命及健康所必要的程序范围内，保持与国内标准一致，不应任意或不合理地在条件相同的成员方之间采取不公正的歧视。[1]⑤透明原则。明确要求各成员方应向其他成员方通报其限制贸易的动植物卫生检疫要求，并设立咨询点提供更多信息。加强卫生与植物卫生措施的透明度要求，各成员要及时通知卫生与植物卫生措施的改变，提供其卫生与植物卫生措施的信息。⑥措施等效原则。如果出口成员方能够证明自己的卫生措施达到了进口国卫生措施所要求的保护程度，那么即使这些措施不同于进口国的措施，也可将出口成员方的卫生措施作为等效法规加以接受。[2]⑦贸易影响最小化原则。各成员方应在经济和技术上符合要求的情况下选用那些贸易限制最小的动植物卫生措施。要证明成员方违反了该款规定，必须存在对贸易限制更小的合理的可替代措施。[3]

  鉴于 SPS 规范对象限于因动物、植物或动植物产品所携带的疾病或者病虫所导致的风险，以及因食品、饮料、饲料中的添加物、污染物、毒素或病原体所导致的风险，而转基因食品安全隐患来自食品本身的内在基因机构，因此 SPS 是否适用于转基因食品，将是引起争议的首要问题。SPS 规定各成员应保证所采取措施仅在保护人类、动、植物的生命或健康所必需的限度内实施；即便是各国采取的检疫措施高于国际标准、指南和建议，也必须以科学为依据。科学证据是一切卫生检疫措施的首要标准，是检疫规则的基石。但是，SPS 并没有明确"科学证据"的具体内涵，因此专家组可以在何种程度上依赖尚不完善的"科学发现"无法预期。而转基因食品安全性目前还没有科学定论，这就使得科学证据原则以及风险评估原则存在争议。当然，SPS 规定科学证据原则的例外，即在科学证据不充分时，成员方仍可根据获得的有关信息，采取临时卫生检疫措施，但必须在合理期限内，设法寻求更多信息以进行客观的风险评估。而转基因食品的安全隐患可能具有长期潜伏性，如此合理期限又成为一个可能的争议。最后，发展中国家遵从 SPS 面临诸多困难，[4] 若

---

[1] SPS 第 5 条第 5 款。

[2] SPS 第 4 条第 1 款。

[3] SPS 第 5 条第 6 款。

[4] 依据世贸组织通过的 SPS 协议，规定发达国家从 1995 年起须执行，发展中国家于 1997 年底前执行，最不发达国家于 2000 年底前执行，而事实上，发展中国家没有在规定的时间内遵从 SPS 标准，直到目前，许多发展中国家仍然没有完全执行 SPS 协议。

按影响因素的重要程度排序依次是:"科技专家不足、SPS 的安全标准要求与发展中国家的生产方式不相符合、财政资金不足、遵从时间过短以及管理体制不适应等,解决这些困难需要发达国家提供多方面援助。"[1]

(三)贸易技术壁垒协定(TBT)

TBT 适用于所有工农业产品,包括产品本身及其生产加工方法。TBT 旨在敦促各国使用国际标准,除非这些国际标准或其中的相关部分对达到其追求的合法目标无效或不适当;[2] 允许为保护人类健康或安全、保护动植物生命或健康等合法目标采取技术性措施。[3]

TBT 设立的主要原则包括:①必要性原则。成员方只有为了合法目标,才能采取所必需的技术性措施。一般而言,技术性贸易壁垒是由于制定、采用和实施了不同的技术法规、标准和合格评定程序造成的。国家之间在技术法规、标准和合格评定程序上也许存在差异,其可能有合理原因,也可能是不合理的贸易壁垒。合理原因应考虑到不同的经济发展水平、自然条件和文化背景等。TBT 考虑了各国在这些方面存在的合理差异,允许各成员在制定、采用和实施本国技术法规时,具有一定灵活性。具体而言,这些合法目标包括保护国家安全、防止欺诈行为、保护人类健康和安全、保护动植物生命和健康以及保护环境。但是,各成员制定、采用和实施技术法规的灵活性应以不对贸易造成不必要的障碍为限。TBT 规定各成员应按产品的性能,而不是按照其设计或描述特征来制定技术法规,这也将有助于避免对贸易造成不必要的障碍。[4] 不必要的贸易障碍包括技术法规对贸易的限制超出了为达到政策目标所必需的程度,或法规的制定不是出于合理目的。在法规的实施方面,成员国对合格评定程序同样负有避免对贸易造成不必要障碍的义务。[5] ②国民待遇原则。各成员应保证,在技术法规方面给予源自任何成员领土进口的产品,不低于给予本国同类产品或任何其他国家同类产品的待遇。[6] 合格评

---

〔1〕 董银果、徐恩波:"试论世贸组织《卫生和植物检疫协议》面临的新挑战",载《国际商务(对外经济贸易大学学报)》2006 年第 1 期。

〔2〕 TBT 第 2 条第 4 款。

〔3〕 TBT 序言第 6 段。

〔4〕 TBT 第 2 条第 8 款。

〔5〕 TBT 第 5 条第 2 款。

〔6〕 TBT 第 2 条第 1 款。

定程序应给予来自世界贸易组织其他成员的产品"以不低于源自国内或任何其他国家同类产品的供应商的条件"[1]。也就是说，依照技术法规对源自其他成员境内的产品进行合格评定时，收取的费用不能高于国内产品进行合格评定的费用。同样，对于由此类合格评定程序产生或提供的源自其他成员境内产品的有关资料，其机密性应受到与国内产品同样的保护，其合法的商业利益得到与本国产品相同的保护。[2] ③协调一致原则。成员无论制定技术法规、标准，都应以已存在或即将拟就的有关国际标准为基础，除非这些国际标准对达到该成员所追求的合法目标无效或不适当。类似的规定也适用于合格评定程序，各成员应依据由国际标准化机构发布的指南或建议或其中的相关部分制定自己的合格评定程序，除非其"基于以下原因而不适合于有关成员：国家安全要求；防止欺诈行为；保护人类健康或安全、保护动物或植物的生命或健康及保护环境；基本气候因素或其他地理因素；基础技术问题或基础设施问题"[3]。发展中国家成员在执行国际标准方面可能存在技术和财政方面的困难。TBT协议消除了由于某些规定与发展中国家的发展、财政和贸易的需要不一致而造成的障碍。而且，考虑到发展中国家特殊的技术和社会经济条件，发展中国家可采用某些旨在保护与其发展相适应的本国技术、生产方法和工艺的技术法规、标准或检测方式。[4] ④等效原则。如果在某一技术标准方面尚没有国际标准，则可适用等效原则。等效原则是指，只要成员方确信他国法规足以实现与本国法规相同的目标，那么即使这些法规与本国法规有所不同，也可将其他成员的技术法规作为等效法规加以接受。[5] 可见，等效原则是对协调一致原则的一个补充。⑤互认原则。TBT协议鼓励各成员就相互接受合格评定结果进行磋商，以避免重复检验和认证造成的成本增加；成员间有必要进行事先磋商，以期对双方合格评定机构的资格达成相互满意的谅解。[6] ⑥差别待遇原则。成员不应期望发展中成员采用不适合其发展、财政和贸易需要的国际标准，作为其制定标准和技术性措施的依据。

[1] TBT第5条第1款。
[2] TBT第5条第2款。
[3] TBT第5条第4款。
[4] TBT第12条第4款。
[5] TBT第2条第7款。
[6] TBT第2条第3款。

即使存在国际标准、指南或建议,发展中成员仍可按照特定的技术和社会经济条件,采用某些技术性措施,以保护与其发展需要相适应的本国技术、生产方法和工艺。鼓励发达成员方对发展中成员方在制定和实施技术性措施方面提供技术援助。

TBT 确立的体系主要包括技术法规和标准、产品检疫、检验制度与措施、包装和标识要求、信息技术壁垒和绿色壁垒。其中以标识制度与转基因食品安全管理联系最为紧密。对转基因食品标识而言,有两个问题需要特别重视:一是,合理的标识成本,TBT 要求标识成本一般应与制定该标准的目的相符,即对产品加以标识的成本不应过分加重生产者的负担和损害消费者从标识上获得的利益。[1] 目前,对进口国要求转基因食品出口国对产品加以标识,是否会因为增加出口国生产者的成本而不具合理性,国际上颇具争议;二是,同类产品的判断标准,TBT 规定各成员应保证在技术法规方面,给予源自任何成员领土进口的产品不低于其他给予本国同类产品或来自任何其他国家同类产品的待遇。如果进口国认为转基因食品与传统食品不属于同类产品,要求加以特别标识,而出口国认为属于同类产品,没有必要加以特别标识,那么必然会产生纠纷。遗憾的是,"有关'同类产品'定义及利用何种原则来判定'同类产品',目前是 TBT 委员会还不可能解决的问题,有待进一步讨论"[2]。

四、转基因食品国际规范的冲突与协调

(一) 转基因食品国际规范的主要冲突

1. 规制前提的冲突。众所周知,转基因食品与传统食品在物理外观上并无区别,但在生产方法上却有所不同,对转基因食品安全进行规范,必须考虑的前提是两者是否等同。CPB 和 Codex 准则反映出,其依据两者的生产加工方法不同,转基因食品可能具有生态环境安全和人类、动植物健康方面的隐患,认为两者不能等同。而根据 WTO 规则,认定产品是否等同,依据的不

---

[1] Aaron A. Ostrovsky, "The European Commission's Regulations for Genetically Modified Organisms and the Current WTO Dispute – Human Health or Environmental Measures? Why the Deliberate Release Directive is More Appropriately Adjudicated in the WTO Under the TBT Agreement", *COLO. J. INT'L ENVTL. L. & POL'Y*, 15 (2004), pp. 213~218.

[2] 王小琼:"试析 WTO 框架下与转基因产品相关的贸易规则——兼论中国转基因产品立法之完善",载《国际经贸探索》2006 年第 2 期。

是生产加工方法，而是最终产品本身，只要最终产品在性能、用途和物理化学性质等方面没有实质性区别，即可认为产品等同。SPS 和 TBT 是 WTO 框架下的协议，体现了 WTO 规则的精神，将转基因食品与传统食品等同对待。事实上，CPB 专门对转基因食品进行规范和 Codex 专门对转基因食品制定相关准则，本身就说明其规制前提是转基因食品有别于传统食品，否则实无必要制定专门规范；而 WTO 协议群并没有针对转基因食品安全制定专门规范，也说明其规制前提是转基因食品与传统食品并无不同。由此可见，转基因食品安全国际规范在规制前提方面，存在针锋相对的冲突，这预示着两套趋向不同的规范在规制原则、规制方法等方面的冲突也在所难免。

2. 规制原则的冲突。

（1）预防原则与科学证据原则。由于 LMO 在 20 世纪 80 年代中期才开始出现并释放到环境中去，这些活体及其产品在 20 世纪 90 年代中期才开始实现商业化，时间还很短，而 LMO 及其产品对生物多样性和人类健康的影响需要较长时间才能显现出来；与此同时，转基因技术却在以惊人的速度发展，新的 LMO 不断涌现，而由于投入太少、重视不够等原因，对 LMO 及其产品释放到环境后，对生物多样性和人类健康的影响的研究却相对滞后。因此，转基因食品对生态环境和人类健康的影响在科学上尚无定论，科学的局限性决定了转基因食品安全的不确定性，由此给国际规范采取不同规制原则提供了空间。CBD 和 CPB 认为科学证据不能证明其有害，并不等于证实了其无害，所以应当采取必要预防措施，以防止可能损害的发生，于是预防原则成为它们的重要原则。CPB 明确议定书依循预防原则，规定缺少科学知识或科学共识不应必然地被解释为没有风险或风险可以被接受，为保护人类健康，即使对 LMO 在进口缔约方所产生的潜在不利影响，没有掌握充分的科学证据，亦不应妨碍该缔约方采取一定措施，来避免或最大限度减少潜在不利影响。进口缔约方在收到通知后 270 天内仍未通报其决定，也不意味着该缔约方对 LMO 及其产品的有意越境转移标识同意。对直接作为食品或者作为食品加工原料的 LMO，由于进口缔约方对其所产生的潜在不利影响，未掌握充分的科学资料或者知识，因而缺乏定论，也不应妨碍该缔约方酌情对 LMO 进口问题做出决定。可见，CPB 基于转基因技术仍然充满未知，赋予缔约国依据预防原则，在没有充分科学证据的情形下采取必要措施以防患于未然的权利。但是，CPB 未对如何使用预防原则做出具体规定，比如在何等情况下采取禁止、在何种情况下采取限制或者附加条件等均未明确，使得缔约方在使用预防原则时灵活性太大，容易造成与 WTO 规则发生冲突。WTO 特别强调科学证据原则的作用，认为判定转基因食品是否安全的唯一标准是科学证据，现代科学证据不能证明其有害，就应当认为其无害，应当与传统食品同等对待，此原则为 SPS 和 TBT 所采用。比如 SPS 规定各成员应保证所采的措施仅在保护人类、动、植物的生命或健康所必需的限度内实施；即便是各国采取的检疫措施高于国际标准、指南和建议，也必须以科学为依据。这些规定说明，科学证据是一切卫生检疫措施的首要标准，是检疫规则的基石。至于前文所述 SPS 科学证据原则的例外，能否说明 SPS 也采用了预防原则，通过对比 CPB 与 SPS 的相关规定不难得出否定结论。在科学证据不充分的情形下，CPB 规定进口缔约方可酌情而定，且没有时间限制；SPS 规定可以采取临时性措施。在采取措施后，CPB 规定出口方承担举证责任，提出科学证据充分证明进口方的措施并非必要，否则进口方有权永远维持该措施；SPS 则要求进口方承担举证责任，不断补充新的科学依据最终证明其措施实属必要，否则应当取消该临时措施。在风险评估方面，CPB 规定进口缔约方可要求出口者进行风险评估，或者承担风险评估的费用；SPS 规定风险评估是进口方采取临时性措施所必须进行的程序。可见，SPS 仅反映了预防原则的表面特征，实质上仍然依循的是科学证据原则。[1]

（2）提前知情同意原则与非歧视原则。提前知情同意原则体现了对缔约方主权的充分尊重，贯穿 CPB 始终。提前知情同意原则采取个案审批的办法，表明其对加工和生产方法作为一种判断标准的态度。提前知情同意程序的适用在拟有意向进口缔约方的环境中引入改性活生物体的首次有意越境转移之前和拟直接用作食物或饲料或用于加工的改性活生物体首次越境转移之前。每一缔约方均应做出努力，确保在把无论是进口还是于当地研制的任何改性活生物体投入预定使用之前，对其进行与其生命周期或生殖期相当的一段时间的观察。这些都意味着，同类产品可以享受不同待遇，与 WTO 的非歧视原

---

[1] Aaron A. Ostrovsky, "The European Commission's Regulations for Genetically Modified Organisms and the Current WTO Dispute – Human Health or Environmental Measures? Why the Deliberate Release Directive is More Appropriately Adjudicated in the WTO under the TBT Agreement", *COLO. J. INT'L ENVTL. L. & POL'Y*, 15 (2004), pp. 242~244.

则有所冲突。非歧视原则是 WTO 体制的基石，在 WTO 有关协议涉及处理贸易与环境关系时，都特别强调必须遵循非歧视原则，反对以保护生态环境和人类健康的名义，达到贸易保护主义的目的。GATT1994 固定任何缔约方的产品进口至任何其他缔约方领土时，在有关影响其国内销售、标价出售、购买、运输、分销或使用的所有法律、法规的规定方面，其所享受的待遇不得低于国内同类产品所享受的待遇。来自或前往其他缔约方领土的过境运输，应具有经过每一缔约方领土的过境自由。SPS 前言明确提出所采取有关措施的实施方式不得构成在情形相同的成员之间进行任意或者不合理歧视的手段，或者构成对国际贸易的变相限制。这里的关键是转基因食品应当与对应传统食品，依据实质性相同的原则，享受国民待遇。TBT 规定各成员应保证，在技术法规方面给予源自任何成员领土进口的产品，不低于给予本国同类产品或任何其他国家同类产品的待遇。合格评定程序应给予来自世界贸易组织其他成员的产品以不低于源自国内或任何其他国家同类产品的供应商的条件。也就是说，适用于源自其他成员境内转基因食品的技术法规和合格评定程序，应与国内产品相同。

转基因食品国际规范在规制原则方面的冲突，导致两者在转基因食品的控制、检查和批准程序等规制方法方面产生了很大差异。

3. 规制方法的冲突。

（1）风险评估方面。尽管两方面都强调风险评估的重要性，但却存在诸多方面的差别，这些差别对处理贸易发展与生态环境保护的关系时，可能会造成负面的影响。在风险类别方面，SPS 列出了对生物多样性和人类健康风险的具体类别，而 CPB 没有明确提出风险的类别。在评估依据要素方面，SPS 规定在进行风险评估时，各成员方应考虑可获得的科学证据、加工与生产方法，相关生态和环境条件等因素。风险评估是指进口方对进口产品可能带入的病虫害的定居、传播、危害和经济影响，或者对进口食品、饮料、饲料中可能存在的添加剂、污染物、毒素或致病有机体可能产生的潜在不利影响，做出的科学分析报告。而 CPB 仅笼统规定风险评估应视具体情况提交详细的科学技术资料。在风险评估程序方面，WTO 有关协议都没有明确具体程序，而 CPB 对此进行了详细的规定。[1]在保护水平方面，SPS 规定各成员应保证

---

〔1〕 David Winickoff, Sheila Jasanoff, Lawrence Busch, "Adjudicating the GM Food Wars: Science, Risk, and Democracy in World Trade Law", *Yale J. Int'l L.*, 30 (2005), pp. 119～123.

所采的措施仅在保护人类、动、植物的生命或健康所必需的限度内实施。TBT规定成员方只有为了合法目标，才能采取所必需的技术性措施，考虑到各国在这些方面存在的合理差异，允许各成员在制定、采用和实施本国技术法规时，具有一定灵活性，但应以不对贸易造成不必要的障碍为限；而 CPB 对此没有明确的规定。在风险评估责任方面，WTO 有关协议没有明确规定，但是 SPS 有关条款暗示进口方在一定条件下有义务进行风险评估。SPS 规定如果成员有理由认为另一成员采取或者维护的特定卫生与植物卫生措施正在限制或者可能限制其产品出口，且该措施并非依据有关国际标准、指南或者建议制定的，则可请求说明此类措施的理由，维护该措施的成员应当提供此种说明；而 CPB 则明确规定进口缔约方可要求出口方进行风险评估，并承担进行风险评估的费用。在风险管理方面，WTO 有关协议没有明确规定风险管理问题；而 CPB 规定缔约方应参照 CPD 的规定，制定并保持适宜的机制、措施和战略，用以制约、管理和控制在本议定书风险评估条款中指明的、因改性活生物体的使用、处理和越境转移而构成的各种风险。并且应在必要范围内规定必须采取以风险评估结果为依据的措施，以防止改性活生物体在进口缔约方领土内对生物多样性的保护和可持续使用产生不利影响，同时亦顾及对人类健康构成的风险；每一缔约方均应采取适当措施，防止于无意之中造成改性活生物体的越境转移，其中包括要求于某一改性活生物体的首次释放之前进行风险评估等措施；每一缔约方均应做出努力，确保在把无论是进口还是于当地研制的任何改性活生物体投入预定使用之前，对其进行与其生命周期或生殖期相当的一段时间的观察。

（2）社会——经济因素方面。CPB 规定缔约方在按照本议定书或按照其履行本议定书的国内措施做出进口决定时，可根据其国际义务，考虑到因改性活生物体对生物多样性的保护和可持续使用的影响而产生的社会——经济因素，特别是涉及生物多样性对土著和地方社区所具有的价值方面的社会——经济因素。鼓励各缔约方开展合作，针对改性活生物体所产生的任何社会——经济影响、特别是对土著和当地社区的影响进行研究和交流信息。事实上，CPB 所考虑的社会——经济因素包括的范围比较广泛，在议定书制定时就是争论的焦点。而 SPS 对经济因素的考虑主要限于下列内容：由于虫害或者病害的传入或者定居或者传播造成生产或者销售的潜在损失；在进口成员领土内控制或者根除虫害或者病害所需的费用；以及采用替代方法控制风险的相对成本效益。更为关注的是社会——经济因素的考虑将有可能影响基于科学风险评估结果做出有关转基因食品进口的决策。

（3）标识制度方面。转基因食品安全国际规范在规制方法上冲突,在标识制度上表现得最为典型。CPB 要求在生产、运输、包装、销售各个流程中均对转基因食品加以标识。SPS 和 TBT 对转基因食品标识问题的规范并不交叉,源于食品安全原因的由 SPS 进行规范,其他情况则由 TBT 加以规范;[1] 且对加以标识都附有条件,SPS 的条件是转基因食品必须被证明有安全性隐患,TBT 的条件则是成本要合理且不构成歧视。当前,转基因食品是否存在安全隐患尚未得到科学证实,因此无法依据 SPS 对其加以标识。[2] 何为生产者标识成本与消费者知情权利益之间的平衡,即达到所谓合理的要求,在国际上存在极大的争议;至于不构成歧视的要求则比较容易满足,只要进口国对本国产品课以同样要求,就不会构成歧视。

此外,两类国际规范在公众知情参与、互认法规、发展中成员差别对待、赔偿责任和补救措施等方面,都存在一定差异,这也会成为潜在的冲突原因。总体而言,以环保健康为中心的转基因食品国际规范,强调的是生态环境和人类健康方面的风险,侧重给予进口方更多的权利,而要求出口方承担更多的责任和义务;而以贸易自由为中心的转基因食品国际规范,则强调贸易自由和防止贸易保护主义,主要对进口方的权利进行限制,更多地强调出口方的权利和进口方采取措施必须承担的义务。[3]

（二）转基因食品国际规范的协调构想

1. 转基因食品国际规范的相互关系。

（1）CBD、CPB 与 WTO 下 GATT1994、SPS 和 TBT 之间的关系。CPB 隶属于 CBD,其间关系较为明确。需要讨论的是,CPB 与 WTO 下的 GATT1994、

---

[1] A E. Appleton: "Genetically Modified Organisms: Colloquium Article the Labelling of GMOS Products Pursuant to International Trade Rules", *New York University School of Law*, 8 (2000), 568; D Thue - Vasquez, "Genetic Engineering and Food Labeling: A Continuing Controversy", *San Joaquin Agricultural Law Review*, 10 (2000), p. 78.

[2] Steve Keane, "Can a Consumer's Right to Know Survive the WTO?: The Case of Food Labeling", *Transnat'l L. & Contemp. Probs.*, 16 (2006), pp. 330~331.

[3] 张忠民:"转基因食品安全国际规范的冲突与协调:从'欧美转基因食品案'展开的思考",载《宁夏大学学报（人文社科版）》2008 年第 4 期。

SPS 和 TBT 之间的效力关系。CPB 在前言中指出：认识到贸易协定与环境协定应相辅相成，以期实现可持续发展；强调不得将本议定书解释为缔约方根据任何现行国际协定所享有的权利和所承担的义务有任何改变；认为上述陈述无意使本议定书附属于其他国际协定。第一句似乎暗示 TBT 与 WTO 贸易条约具有同等地位，而第二句否定了同一事项"后法优于前法"原则的适用，第三句话则又否定了前法即 SPS 和 TBT 的优先地位，着实给人雾里看花之感，使得 CPB 与 SPS、TBT 效力关系难以确定。

（2）SPS 与 GATT1994、TBT 之间的关系。TBT 与 SPS 在很多方面是一致的，都承认 WTO 各成员方具有制定技术性规范并对进口产品适用这些规范的权利，又都对这些技术性规范的制定、实施进行限制。就适用范围而言，SPS 具体而狭窄，TBT 的适用范围则相对广泛。对于两者在适用方面的关系，TBT 规定其不适用于 SPS 附件 A 中定义的卫生与植物卫生检疫措施。SPS 附件 A 的定义非常广泛，涵盖了几乎所有的一般由进口食物或农产品引起的保护人类或动物健康、生命或自然环境的措施。因此，在转基因食品国际贸易方面，SPS 排他适用的范围是很广的。法律的现实价值更多地体现在其适用过程之中。到目前为止，诉诸 WTO 争端解决机构（以下简称 DSB）援引 TBT 和 SPS 的争端已有近 20 起，其中 3 起适用了 SPS。在这些案件中，专家组和上诉机构对 SPS 中所涉及的各方面的实体和程序问题都做出了颇为详尽的阐释。与 SPS 适用的广泛性和经常性相比，TBT 虽然也时常被争端当事国所援用或提及，但至今还没有一份以 TBT 为争端解决的法律根据的裁决。专家组和上诉机构将 SPS 核心条款的含义不断推向具体化和明确化，更加强化了该协定的可操作性。TBT 的适用机会少，相应地，它通过 WTO 争端解决机制来获得进一步演绎其实体性规则的余地也就显得十分有限。SPS 作为 GATT1994 的附属协定，是实施 GATT1994 第 20 条（b）项规定的细化，但 WTO 判例至今没有厘清两者之间的关系。一般而言，我们可将 SPS 理解为 GATT1994 的特别法，根据特别法原则，而得到优先适用。而且，根据司法经济原则，也可得到同样的解读。我们知道，司法经济原则是 WTO 上诉机构所赞成的一项审判原则。上诉机构反对割裂特别原则和司法经济原则。在上诉机构看来，条约解释者的职责在于考虑与条约相关的所有用语。当一般标准体现于一个更为具体的条约文本中时，解释者不考虑这些更为具体的术语便是一种渎职。另一方面，如果一般的标准或准则完全体现于更为具体的文本之中，一旦更为具体的文本适用，司法经济原则和条约有效解释原则将发挥作用，反对该一般标准或准则的进一步适用。[1]

2. 转基因食品国际规范的协调构想。协调转基因食品安全国际规范间的冲突，无非有两条思路：一是，事前协调，即通过积极有效的磋商，修改国际规范的冲突部分，实现协调统一；二是，事后协调，即通过争端解决机制，利用判例的规范功能，在尚未实现国际规范修改的情况下，尽量弱化冲突。

（1）事前协调。从CPB诞生以来，国际开展的沟通磋商行动就从未停止过。WTO"多哈宣言"专门提到要授予CPB秘书处作为其各个委员会观察员的地位，加强双方信息沟通，通过谈判做出协议。[2]目前，CPB秘书处已成为WTO贸易与环境委员会的观察员，但还不是SPS委员会和TBT委员会的观察员。CPB秘书处也邀请WTO相关委员会秘书处以观察员身份出席CPB举行的所有会议。针对预防原则适用，有学者还提出如下具体办法：修改GATT1994第20条、SPS第5条等相关规定，增列预防原则条款；修改WTO相关协议，合法引用其他相关国际协议的预防原则条款；举行WTO多边贸易谈判，发展新协议，涵盖预防原则；以及透过WTO部长会议或总理事会，通过相关决议，承认预防原则在WTO适用等。[3]令人遗憾的是，虽然举行了一系列积极协调活动，尽管有学者献计献策，至今仍无法达成任何协议。究其原因，除国际规范间规则差别太大之外，国际规范修改程序的复杂性是一个主要因素。鉴于各国在转基因食品安全议题上的严重分歧，以及他们为维护本国利益而表现出的绝不轻易让步的态度，通过事前协调思路近期内解决问题的可能性微乎其微。因此，通过事后协调来缓解冲突，或许是更为现实有效的做法。

（2）事后协调。事后协调是通过争端解决机制，利用判例的规范功能来弱化冲突的一种协调思路，所以必须对有关国际规范的争端解决机制进行分析。从CPB的规定看，其争端解决机制尚未建立，相关事宜只能借助于CBD

---

[1] 陈立虎："转基因产品国际贸易的法律规制：兼论争端解决中的法律适用问题"，载《法商研究》2005年第2期。

[2] DOHA WTO MINISTERIAL 2001：MINISTERIAL DECLARATION, WT/MIN（01）/DEC/1, 20 November 2001, http://www.wto.org/english/thewto_e/minist_e/min01_e/mindecl_e.htm, 访问时间：2007年1月18日。

[3] Joost Pauwelyn, *Conflict of Norms in Public International Law：How WTO Law Relates to Other Rules of International Law*, Cambridge：Cambridge University Press, 2003, p.492.

的争端解决机制；CBD 规定除非缔约方另有协议，争端应通过谈判来选择交付仲裁、提交国际法院或者接受国际调解，其中调解结果仅供当事国参考。WTO 设置 DSB 负责成员争端解决事宜，规定了裁定和建议的监督执行制度，授权胜诉方在败诉方履行裁决时可以进行报复，除非败诉方退出 WTO。而且 WTO 规定，违反 WTO 规范的争端应诉诸该程序和规则解决。可见，CPB 本身没有争端解决机制，CBD 的争端解决机制缺少强制性、可预期性和排他性，而 WTO 争端解决机制则具备这些性质。加之，转基因食品安全国际规范的冲突，绝大多数系国际贸易引起，所以能够完成事后协调使命的主要是 WTO 争端解决机制。如此，问题聚焦于 CPB 能否为 DSB 解决争端时所援用，充当准据法，倘若不能则达不到协调冲突之目的。WTO 规定 DSB 解决争端的准据法在《争端处理规则与程序谅解书》（以下简称 DSU）附录 I 中，但 CPB 并不包括在内。表面上看，似乎 DSB 解决争端时无法援用 CPB，但仔细考察后，会发现并非如此。DSU 明确规定"国际法解释公约的习惯规则"可作为解决争端的依据[1]，那么《维也纳条约法公约》（以下简称 VCLT）[2]当然可得适用；[3]VCLT 规定解释条约应当考虑"适用于当事国间之任何有关国际法规则"[4]，这对 WTO 争端解决的准据法范围确定有重大意义。[5]换言之，如果争端双方既是 CPB 缔约国，又是 WTO 成员，还都选择遵守 Codex 准则，则 DSB 解决争端时就应当考虑 CPB 和 Codex 准则等相关国际规范。由此，WTO 的争端解决机制可以基于司法积极主义发展判例法，协调转基因食品安全国际规范间的冲突。事实上，下面要探讨的欧美转基因食品案本是"促进国际规范协调的最佳契机"[6]，但遗憾的是 DSB 没有援用 CPB，这会给此后通过事后协调方式缓解冲突增加障碍。

---

[1] DSU 附录 I 第 3 条第 2 项。

[2] "Vienna Convention on the Laws of Treaties", http://untreaty.un.org/ilc/texts/instruments/english/conventions/1_1_1969.pdf, 访问时间：2007 年 1 月 18 日。

[3] Joost Pauwelyn, "Conflict of Norms in Public International Law: How WTO Law Relates to Other Rules of International Law", Cambridge: Cambridge University Press, 2003, p.59.

[4] VCLT 第 31 条第 3 款第 3 项。

[5] Joost Pauwelyn, *Conflict of Norms in Public International Law: How WTO Law Relates to Other Rules of International Law*, Cambridge: Cambridge University Press, 2003, p.253.

[6] D. Winickoff, S. Jasanoff, L. Busch, R. Grove-White, B. Wynne, "Adjudicating the GM Food Wars: Science, Risk, and Democracy in World Trade Law", *Yale Journal of International Law*, 30 (2005), 85.

当然，事后协调虽然能够部分解决现实问题，但也存在明显弊端。比如只能依靠 WTO 单方面的妥协缓解冲突，而不能对 CPB 进行丝毫改变；这种头痛医头脚痛医脚的方式，不可能系统地解决国际规范之间存在的冲突等。因此，若想比较彻底地解决转基因食品安全国际规范间的冲突问题，还是需要世界各国增进了解，互谅互让，最终依靠事前协调方式实现。[1]

五、欧美转基因食品案及其启示

（一）欧美转基因食品案简介

从 1998 年 10 月开始，美国、加拿大等国转基因食品、饲料等产品投放欧盟市场的申请在不同阶段被阻隔，尽管欧盟没有出台任何禁止转基因产品审批的规范文件，但暂停审批的事实致使转基因产品无法进入欧盟市场。针对欧盟的上述做法，2003 年 5 月，美国、加拿大和阿根廷先后将他们与欧盟长达数年的转基因产品贸易争端提交 DSB，要求与欧盟进行磋商，遗憾的是所有磋商均无结果。2003 年 8 月，美国等三国分别向 DSB 提出成立专家组来解决争端的请求。2004 年 3 月，DSB 成立专家组。[2]

此案中，美、加、阿三国主张欧盟依据 2001/18 指令和 258/97 规章，中止了对转基因食品的核准程序，已构成 SPS 规定的不当延迟，从而违反 WTO 相关义务。[3] 2004 年 4 月 21 日，美国再次提交书面报告，将法律争议集中在违反 SPS 相关义务上。概括而言，两方主要针对以下议题展开辩论。

1. 在中止措施方面。美国主张：欧盟依据 2001/18 指令和 258/97 规章所采取的中止转基因食品核准程序，属于 SPS 规范的卫生与植物卫生措施，同时也符合 SPS 附件 A 关于卫生与植物卫生措施的定义。欧盟则主张：本案所争议事项并不受 SPS 规范。欧盟相关法规是对转基因食品的安全管理，旨在规范转基因食品可能产生的风险，包括对环境与消费者的潜在风险。而 SPS 规范的风险主要是由于虫害、疾病、带病体或病原体的入侵或传播而导致的

---

[1] 张忠民：“转基因食品安全国际规范的冲突与协调：从'欧美转基因食品案'展开的思考"，载《宁夏大学学报（人文社科版）》2008 年第 4 期。

[2] 澳大利亚、巴西、智利、中国、哥伦比亚、萨尔瓦多、洪都拉斯、墨西哥、新西兰、挪威、巴拉圭、秘鲁、泰国、乌拉圭、我国台湾地区等国家和地区作为第三方参与案件审理。

[3] 美国提出特别是违反以下条款：SPS 协定第 2、5、7、8 条及附件 B 与 C；GATT1994 第 1、3、11 条；TBT 协定第 2、5 条规定。

风险。转基因食品不仅要影响到人类或动植物安全，而且必须导致疾病或危害，才属于 SPS 规范的范围。因此，欧盟中止核准措施与 SPS 措施，无论是从目标上看，还是从实际效果上看，都是两个不同的措施。

2. 在不当延迟方面。美国主张：欧盟普遍性延宕措施违反 SPS 第 7 条与附件 B、C 等相关规定。第 7 条规定会员国应将本国的卫生与植物卫生措施变更地进行公告，依照附件 B 的规定，提供有关该国的 SPS 措施的信息，会员国应迅速公布相关措施的法规，以便其他会员国尽快知悉。欧盟未能及时公布有关信息，因此违反上述义务。欧盟则主张：其措施并非不当，因为转基因食品属于市场上的新兴食品，欧盟及其会员国和国际科学评估的相关法规还处在不稳定状态，这些措施是考虑民意要求而采取的必要措施，以便对人类健康与环境保护提供合理规范。

欧盟主张对于转基因食品的申请者要求额外信息，就是应对转基因科技采取的谨慎立场，符合国际认同的风险评估、风险管理与风险沟通。欧盟认为引起延迟的因素很多，比如法律变迁或资源缺乏等。由于这些因素造成的延迟不应当被视为不当延迟。欧盟认为核准的延迟，部分是因为申请案需要补充额外信息，而在等待对方回复，以致整个作业流程停滞，但确实所有申请案都在进行评估当中；并无证据显示欧盟在实施普遍延迟核准程序。另外，个别申请案核准中存在重新评估，但重新评估并不违反 WTO 相关规定。总之，绝大多数核准延迟的情况是由于申请者没有及时提供给某些欧盟会员国有关环境释放的风险评估资料所致。

欧盟将近 6 年没有核准转基因食品上市销售，并不能证明欧盟正进行普遍延迟核准措施；即使到最后无一例核准通过，也不能当然地认为就是延迟；更何况欧盟核准程序对进口转基因产品还是本国同类产品，都等同对待，一并适用，不存在歧视待遇问题。

3. 在风险评估方面。美国主张：欧盟采取的普遍性延迟措施并无证据显示是建立在风险评估结果的基础上，而采取适合其状况的保护水平。而 SPS 第 5.1 条规定采取卫生与植物卫生措施必须建立在风险评估的基础上，第 2.2 条规定风险评估应当以科学证据为依据。因此认为欧盟违反 SPS 协议第 5.1 条、2.2 条，附件 A 等相关规定。欧盟主张：其转基因食品相关法规与 SPS 的目标不同，规范的风险也有所差异；虽然 SPS 与 2001/18 指令都关注环境保护，但 SPS 附件 A 对环境保护却没有提及。环境保护的内涵当然包括生物多样性的保护，其范围超出 SPS 针对人类或动植物生命或健康的短期风险的范围，而着重于长期性自然生态系统的整体性平衡。进而认为对 WTO 协定的理解和应用必须参考 WTO 之外的有关国际法准则，与本案相关的有约束力的其他国际规范就是 CBD 和 CPB。而且，欧盟、阿根廷和加拿大是 CBD 的缔约国，美国也已签署了该公约。阿根廷和加拿大已经签署 CPB，美国也参与了议定书的生物安全资料交换所的事务，因此都应遵守上述规范的要求。

4. 在欧盟六个会员国所采取的防卫措施方面。美国主张：这些措施的法律依据是 90/220 指令与 258/97 规章，都属于 SPS 规定的措施；会员国并未基于风险评估，就决定限制转基因食品的进口。所以，会员国防卫措施，违反 SPS 协议第 5.1 条、第 2.2 条，以及附件 A 第 4 项的相关规定。会员国的防卫措施事实上是针对欧盟已经核准销售的转基因食品，在其本国境内限制销售的措施。欧盟主张：会员国采取防卫措施是欧盟法规下的合法权利，其合法性也被欧洲法院所确认。欧洲法院的判决指出，转基因食品不能被视为与传统食品实质等同，这就意味着欧盟有权对转基因食品进行特别规范。转基因食品的风险评估由各会员自行决定。如果会员国针对个别情况进行风险评估，依据 258/97 规章第 12 条规定，有权采取防卫措施，以确保转基因食品不致对消费者产生危害。另外，依据 258/97 规章第 3 条规定的预防原则，在无法进行一项完整的风险评估时，特别是在欠缺充分科学信息情况下，会员国有权采取防卫措施。

DSB 的裁决结果是：专家小组认为从 1999 年 6 月到 2003 年 8 月期间欧盟对转基因产品申请，无法完成审批程序，存在"事实中止"情况，造成了"不当延迟"，违反了 SPS 附件 C（1）（a）和第 8 条的规定。专家组认定欧盟 6 个成员对特定转基因食品所采取的防卫措施，没有按照 SPS 附件 C（4）和第 5.1 条进行风险评估，也不符合 SPS 第 5.7 条的规定，欧盟违反了 SPS 第 5.1 条规定的义务。因成员国保障措施违反 SPS 第 5.1 条规定，欧盟应承担连带责任，欧盟行为违反了 SPS 第 2.2 条的第 2、3 项的要求。而对于原告提出与 WTO 协定其他相关条款不一致的指控，专家小组不予支持。[1] 2006 年 11

---

[1] WTO ", Reports of the Panel on European Communities – Measures Affecting the Approval and Marketing of Biotechnology Products", http://www.wto.org/english/news_e/news06_e/291r_e.htm，访问时间：2007 年 1 月 18 日。

月 21 日，DSB 批准专家组的报告；2007 年 6 月 21 日，DSB 同意欧盟暂缓执行裁决 12 个月的申请，裁定欧盟自 2007 年 11 月 21 日起开始执行裁决。[1]需要指出的是，欧美转基因食品案已经盖棺定论，但"WTO 并未真正解决转基因食品引发的争议，因为，各国食品相关法规往往与其传统文化价值观相关联，而 WTO 对贸易自由原则的承诺，使它不可能充分考虑到文化价值观因素"[2]。所以，有学者认为"WTO 在处理转基因食品这个复杂而影响深远的全球性问题时，已经有点力不从心了"[3]。

(二) 美欧转基因食品案对我国的启示

1. 中欧处境何其相似，国际纠纷在所难免。

欧盟是美国、加拿大等转基因食品生产大国的重要市场，我国同样也是转基因食品的消费市场，不仅如此，我国对国外一些转基因食品依赖程度很高，比如大豆。2008 年 6 月 16 日，出访美国的我国政府和商务代表团签署的采购协议中，大豆是购买协议的主角之一，价值总计 30 亿美元。国家粮油信息中心也发布预测，2008 年度我国大豆进口量将大幅增加至 3300 万吨，再创历史新高，根据内需总量 4707 万吨来算，进口依存度将高达 71％。[4]欧盟对转基因食品法律规制采取的是预防原则，采用的是在基于生产过程的规制方法，采取的是强制标识制度，我国转基因食品法律规制与其大同小异，都与美国等转基因食品生产大国的法律规范存在一定对立性。因此，我国与美国之间也曾经因转基因食品法律规制引发过一次大豆贸易争端。2001 年 11 月，中国正式加入 WTO，几乎所有的美国人都认为对中国农产品出口将会成倍的增长。就连美国农业部长也乐观地宣称：美国农民可以立即享受到中国入世的好处，随着中国降低关税承诺的履行，今后每年美国农业出口将增长 20 亿

---

[1] European Communities – Measures Affecting the Approval and Marketing of Biotech Products – Agreement under Article 21. 3 (b) of the DSU, 26 June 2007, WT/DS291/35.

[2] Laylah Zurek, "The European Communities Biotech Dispute: How the WTO Fails to Consider Cultural Factors in the Genetically Modified Food Debate", *Tex. Int'l L. J.* , 42 (2007), p. 368.

[3] Cinnamon Carlarne, "From the USA with Love: Sharing Home – Grown Hormones, GMOs, and Clones with a Reluctant Europe", *Environmental Law*, 37 (2007), p. 336.

[4] 关于中美大豆贸易的复杂局面，请参见索寒雪："全局之痛中国大豆对外依存度今年创纪录", http://finance.sina.com.cn/chanjing/b/20080628/01435032963.shtml, 访问时间：2008 年 7 月 18 日。

美元。但自从 2002 年 3 月 20 日起，中国开始实施有关转基因生物安全法规后，美国出口到中国的转基因大豆成本增高，给美国的农产品出口带来一定的负面影响。对此，美国政府多次派出代表团与中国有关部门进行反复协商，纽约期货交易市场的大豆价格也一度受影响。美国农业部官员甚至表示，如果中国不修改自己关于进口转基因大豆的相关规制条例，将不排除美国向世界贸易组织提出抗议甚至申诉的可能。我国对进口大豆的依赖性提高，造成国内市场增大，而转基因食品法律规制不断完善，致使出口国成本不断增加，在巨大的市场利益诱惑下，结果很可能就是一场国际纠纷与诉讼。

2. 积极完善国内立法，充分注重国际协调。如果我们将欧美转基因食品案的发展历程和欧盟转基因食品法律规制的发展进程结合起来看，会发现有三点特别值得关注。①美国并没有针对欧盟的转基因食品法律体系本身是否违法国际法提起诉讼，而仅仅是主张欧盟停滞进口转基因食品的行为违反国际法。这就意味着只要符合国民待遇原则，并未区分国内外转基因食品而区别对待，就不存在违反国际法的问题。②欧盟在暂停核准美国转基因食品的时间是 1998 年 10 月开始，重新开放核准程序是 2004 年审批核准的转基因玉米，期间制定了 2001/18 指令、178/2002 规章、1829/2003 规章、1830/2003 规章、1946/2003 规章、2004/35 指令、1590/2004 规章等多部法规，建立起了规范转基因食品各个环节的一整套法规体系，然后，才开始重新审批转基因食品进入欧盟市场。可以肯定地讲，这绝对不是时间上的巧合，而是一种有意的安排。欧盟采取中止核准程序实质上就是为自己赢取时间，以便完善欧盟自身法律体系，待转基因食品法律规制体系足以防范其可能风险的时候，才重新允许转基因食品进入欧盟市场。③既然欧盟于 2004 年已经开始重新核准转基因食品上市，而且美国并未撤诉，不仅如此，还再次提交书面报告，将法律争议集中在违反 SPS 相关义务上，其意图何在可谓不言自明。美国希望通过这次诉讼，解决这样两个问题：其一，CPB 中的预防原则并不能在 WTO 内部当然地适用，除非其也成为缔约国；其二，将以生态环境安全和人类健康为由限制转基因食品进口而采取的措施，归入到 SPS 规范之下。如此，在转基因食品安全科学无定论的情况下，将依据科学证据证明转基因食品有安全隐患的举证责任交给进口方承担，将来再有类似诉讼，美国将处于极为有利的地位。鉴于我国是转基因食品进口大国，存在与出口国之间的贸易冲突，为防患于未然，我国应做好以下两方面的准备：一方面，应该积极完善我国转基因食品法律规制体系，努力实现对转基因食品风险的有效控制，有效保障我国生态环境和人们健康安全；另一方面，应充分重视国内法与国际规范的协调性，以便能充分利用 WTO 规则，保障国家利益。

第三章 转基因食品研发试验的法律规制

第一节 转基因食品研发试验法律规制的重要意义

一、转基因食品研发试验中可能出现的问题

转基因食品研发试验，是指以开发转基因食品为目的而开展的转基因生物实验、环境释放试验以及研发出的转基因生物获得商业化生产资格的过程。在这个阶段，由于不同物种的基因被人为地转入受体动物、植物和微生物中，改变了受体生物的基因型及其表现性状，可能引发诸多伦理问题；转基因生物实验使用病原微生物，可能产生损害研究人员身体健康的问题；在转基因生物环境释放过程中，可能产生破坏生态环境和损害人体健康的问题；而转基因生物商业化生产涉及多方利益，可能产生商业化生产决策权的归属问题。

（一）伦理问题

在转基因食品研发试验阶段，研发者利用转基因技术，将基因在不同生物物种之间转移，改变受体生物性状，引起了很多伦理问题，以下讨论两个比较典型的情况。

1. 外源基因引起的伦理问题。尽管转基因食品研发引发的问题很多，但主要集中在食用安全性和生态环境威胁两个方面，当研发者将人类基因以及一些宗教禁止食用的动物基因转入植物或者动物体内时，问题就不再局限于科学领域，伦理问题成为焦点。人们在食用含有人类基因的食品时，存在一

定的精神压力，有环境保护主义者甚至认为，吃这种含有人类基因的食品有点类似人吃人。因此，很多人反对转基因食品研发中以人类基因作为外源基因；有些国家对转入人体基因也持谨慎态度，2004 年，新西兰生物伦理委员会展开全国性的辩论，讨论人类基因可否转到其他生物体。[1]有些宗教教义在饮食方面有一些禁忌，比如回教禁食猪肉、印度教禁食牛肉等，当转基因食品研发者拟将这些动物的基因作为外源基因，转入植物或者动物体内时，就遭到相关宗教人士的强烈反对，认为这可能导致他们在毫不知情的情况下，违反宗教禁忌。

2. 转基因实验造成的动物痛苦引发的伦理问题。在转基因食品研发中，需要使用大量动物作为受体。由于人类目前掌握的转基因技术尚不成熟，外源基因转入受体动物基因组时具有随机性，不仅无法准确插入受体动物基因组的具体部位，甚至无法确保每次基因转入都能成功，判断基因转入是否成功还需要看标记基因是否表达；而且，还可能因为插入突变引起正常的基因表达异常或者受阻。动物本身的基因是受到严格调控的，在何时表达、什么组织中表达都是固定的，而外源基因的表达却难以很好地控制，很可能出现外源基因的易位或易时表达的问题；此外，外源基因的表达产物有可能意外激活动物体内的一些非正常生理过程或者抑制、改变动物体内一些正常过程。基于上述原因，导致大量受体动物出现畸形、疾病甚至死亡，或者出现行为异常、心理异常等问题。这种情况引起很多动物权利主义者的强烈反对，他们认为：所有动物跟人一样，都有感受痛苦和享受愉快的能力，这种能力是拥有利益的前提；每一种有感觉能力的存在物都有权利过一种较为幸福或者较不痛苦的生活，因而也拥有某种人类应予关心的权益。[2]

（二）安全性问题

转基因食品研发试验中涉及的安全性问题，主要是实验中研究人员的健康安全问题、环境释放试验中的生态环境安全和人体健康安全问题。

1. 实验中研究人员健康安全问题。在转基因食品研发的实验过程中，研究人员为了能够让受体生物表现出其所期待的性能，往往需要寻找众多转入

---

〔1〕 See "Nationwide discussion on GE launched", http://www.agbios.com/main.php? action = ShowNewsItem&id = 5256（2007 - 11 - 03）.

〔2〕 傅华：《生态伦理学探究》，华夏出版社 2002 年版，第 18 ~ 20 页。

基因的来源，做大量的尝试性实验，有些外源基因来源于具有致病性的病毒、细菌等微生物，这些微生物很可能通过皮肤、呼吸系统甚至血液系统，导致研究人员健康受损。

2. 研发试验过程中的生态环境安全问题。在转基因食品研发试验中，均需要对转基因生物进行环境释放试验，以测试转基因生物从实验室到自然环境中是否发生变化，以及转基因生物对自然环境的影响等情况。在此过程中，如果选择试验的地点、规模、方式等有所不当，或者试验中安全控制不到位，很可能导致转基因生物破坏生态环境安全的问题。另外，研发试验中的残留物、半成品和废弃物，如果处理不当，流入到自然环境中，也会造成生态环境破坏问题。

3. 研发试验过程中的人体健康安全问题。在转基因食品研发试验中，开展环境释放试验的转基因生物，可能发生基因漂流，污染附近的同类生物，而被污染生物及其加工品，可能会造成食用人群的健康受到损害。如果研发者擅自将转基因生物试验的收获物出售给人们直接食用或者用于食品加工，也可能造成食用人群的健康受到损害；更有甚者，倘若研发者擅自将尚未批准的转基因生物用于商业化生产，那么造成的人体健康损害可能更加严重。

4. 转基因生物安全评价问题。研发出的转基因生物，需要进行安全性评价，这样才能得知其是否具有破坏生态环境安全和损害人类健康安全的危险性，安全性评价的结果，既是评判研发试验是否取得预期成效的指标，更是为下一步商业化生产提供决策依据。如此，就产生了转基因生物安全性评价的主体、方法以及标准，由何人或者组织来确定的问题。

（三）决策权问题

转基因食品研发试验的目的是实现商业化生产，直接作为转基因食品或者提供转基因食品加工原料，然而，转基因生物商业化涉及多方利益，何人或者机构有权决定转基因生物商业化，成为一个突出的问题。

转基因生物商业化会涉及多方利益，我们以转基因作物的商业化为例来进行分析。首先，涉及转基因作物研究人员和研发投资者的利益。只有转基因作物实现了商业化生产，他们的利益才可能最大化。其次，涉及农民利益，表现在三个方面：其一，农民需要为转基因作物种子付出比传统同类种子更多的代价；其二，农民失去了传统农业时拥有的留种自种的权利，否则，便可能侵害研发者的专利权；其三，农民选择权会受到极大的限制，在转基因作物与传统作物共存的情况下，农民即便选择种植了传统作物，也不能保证不受转基因作物的污染。再次，涉及消费者利益。转基因作物商业化后，无论消费者愿不愿意，都只能被动地接受，而且，随着转基因作物商业化生产不断深入，消费者会逐渐失去选择的权利；考虑到转基因食品的安全风险，消费者的处境似乎更加无辜，他们没有获得转基因作物商业化带来的利益，却要承担转基因食品可能带来的风险。最后，从转基因作物商业化可能导致生态环境破坏和人类健康损害的角度讲，其商业化还涉及了公共利益。因此，转基因生物商业化决策权，到底应该属于研发者、农民、消费者还是政府，这是个问题；如果由政府来行使决策权，是否需要公众参与，参与的方式、途径和程度为何，这些都是问题。

二、转基因食品研发试验法律规制的重要意义

（一）有利于保障转基因食品研发试验活动的安全

通过对转基因食品研发试验的法律规制，能够实现对转基因生物实验室、环境释放试验等活动进行有效规范，有利于保障研发人员、生态环境和人类健康的安全。

1. 保障研发人员安全。在转基因食品研发的实验过程中，可能造成研究人员健康损害的主要原因有：不当使用致病性的病毒、细菌等微生物；实验室设计、硬件设施达不到要求；实验室管理制度不到位；实验室危险识别、风险评估和风险控制能力不足等。通过制定实验室生物安全管理的相关法律法规，对病原微生物实行分类管理，对实验室实行分级管理，设立病原微生物实验使用的行政许可，要求实验室的设立单位制定科学、严格的管理制度等，可以有效防范研究人员从事实验过程中的风险，保障研究人员人身安全。

2. 保障生态环境安全。在转基因食品研发试验中，如果环境释放试验中转基因生物发生破坏生态环境安全的事故，其破坏后果可能非常严重，因为，转基因生物的环境释放试验，原本是用来测试其生态环境安全性的，换言之，人们对这个阶段的转基因生物有无环境危害，有多大危害，均知之甚少，这些转基因生物对生态环境的破坏力可能非常巨大。通过转基因食品研发试验的法律规制，可以对转基因生物环境释放试验实行管制，提出对环境释放的地点、规模、方式和程序的具体要求，强化环境释放试验的安全控制措施，有效防范转基因生物试验中的生态环境安全隐患，保障生态环境安全。

3. 保障人体健康安全。在转基因食品研发试验中，倘若发生人体健康损害事故，其后果也可能极其严重，因为此时人们尚未对转基因生物进行食用安全性评价，对其食用安全性可谓一无所知。转基因食品研发试验中产生人体健康损害的主要原因，是对转基因生物试验收获物管理不善。因此，通过转基因食品研发试验的法律规制，强化对转基因生物试验收获物的管理，明确违反收获物管理规定的法律责任，加强对转基因生物试验收获物流向的监督，能够有效防止试验收获物不当外流，保障人体健康安全。

(二) 有利于从源头上控制转基因食品安全

转基因食品之所以备受质疑，原因是转基因食品存在破坏生态环境和损害人类健康的潜在风险；无论是生态环境安全方面的风险，还是人类健康安全方面的风险，均源于转基因食品中含有的外源基因，而外源基因的转入都是在研发试验阶段完成的。可以说，转基因食品安全隐患的源头在研发试验阶段；因此，转基因食品研发试验的法律规制可以实现从源头上控制转基因食品安全的效果。一方面，通过对转基因生物实验的管制，严格监控对高危转基因生物的研发，控制转基因食品安全。一般而言，影响转基因生物安全性的因素包括外源基因来源生物的危险性、基因操作对受体生物基因组的影响程度和受体生物的危险性，通过对实验方案中上述三个因素进行评价，确定实验是否会产生高危转基因生物，然后采取不同的法律措施，对可能产生高危转基因生物的实验严格管制，有效避免产生高危转基因生物，从而实现对转基因食品安全的控制。另一方面，实行转基因生物安全性评价制度。即便对研发高危转基因生物进行了管制，也不能保证研发出来的转基因生物没有危险，因此，通过转基因生物安全性评价制度进一步对其生态环境和人类健康方面的安全性进行评估，对认为安全的转基因生物才准许商业化，生产转基因食品及其原料。可以说，通过对转基因食品研发试验的法律规制，能够实现从源头上控制转基因食品安全，具有十分重要的意义。

(三) 有利于转基因食品商业化进程健康有序

转基因食品研发试验的最后环节是申请转基因生物商业化生产。由于转基因生物属于新事物，人类没有历史经验可以借鉴；而且，人类现在的科技水平，尚无法证实转基因生物的安全性，对转基因生物安全评价的结论，充其量只能说明目前尚未发现转基因生物存在危险性，所以转基因生物安全存在科学不确定性。转基因生物安全的科学不确定性，意味着转基因生物商业化生产存在风险，而转基因生物的商业化生产程度，直接决定了转基因食品商业化进程。于是如何有效规范转基因生物的商业化生产，实现转基因食品商业化进程的健康有序，是每个国家或者地区面临的重要课题。通过转基因食品研发试验的法律规制，制定适合本国或者地区具体情况的、科学的转基因生物商业化生产规划，协调转基因生物商业化生产相关各方的利益，设立转基因生物商业化生产决策主体、决策标准、决策程序以及决策风险防范等事项的具体法律制度，能够使转基因生物商业化生产问题得到有效规范，进而实现转基因食品商业化进程的健康有序。

第二节 我国转基因食品研发试验法律规制现状考察

一、我国转基因食品研发试验法律规制的现状

（一）转基因食品研发试验规制的立法现状

截至目前，我国规范转基因食品研发试验规范的法律，尚付阙如；针对转基因食品研发试验中可能产生的问题，只有四部相关行政法规或规章可得适用：一是，国务院制定的《农业转基因生物安全管理条例》[1]，该条例对农业转基因生物的研究、试验进行了较为详细的规定，是转基因食品研发试验法律规制中最为主要的一部行政法规。二是，国务院制定的《病原微生物实验室生物安全管理条例》[2]，该条例对病原微生物实验室的生物安全进行了具体规定，当然也适用于转基因食品研发试验中，涉及病原微生物的转基因生物实验室的管理。三是，原国家科学技术委员会（现为科技部）制定的《基因工程安全管理办法》[3]，该办法适用于涉及基因工程的实验研究、中间试验、工业化生产以及遗传工程体释放等活动的规范，是我国最早的一部规范转基因技术的行政规章，但是，由于其相关规定过于笼统，缺乏可操作性，实践中已经不再使用。四是，农业部制定的《农业转基因生物安全评价办法》[4]，

---

[1] 2001年5月23日国务院令第304号。
[2] 2004年11月12日国务院令第424号。
[3] 1993年12月24日原国家科学技术委员会令第17号。
[4] 2002年1月5日农业部令第8号。

该办法规定了农业转基因生物安全评价的具体办法,适用于转基因食品研发试验中对转基因生物的安全评价。另外,农业部于2004年牵头成立了全国农业转基因生物安全管理标准化技术委员会,截至2011年底已经发布了80项农业转基因生物安全检测评价标准和技术规范。[1]

（二）转基因食品研发试验规制的法律制度

我国通过上述行政法规或规章,建立了转基因生物安全评价制度、转基因食品研发试验的报告制度、报批制度和安全监控制度。我国法律法规对转基因食品研发试验规制,采取的是转基因生物分类、转基因生物安全性分级、转基因生物研发试验分阶段进行规制的模式。

1. 转基因生物安全评价制度。转基因生物安全的本质是科学问题,对转基因生物的安全评价是实施安全管理的核心,是国家制定转基因食品产业发展战略、政策与策略的依据。

（1）安全评价的管理机构和检测机构。

第一,安全评价管理机构。我国转基因生物安全评价的管理机构是国家农业转基因生物安全委员会。农业转基因生物安全委员会由从事农业转基因生物研究、生产、加工、检验检疫、卫生、环境保护等方面的专家组成,每届任期3年。目前负责农业转基因生物的安全评价工作的是第四届国家农业转基因生物安全委员会,由来自农业部、农科院以及部分高等院校和相关研究机构的64名专家组成,由吴孔明院士担任主任委员。[2]农业部设立农业转基因生物安全管理办公室,负责农业转基因生物安全评价管理工作。

第二,安全评价检测机构。我国转基因生物安全评价的检测机构,由农业部负责委托。农业部根据农业转基因生物安全评价及其管理工作的需要,委托具备检测条件和能力的技术检测机构进行检测,为安全评价和管理提供依据。技术检测机构应当具备下列基本条件:具有公正性和权威性,设有相对独立的机构和专职人员;具备与检测任务相适应的、符合国家标准或行业标准的仪器设备和检测手段;严格执行检测技术规范,出具的检测数据准确

---

[1] 具体的农业转基因生物安全检测评价标准和技术规范,参见农业部科技发展中心编《农业转基因生物安全标准》,中国农业出版社2011年版。

[2] 详细名单参见《农业部关于印发第四届农业转基因生物安全委员会组成人员名单的通知》(农科教发〔2013〕6号)。

可靠；有相应的安全控制措施。技术检测机构的职责任务包括：为农业转基因生物安全管理和评价提供技术服务；承担农业部或申请人委托的农业转基因生物定性定量检验、鉴定和复查任务；出具检测报告，做出科学判断；研究检测技术与方法，承担或参与评价标准和技术法规的制修订工作；检测结束后，对用于检测的样品应当安全销毁，不得保留；为委托人和申请人保守技术秘密和商业秘密。

（2）安全评价申报程序和定级程序。

第一，安全评价申报程序。农业部每年组织两次农业转基因生物安全评审，由国家农业转基因生物安全委员会负责安全评价。第一次受理申请的截止日期为每年3月31日，第二次受理申请的截止日期为每年的9月30日。对农业部的审批期限要求是自收到安全评价结果后20日内完成审批。[1]从事农业转基因生物试验的单位，在向农业转基因生物安全管理办公室提出安全评价报告或申请前应当完成下列手续：报告或申请单位对所从事的转基因生物工作进行安全性评价，并填写报告书或申报书；组织本单位转基因生物安全小组对申报材料进行技术审查；取得开展试验和安全证书使用所在省级农业行政主管部门的审核意见；提供有关技术资料。

第二，安全评价定级程序。我国对转基因生物安全实行分级评价管理，按照对人类、动植物、微生物和生态环境的危险程度，将农业转基因生物分为以下四个等级：尚不存在危险的转基因生物定为安全等级Ⅰ，具有低度危险的转基因生物定为安全等级Ⅱ，具有中度危险的转基因生物定为安全等级Ⅲ，具有高度危险的转基因生物定为安全等级Ⅳ。转基因生物安全评价和安全等级的确定步骤如下：第一步，确定受体生物的安全等级；第二步，确定基因操作对受体生物安全等级影响的类型；第三步，根据前两步确定的安全等级，确定转基因生物的安全等级。

（3）受体生物的安全评价。受体生物是指被导入重组DNA分子的生物。受体生物分为Ⅰ、Ⅱ、Ⅲ、Ⅳ四个安全等级。安全等级Ⅰ是指符合下列条件之一的受体生物：对人类健康和生态环境未曾发生过不利影响；演化成有害

---

[1] 原来的规定是：农业部自收到申请之日起两个月内，做出受理或者不予受理的答复；在受理截止日期后3个月内做出批复。而事实上，如果农业部送交转基因生物检测机构进行检测，时间根本来不及，于是2004年7月1日农业部发布农业部令第38号对答复时间进行了修订。

生物的可能性极小；用于特殊研究的短存活期受体生物，实验结束后在自然环境中存活的可能性极小。安全等级Ⅱ是指对人类健康和生态环境可能产生低度危险，但是通过采取安全控制措施完全可以避免其危险的受体生物。安全等级Ⅲ是指对人类健康和生态环境可能产生中度危险，但是通过采取安全控制措施，基本上可以避免其危险的受体生物。安全等级Ⅳ是指对人类健康和生态环境可能产生高度危险，而且在封闭设施之外尚无适当的安全控制措施避免其发生危险的受体生物，包括：可能与其他生物发生高频率遗传物质交换的有害生物；尚无有效技术防止其本身或其产物逃逸、扩散的有害生物；尚无有效技术保证其逃逸后，在对人类健康和生态环境产生不利影响之前，将其捕获或消灭的有害生物。

我国对受体生物的安全评价，分为植物、动物和微生物三种类型，限于篇幅，笔者概括介绍如下。确定受体生物的安全等级，应当基于以下几个方面考察的情况：①受体生物的背景资料。主要考察受体生物的分类学地位及其特性，原产地、引进时间及其应用情况，对人类健康和生态环境是否发生过不利影响等情况。②受体生物的生物学特性。主要考察受体生物对人及其他生物是否有毒，如有毒，应说明毒性存在的部位及其毒性的性质；是否有致敏原，如有，应说明致敏原存在的部位及其致敏的特性；繁殖方式、繁殖能力等情况。③受体生物的生态环境。主要考察受体生物在国内的地理分布和自然生境，生长发育所要求的生态环境条件，自然条件改变对其地理分布区域和范围影响的可能性，与生态系统中其他生物的生态关系，生态环境的改变对这种关系的影响以及是否会因此而产生或增加对人类健康和生态环境的不利影响等情况。④受体生物的遗传变异。主要考察受体生物的遗传稳定性，是否有发生遗传变异而对人类健康或生态环境产生不利影响，在自然条件下与其他生物进行遗传物质交换的可能性等情况。⑤受体生物的监测方法和监控的可能性。

（4）基因操作的安全评价。我国将基因操作对受体生物安全等级的影响，分为以下三种类型。类型一是增加受体生物的安全性的基因操作，包括去除某个（些）已知具有危险的基因或抑制某个（些）已知具有危险的基因表达的基因操作。类型二是不影响受体生物安全性的基因操作，包括：改变受体生物的表型或基因型而对人类健康和生态环境没有影响的基因操作；改变受体生物的表型或基因型而对人类健康和生态环境没有不利影响的基因操作。

类型三是降低受体生物安全性的基因操作,包括:改变受体生物的表型或基因型,并可能对人类健康或生态环境产生不利影响的基因操作;改变受体生物的表型或基因型,但不能确定对人类健康或生态环境影响的基因操作。

我国对基因操作类型的安全评价,也分为植物、动物和微生物三种类型,笔者在此也概括性地进行介绍。受体生物基因操作的安全类型的确定,应当考察以下情况:①转基因生物中引入或修饰性状和特性的叙述。②实际插入或删除序列的资料,包括:插入序列的大小和结构,确定其特性的分析方法;删除区域的大小和功能;目的基因的核苷酸序列和推导的氨基酸序列;插入序列在生物细胞中的定位及其确定方法;插入序列的拷贝数等情况。③目的基因与载体构建的图谱,载体的名称、来源、结构、特性和安全性,包括载体是否有致病性以及是否可能演变为有致病性。④载体中插入区域各片段的资料,包括:启动子和终止子的大小、功能及其供体生物的名称;标记基因和报告基因的大小、功能及其供体生物的名称;其他表达调控序列的名称及其来源等情况。⑤转基因的技术方法。⑥插入序列表达的资料,包括插入序列表达的器官和组织、插入序列的表达量及其分析方法和插入序列表达的稳定性等情况。

(5)转基因生物的安全评价。我国对转基因生物的安全评价方法,是根据受体生物的安全等级和基因操作对其安全等级的影响类型及影响程度来确定转基因生物的安全等级的。下面按照受体生物的安全等级,分别进行讨论。

第一,受体生物安全等级为Ⅰ的转基因生物。①安全等级为Ⅰ的受体生物,经类型一或类型二的基因操作而得到的转基因生物,其安全等级仍为Ⅰ。②安全等级为Ⅰ的受体生物,经类型三的基因操作而得到的转基因生物,如果安全性降至很小,且不需要采取任何安全控制措施的,则其安全等级仍为Ⅰ;如果安全性有一定程度的降低,但是可以通过适当的安全控制措施完全避免其潜在危险的,则其安全等级为Ⅱ;如果安全性严重降低,但是可以通过严格的安全控制措施避免其潜在危险的,则其安全等级为Ⅲ;如果安全性严重降低,而且无法通过安全控制措施完全避免其危险的,则其安全等级为Ⅳ。

第二,受体生物安全等级为Ⅱ的转基因生物。①安全等级为Ⅱ的受体生物,经类型一的基因操作而得到的转基因生物,如果安全性增加到对人类健康和生态环境不再产生不利影响的,则其安全等级为Ⅰ;如果安全性虽有增加,但对人类健康和生态环境仍有低度危险的,则其安全等级仍为Ⅱ。②安全等级为Ⅱ的受体生物,经类型二的基因操作而得到的转基因生物,其安全等级仍为Ⅱ。③安全等级为Ⅱ的受体生物,经类型三的基因操作而得到的转基因生物,根据安全性降低的程度不同,其安全等级可为Ⅱ、Ⅲ或Ⅳ,分级标准与受体生物的分级标准相同。

第三,受体生物安全等级为Ⅲ的转基因生物。①安全等级为Ⅲ的受体生物,经类型一的基因操作而得到的转基因生物,根据安全性增加的程度不同,其安全等级可为Ⅰ、Ⅱ或Ⅲ,分级标准与受体生物的分级标准相同。②安全等级为Ⅲ的受体生物,经类型二的基因操作而得到的转基因生物,其安全等级仍为Ⅲ。③安全等级为Ⅲ的受体生物,经类型三的基因操作得到的转基因生物,根据安全性降低的程度不同,其安全等级可为Ⅲ或Ⅳ,分级标准与受体生物的分级标准相同。

第四,受体生物安全等级为Ⅳ的转基因生物。①安全等级为Ⅳ的受体生物,经类型一的基因操作而得到的转基因生物,根据安全性增加的程度不同,其安全等级可为Ⅰ、Ⅱ、Ⅲ或Ⅳ,分级标准与受体生物的分级标准相同。②安全等级为Ⅳ的受体生物,经类型二或类型三的基因操作而得到的转基因生物,其安全等级仍为Ⅳ。

在根据以上规则确定转基因生物安全等级时,必须参考以下因素:①转基因生物的遗传稳定性。②转基因生物与受体或亲本生物在环境安全性方面的差异,包括生殖方式、生殖率、传播方式、传播能力、休眠期、适应性、生存竞争能力等内容。③转基因生物与受体或亲本生物对人体健康影响方面的差异,包括毒性、过敏性、抗营养因子、营养成分、抗生素抗性以及对人体和食品安全性的其他影响。④转基因生物的遗传物质向其他生物发生转移的可能性及其后果。⑤由基因操作产生的对人体健康和环境的毒性或有害作用的资料。⑥是否存在不可预见的对人类健康或生态环境的危害。⑦转基因生物的转基因性状检测和鉴定技术。

对于转基因生物安全评价制度,还需要特别指出两点,一是关于申请农业转基因生物安全评价应当交纳审查费和检测费。农业部原来规定如下:环境安全检测费收费标准:农业转基因生物生存竞争能力检测费每次83 000元;外源基因漂移的生态风险检测费每次92 000元;农业转基因生物对非靶标生物和生物多样性影响检测费每次96 000元。食用安全检测费收费标准:抗营养成分检测费每项每次 1000 元；大鼠 90 天喂养检测费每次 120 000 元。[1]但是，由于转基因生物研发试验单位提出费用太高，为减轻研发试验单位经济负担，结合国外做法如日本，2004 年我国取消了安全检测收取费用的规定[2]。二是关于转基因生物安全评价过程中的保密和回避义务。我国法律规定，农业转基因生物安全评价受理审批机构的工作人员和参与审查的专家应当为申报者保守技术秘密和商业秘密，与本人及其近亲属有利害关系的应当回避。

2. 转基因食品研发试验的报告制度。报告制度是一项强制性制度，是指转基因生物研发和试验单位在进行转基因生物研发试验前，应当告知主管机关。其意义在于，便于主管机关掌握转基因生物研发试验的全面情况，在必要情况下及时采取措施。根据我国法律法规，转基因食品研发试验过程中需要报告的事项有两个，一是从事安全等级为Ⅲ和Ⅳ的农业转基因生物实验研究，应当在研究开始前向农业转基因生物安全管理办公室报告；二是转基因生物在实验室研究结束后，需要转入中间试验的，试验单位应当向国务院农业行政主管部门报告。

（1）实验研究的报告。研发单位从事安全等级为Ⅰ和Ⅱ的转基因生物实验研究，可以由本单位转基因生物安全小组批准。但是，从事安全等级为Ⅲ和Ⅳ的转基因生物实验研究，应当在研究开始前向农业转基因生物安全管理办公室报告。研究单位向农业转基因生物安全管理办公室报告时，须提供以下材料：①实验研究报告书；②转基因生物的安全等级和确定安全等级的依据；③相应的实验室安全设施、安全管理和防范措施。

（2）中间试验的报告。中间试验是指在控制系统内或者控制条件下进行的小规模试验。研发单位在转基因生物实验研究结束后，若要转入中间试验，无论转基因生物安全等级高低，都必须向农业转基因生物安全管理办公室报告。研发单位向农业转基因生物安全管理办公室报告时应当提供的材料，包括中间试验报告书、实验研究总结报告、农业转基因生物的安全等级和确定安全等级的依据、相应的安全研究内容、安全管理和防范措施等。转基因生物中间试验报告的具体要求如下：①项目名称。包含目的基因名称、转基因

---

[1] 2003 年 10 月 10 日农业部公告第 303 号。
[2] 2004 年 7 月 1 日农业部令第 38 号。

生物名称、试验所在省份名称和试验阶段名称四个部分。②试验转基因生物材料数量。[1]③试验地点和规模。试验地点应明确到试验所在的村；不超过两个省，每省不超过3个点，数量规模不同，生物种类要求不同。[2]④试验年限，一般为一至两年。⑤相关资料。包括：目的基因的核苷酸序列及其推导的氨基酸序列；目的基因与载体构建的图谱；目的基因与植物基因组整合及其表达的分子检测或鉴定结果；转基因性状及其产物的检测、鉴定技术；试验地点的位置地形图和种植隔离图等内容。

3. 转基因食品研发试验的报批制度

转基因食品研发试验报批制度是指研发试验单位就转基因生物研发试验中的有关事项，向主管机关进行申报，主管机关在审查合格后予以批准的制度。报批制度与报告制度的最大区别在于，是否必须获得主管机关的批准。根据我国法律法规，转基因食品研发试验过程中，需要进行报批的项目有三种：一是，转基因生物从中间试验转入环境释放，试验单位必须向国务院农业行政主管部门报批；二是，转基因生物从环境释放转入生产性试验，试验单位必须向国务院农业行政主管部门报批；三是，转基因生物生产性试验结束后，试验单位申请领取农业转基因生物安全证书，必须向国务院农业行政主管部门报批。

（1）环境释放报批。环境释放是指在自然条件下采取相应安全措施所进行的中等规模的试验。转基因生物中间试验结束后要转入环境释放，试验单位必须向农业转基因生物安全管理办公室提出申请，经农业转基因生物安全委员会安全评价合格并由农业部批准后，才能根据转基因生物安全审批书的要求进行环境释放。试验单位提出环境释放申请时，必须提供的材料包括：安全评价申报书；农业转基因生物的安全等级和确定安全等级的依据；农业部委托的技术检测机构出具的检测报告；相应的安全研究内容、安全管理和防范措施；中间试验的总结报告。

---

[1] 其中，一份转基因植物报告书中转化体不超过20个；一份转基因动物报告书中转基因动物品系（材料）不超过5个；一份转基因微生物报告书中菌株不超过20个。

[2] 具体要求是：转基因植物试验总面积不超过4亩；转基因动物总规模（上限）为大动物（马、牛）10头～20头，中小动物（猪、羊等）20头（只）～40头（只），禽类（鸡、鸭等）100羽（只）～200羽（只），鱼2000尾～5000尾等；转基因微生物总规模不超过100升（公斤）发酵产品（样品）或者陆地面积不超过4亩。

我国对不同转基因品种的要求不同，笔者概括地进行介绍。转基因生物环境释放报批的具体要求如下：①项目名称。包含目的基因名称、转基因生物名称、试验所在省份名称和试验阶段名称四个部分。②试验转基因生物材料数量[1]。这些转化体、品系或者菌株应当是由同一品种或品系的受体生物、相同的目的基因、相同的基因操作方法所获得的，都应有明确的名称或编号，并与中间试验阶段的相对应。③试验地点和规模。试验地点应明确到试验所在的村，数量规模不同，生物种类要求不同[2]。④试验年限。一次申报环境释放的期限一般为1年~2年。⑤相关资料。包括：目的基因的核苷酸序列及其推导的氨基酸序列；目的基因与载体构建的图谱；目的基因与生物基因组整合及其表达的分子检测或鉴定结果；转基因性状及其产物的检测、鉴定技术；实验研究和中间试验总结报告；试验地点的位置地形图；试验设计等情况。

（2）生产性试验报批。生产性试验，是指在生产和应用前进行的较大规模的试验。转基因生物环境释放结束后要转入生产性试验，试验单位必须向农业转基因生物安全管理办公室提出申请，经农业转基因生物安全委员会安全评价合格并由农业部批准后，才能根据农业转基因生物安全审批书的要求进行生产性试验。试验单位提出生产性试验申请时，必须提供的材料包括：安全评价申报书；农业转基因生物的安全等级和确定安全等级的依据；农业部委托的技术检测机构出具的检测报告；相应的安全研究内容、安全管理和防范措施；环境释放的总结报告。

我国根据转基因生物的种类不同，生产性试验报批的具体要求有所不同，笔者概括如下，转基因生物生产性试验的报批要求为：①项目名称。包含目的基因名称、转基因生物名称、试验所在省份名称和试验阶段名称四个部分。②试验转基因植物材料数量。一份申报书只能申报一个品系，其名称应与前

---

[1] 其中，一份转基因植物申报书中不超过转化体5个；一份申报书中转基因动物品系最多不超过3个；一份申报书中菌株不超过5个。

[2] 具体要求是：转基因植物试验区域不超过2个省，每省不超过7个点；试验总面积为4~30亩。转基因动物试验区域不超过2个省，每省不超过3个点；总规模（上限）为大动物（马、牛）150头，中小动物（猪、羊等）500头（只），禽类（鸡、鸭等）3000羽（只），鱼10000~50000尾等。转基因微生物试验规模不超过2个省，每省不超过5个点；总规模为100~1000升（公斤）发酵产品（样品）或者陆地面积为4~30亩。

期试验阶段的名称或编号相对应。③试验地点和规模。试验地点应是批准过环境释放的省份，地点应明确到村；数量规模不同生物种类要求不同。[1]④试验年限。一次申报生产性试验的期限一般为1年至2年。⑤相关资料。包括：目的基因的核苷酸序列及其推导的氨基酸序列；目的基因与载体构建的图谱；目的基因与生物基因组整合及其表达的分子检测或鉴定结果；转基因性状及其产物的检测和鉴定技术；环境释放阶段审批书的复印件；各试验阶段试验结果及安全性评价试验总结报告；试验地点的位置地形图；试验设计，包括安全评价的主要指标和研究方法等；[2]以转基因生物为亲本与常规品种杂交获得的含有转基因成分的生物，应当提供其亲本名称及其选育过程的有关资料，并提供证明其基因来源的试验数据和资料。

（3）安全证书报批。在我国，转基因生物取得安全证书就意味着可以进行商业化生产。转基因生物生产性试验结束后，要取得安全证书，试验单位必须向农业转基因生物安全管理办公室提出申请，经农业转基因生物安全委员会安全评价合格并由农业部批准后，才能被颁发农业转基因生物安全证书。试验单位提出转基因生物安全证书申请时，必须提供下列材料：安全评价申报书；农业转基因生物的安全等级和确定安全等级的依据；农业部委托的农业转基因生物技术检测机构出具的检测报告；中间试验、环境释放和生产性试验阶段的试验总结报告。

根据转基因生物的种类不同，安全证书报批的具体要求有所不同，笔者进行概括介绍。转基因生物安全证书的报批要求如下：①项目名称。包含目

---

[1] 具体要求是：转基因植物试验区域不超过2个省，每省不超过5个点；试验总面积大于30亩。转基因动物试验区域不超过2个省，每省不超过2个点；总规模（上限）为大动物（马、牛）1000头，中小动物（猪、羊等）10 000头（只），禽类（鸡、鸭等）20 000羽（只），鱼10万尾~30万尾等。转基因微生物试验规模不超过2个省，每个省不超过3个点；总规模大于1000升（公斤）发酵产品（样品）或者陆地面积大于30亩。

[2] 其中，转基因植物应包含遗传稳定性、生存竞争能力、基因漂移检测、对非靶标生物的影响，食品安全性如营养成分分析、抗营养因子、是否含毒性物质、是否含致敏原，标记基因的安全性，必要的急性、亚急性动物试验数据等；转基因动物应包含稳定性、经济性能、生存竞争性、适应能力、外源功能基因在动物各组织器官的表达及功能性状的稳定性、有效性、基因漂移情况、对非靶标生物的影响，食品安全性如营养成分分析、抗营养因子、是否含毒性物质、是否有过敏性反应、急性、亚急性动物试验数据等；转基因微生物包括稳定性、竞争性、生存适应能力、外源基因在靶动物体内的表达和消长关系等。

的基因名称、转基因生物名称、安全证书应用所在省份名称等几个部分。②一份申报书只能申请转基因生物一个品系或品种,其名称应与前期试验阶段的名称或编号相对应。③一个转基因生物品系或品种应当在已批准进行过生产性试验的一个省级行政区域申请一个安全证书。④一次申请安全证书的使用期限一般不超过五年。⑤其他有关资料。包括:目的基因的核苷酸序列及其推导的氨基酸序列;目的基因与载体构建的图谱;目的基因与生物基因组整合及其表达的分子检测或鉴定结果;转基因性状及产物的检测和鉴定技术;各试验阶段审批书的复印件;各试验阶段的安全性评价试验总结报告;转基因生物对生态环境安全性的综合评价报告;食品安全性的综合评价报告,包含必要的动物毒理试验报告、食品过敏性评价试验报告以及与非转基因生物比较其营养成分及抗营养因子分析报告等;该类转基因生物国内外生产应用概况;生物生存区域的监控方案,包括监控技术、抗性治理措施、长期环境效应的研究方法等。⑥申请安全证书的转基因生物应当经农业部批准进行生产性试验,在试验结束后方可申请安全证书。⑦转基因生物在取得农业转基因生物安全证书后方可作为种质资源利用。用取得安全证书的转基因生物作为亲本与常规品种杂交得到的杂交后代,应当从生产性试验阶段开始申报安全性评价。

4. 转基因食品研发试验的安全监控制度。我国转基因食品研发试验的法律规制的安全监控制度,包括主管机关的安全监督和研发试验单位的安全控制两个方面。转基因食品研发试验的安全监控制度,对研发试验者能认真遵守我国法律法规,切实保障生态环境安全和人类健康安全具有十分重要的意义。

(1) 安全监督。我国农业部负责转基因生物安全的监督管理,指导不同生态类型区域的农业转基因生物安全监控和监测工作,建立全国农业转基因生物安全监管和监测体系。县级以上地方各级人民政府农业行政主管部门负责本行政区域内的农业转基因生物安全的监督管理工作。农业行政主管部门履行监督检查职责时,应当出示执法证件,并有权采取下列措施:①询问被检查的研究、试验的单位、利害关系人、证明人,并要求其提供与农业转基因生物安全有关的证明材料或者其他资料;②查阅或者复制农业转基因生物研究、试验的有关档案、账册和资料等;③要求有关单位和个人就有关农业转基因生物安全的问题做出说明;④责令违反农业转基因生物安全管理的单位和个人停止违法行为；⑤在紧急情况下，对非法研究、试验的转基因生物实施封存或者扣押。

同时规定，有关单位和个人对农业行政主管部门的监督检查，应当予以支持、配合，不得拒绝、阻碍监督检查人员依法执行职务。从事转基因生物试验的单位，在工作进行期间和工作结束后，应当在每年12月31日以前，向农业部和农业转基因生物试验所在的行政区域内省级农业行政主管部门提交中间试验、环境释放和生产性试验的年度试验总结报告。

（2）安全控制。我国法律法规要求从事农业转基因生物试验的单位，必须确定安全控制措施和预防事故的紧急措施，作好安全记录以备核查。安全控制措施包括物理控制、化学控制、生物控制、环境控制和规模控制等。物理控制措施，系指利用物理方法限制转基因生物及其产物在实验区外的生存及扩散，如设置栅栏，防止转基因生物及其产物从实验区逃逸或被人或动物携带至实验区外等；化学控制措施，系指利用化学方法限制转基因生物及其产物的生存、扩散或残留，如生物材料、工具和设施的消毒；生物控制措施，系指利用生物措施限制转基因生物及其产物的生存、扩散或残留，以及限制遗传物质由转基因生物向其他生物的转移，如设置有效的隔离区及监控区、清除试验区附近可与转基因生物杂交的物种、阻止转基因生物开花或去除繁殖器官，或采用花期不遇等措施，以防止目的基因向相关生物的转移；环境控制措施，系指利用环境条件限制转基因生物及其产物的生存、繁殖、扩散或残留，如控制温度、水分、光周期等；规模控制措施，系指尽可能地减少用于试验的转基因生物及其产物的数量或减小试验区的面积，以降低转基因生物及其产物广泛扩散的可能性，在出现预想不到的后果时，能比较彻底地将转基因生物及其产物消除。为避免农业转基因生物对人类健康和生态环境潜在的不利影响，我国针对不同安全等级的转基因生物提出了相应的安全控制措施。

第一，实验室控制措施。我国针对不同安全等级的转基因生物实验室，提出了不同的控制措施的要求，安全等级高的实验室控制措施，包含安全等级低的实验室控制措施要求。①转基因生物安全等级Ⅰ实验室控制措施。该安全等级基本没有危险性，因此，按我国生物学实验室的一般要求执行。②转基因生物安全等级Ⅱ实验室控制措施。实验室要求：安装超净工作台、配备消毒设施和处理废弃物的高压灭菌设备。操作要求：在操作过程中尽可能避免气溶胶的产生；在实验室划定的区域内进行操作；废弃物要装在防渗漏、防碎的容器内，并进行灭活处理；基因操作时应穿工作服，离开实验室前必须将工作服等放在实验室内；防止与实验无关的一切生物如昆虫和啮齿类动物进入实验室。如发生有害目的基因、载体、转基因生物等逃逸、扩散事故，应立即采取应急措施；动物用转基因微生物的实验室安全控制措施，还应符合兽用生物制品的有关规定。③转基因生物安全等级Ⅲ控制措施。实验室要求：实验室应设立在隔离区内并有明显警示标志，进入操作间应通过专门的更衣室，室内设有沐浴设施，操作间门口还应装自动门和风淋；实验室内部的墙壁、地板、天花板应光洁、防水、防漏、防腐蚀；窗户密封；配有高温高压灭菌设施；操作间应装有负压循环净化设施和污水处理设备。操作要求：进入实验室必须由项目负责人批准；进入实验室前必须在更衣室内换工作服、戴手套等保护用具；离开实验室前必须沐浴；不准穿工作服离开实验室，工作服必须经过高压灭菌后清洗；工作台用过后马上清洗消毒；转移材料用的器皿必须是双层、不破碎和密封的；使用过的器皿、所有实验室内的用具远离实验室前必须经过灭菌处理；用于基因操作的一切生物、流行性材料应由专人管理并贮存在特定的容器或设施内。④转基因生物安全等级Ⅳ控制措施。除严格执行安全等级Ⅲ的控制措施外，对其试验条件和设施以及试验材料的处理应有更严格的要求。其中，安全等级Ⅲ和安全等级Ⅳ的转基因生物实验室的安全控制措施，必须向农业转基因生物安全委员会报告，经批准后才可执行。

第二，中间试验、环境释放和生产性试验控制措施。我国对转基因生物中间试验、环境释放和生产性试验控制措施的管理，也是根据转基因生物安全等级的不同，提出相应的要求。①转基因生物安全等级Ⅰ的控制措施。采用一般的生物隔离方法，将试验控制在必需的范围内。我国公布的部分转基因作物田间隔离参考要求为：玉米的隔离距离为300米或花期隔离25天以上；小麦隔离距离为100米或花期隔离20天以上；大麦隔离距离100米或花期隔离20天以上；棉花隔离距离150米或花期隔离20天以上；水稻、大豆、番茄、马铃薯和辣椒的间隔距离为100米以上；高粱的间隔距离为500米以上；南瓜的间隔距离为700以上；芸薹属间隔距离1000米。②转基因生物安全等级Ⅱ的控制措施。一是采取适当隔离措施控制人畜出入，设立网室、网罩等防止昆虫飞入；水生生物应当控制在人工水域内，堤坝加固加高，进出水口设置栅栏,防止水生生物逃逸。确保试验生物10年内不致因灾害性天气而进入天然水域;二是对工具和有关设施使用后进行消毒处理;三是采取一定的生物隔离措施,如将试验地选在转基因生物不会与有关生物杂交的地理区域;四是采取相应的物理、化学、生物学、环境和规模控制措施;五是试验结束后收获部分之外的残留植株应当集中销毁,对鱼塘、畜栏和土壤等应进行彻底消毒和处理,以防止转基因生物残留和存活。③转基因生物安全等级Ⅲ的控制措施。一是,采取适当隔离措施,严禁无关人员、畜禽和车辆进入。根据不同试验目的配备网室、人工控制的工厂化养殖设施、专门的容器以及有关杀灭转基因生物的设备和药剂等;二是,对工具和有关设施及时进行消毒处理;防止转基因生物被带出试验区,利用除草剂、杀虫剂、杀菌剂、杀鼠剂消灭与试验无关的植物、昆虫、微生物及啮齿类动物等;三是,采取最有效的生物隔离措施,防止有关生物与试验区内的转基因生物杂交、转导、转化、接合寄生或转主寄生;四是,采用严格的环境控制措施,如利用环境限制转基因生物及其产物在试验区外的生存和繁殖,或将试验区设置在沙漠、高寒地区使转基因生物一旦逃逸扩散后无法生存;五是,严格控制试验规模,必要时可随时将转基因生物销毁;六是,试验结束后收获部分之外的残留植株应当集中销毁,对鱼塘、畜栏和土壤等应当进行消毒和处理,以防止转基因生物残留和存活。④转基因生物安全等级Ⅳ的控制措施。除严格执行安全等级Ⅲ的控制措施外,对其试验条件和设施以及试验材料的处理应有更严格的要求。

需要特别强调的是,安全等级Ⅲ、Ⅳ的安全控制措施,必须向农业转基因生物安全委员会报告,经批准后才能执行。动物用转基因微生物及其产品的中间试验、环境释放和生产性试验的控制措施,还应符合兽用生物制品的有关规定。安全等级Ⅱ、Ⅲ、Ⅳ的转基因生物,在废弃物处理和排放之前应当采取可靠措施将其销毁、灭活,以防止扩散和污染环境。发现转基因生物扩散、残留或者造成危害的,必须立即采取有效措施加以控制、消除,并向当地农业行政主管部门报告。转基因生物在贮存、转移、运输和销毁、灭活时,应当采取相应的安全管理和防范措施,具备特定的设备或场所,指定专人管理并记录。

二、我国转基因食品研发试验法律制度的不足

（一）转基因生物安全评价制度不足

我国转基因食品研发试验法律规制中，转基因生物安全评价制度是一项核心法律制度，转基因生物安全评价结论不仅是转基因生物研发试验审批的依据，还是转基因生物商业化的依据，因此，安全评价制度在转基因生物安全管理体系中起着举足轻重的作用。然而，我国转基因生物安全评价制度却存在很多不足之处，主要表现在以下几个方面：

1. 安全评价管理机关产生机制不健全。根据我国法律法规，转基因生物安全评价的管理机构是国家农业转基因生物安全委员会，安全委员会由从事农业转基因生物研究、生产、加工、检验检疫以及卫生、环境保护等方面的专家组成，但是，对专家通过何种机制产生，却没有进行规定。实践中，农业转基因生物安全委员会的组成专家，由国家农业部、发展改革委、科技部、卫生部、商务部、质检总局、环保总局、教育部、食品药品监督管理局、林业局、中国科学院、中国工程院等部门推荐，由农业部在推荐人员中认定。笔者认为，这种并非法定的安全评价管理机关的产生机制，存在诸多缺陷。①产生机制不民主。转基因生物安全评价，关系到转基因生物生态环境安全性和人类健康安全性的确定，涉及研发者、种植者、消费者等众多利益主体，可以说是与公众利益休戚相关，在安全评价管理机构的产生过程中，公众应该具有话语权，如此才能体现决策民主，管理机构也才能具有公信力。但是，我国安全评价管理机构采取相关部门推荐的方式产生，使得公众集体失语，基本没有民主可言。②产生机制不科学。将安全评价管理机构组成人员的范围，确定为从事农业转基因生物研究、生产、加工、检验检疫以及卫生、环境保护等方面的专家，缺乏依据，不尽科学，在转基因生物安全评价中，社会科学尤其是伦理、法律、经济贸易等方面的专家也是不可或缺的。③产生机制不规范。安全委员会组建过程中，推荐单位、推荐名额、认定标准、认定程序等事项，无一明确，可见这种机制严重缺乏规范性。由于以上缺陷，导致我国转基因安全委员会组成严重缺乏稳定性，第一届安全委员会有成员58名，第二届增加到74名，而且组成上也发生了很大变化。

2. 安全评价检测机构认可机制不健全。转基因生物检测机构在安全评价制度中，起着非常重要的作用，其检测结果可以给安全委员会的决策提供必

要依据。我国法律也规定,国务院农业行政主管部门根据转基因生物安全评价工作的需要,可以委托具备检测条件和能力的技术检测机构对农业转基因生物进行检测;但是,对如何认定检测机构具备检测条件和能力,却没有具体规定。从法理上讲,检测机构需要具备以下条件:有具备认证资格的认证人员;认证人员资格需要经过公开的考核才能拥有;有认可的具体程序和具体标准等。显然,我国转基因生物安全评价检测机构的认可机制非常不健全。

另外,安全评价制度还存在运转机制不明确的问题。我国转基因生物安全评价制度,并没有明确安全委员会的具体人数,检测机构的检测结果具有何种效力,安全委员会采取何种方式进行表决等事项,安全委员会运转机制也不甚明确。

(二)转基因食品研发试验报告制度和报批制度的不足

在转基因食品研发试验过程中,根据不同阶段的要求,我国同时设立了报告制度和报批制度,从整个研发试验过程的角度考虑,笔者将两者一并进行讨论。

1. 报告制度的不足。我国转基因食品研发试验报告制度的适用范围,局限于从事安全等级为Ⅲ和Ⅳ的农业转基因生物实验研究和需要转入中间试验两种情况,而研发单位从事安全等级为Ⅰ和Ⅱ的转基因生物实验研究,却被排除在报告制度适用范围之外,只要研发单位转基因生物安全小组批准即可。笔者认为,这是我国转基因食品研发试验报告制度的不足之处,该规定会造成主管机关不能全面掌握转基因生物研发试验的真实情况,也就失去了必要情况下及时采取措施的机会,增加了转基因生物实验研究的安全隐患。理由是:①我国缺乏判断转基因生物安全等级的具体标准。我国法律仅对不同安全等级的转基因微生物进行了概括性的描述,在判定具体转基因微生物安全级别时,却不具有可操作性,因此,很可能出现安全等级为Ⅲ或Ⅳ的转基因微生物被认定成安全等级为Ⅰ或Ⅱ,本该报告而不予报告,造成安全隐患的情况。②可能诱使研发者具有机会主义倾向。一方面,判断转基因生物安全等级的主体是研发单位;另一方面,研发者将转基因生物实验的情况向主管机关报告,意味着要接受更多的监督,承担更多的义务和责任;于此情形下,研发者很可能产生机会主义倾向,将安全等级为Ⅲ和Ⅳ的转基因微生物认定成安全等级为Ⅰ或Ⅱ,从而避免向主管机关报告。

2. 报批制度的不足。我国转基因食品研发试验的报批制度中,关于审批标准的规定，很值得仔细研读。关于转基因生物环境释放和生产性试验的审批标准，我国的法律规定是"经农业转基因生物安全委员会进行安全评价合格的，由国务院农业行政主管部门批准转入下一试验阶段"，该表述意味着"审批标准是安全评价合格，办理机构是农业部"，应当说这两个阶段的审批标准还是比较明确的。然而，对于农业转基因生物安全证书的审批标准，法律表述为"安全评价合格的，方可颁发农业转基因生物安全证书"，也就是说，安全评价合格是获得审批的必要条件，但并非是充要条件，该规定并没有明确农业转基因生物安全证书的审批标准。笔者认为，我国转基因食品研发试验的报批制度最大的不足便是缺乏明确的农业转基因生物安全证书的审批标准。理由是：转基因生物获得安全证书，就意味着转基因生物可以进行商业化生产，换言之，转基因生物安全证书的审批标准实质上也是我国转基因生物商业化的标准，法律意义十分重大；转基因生物安全证书的审批标准不明确，使得判断转基因生物是否可得商业化的权力完全集中于农业部，其他任何单位和个人都无从判断；而权力过于集中，最直接的后果便是无法进行监督和产生寻租行为。

3. 报告制度和报批制度共同存在的不足。我国转基因食品研发试验报告制度和报批制度共同存在的不足，是缺乏信息公开机制。前已论及，转基因生物研发、试验及其商业化生产，涉及公众利益，公众有权利参与转基因生物相关的决策，而信息公开是公众实现这些权利的必要前提。由于我国缺乏信息公开机制，使得我国公众无从得知目前正在研究何种转基因生物、处于哪个研发阶段、具体研究地点在何地、具体试验地点在何地、何种转基因生物已经实现了商业化生产等基本信息，更谈不上参与转基因生物的决策了。另外，公众对转基因生物基本信息的一无所知，还使得公众丧失了对转基因食品研发试验的监督权，甚至还可能在不知不觉中受到侵害。

(三) 转基因食品研发试验安全监控制度的不足

转基因食品研发试验的安全监控制度，对于有效防范转基因食品研发试验过程中的安全事故，具有十分重要的意义。通过对我国转基因食品研发试验安全监控制度的考察，不难发现，我国法律对研发试验者实行安全控制制度的规定，着墨甚多，可谓事无巨细、面面俱到，而对主管机关实行安全监督制度的规定却惜墨如金，仅有寥寥数语。笔者认为，我国转基因食品研发试验安全监控制度的不足，恰恰体现于安全监督制度，主要表现是规定太过笼统、缺乏可操作性。我国法律仅规定"县级以上地方各级人民政府农业行政主管部门负责本行政区域内的农业转基因生物安全的监督管理工作",而对于如何进行监督、具体有哪些措施,却没有予以明确,造成的后果是相关部门监督不力,导致"部分研发机构和生产企业为了追求各自利益,时常投机取巧,有法不依,以致在转基因食品研发、经营环节违法现象较为普遍"[1]。比如:2005年4月,绿色和平组织向国内外媒体发布调查报告,报告显示一种没有经过安全审批的转基因水稻,已经在湖北省部分种子市场上进行售卖,一些地方已经种植了两三年,转基因大米已流入湖北、广东等地的大米批发和零售市场;并指出湖北地区非法种植转基因"抗虫汕优63"水稻,很可能就是华中农业大学所研究的"转Bt基因抗虫稻"。此报告如重磅炸弹,一时激起了轩然大波,国内外多家媒体纷纷进行了报道。随后,欧盟和日本都宣布对从中国进口的大米,必须进行转基因检测。我国农业部对此事进行了全面调查,对已种植的上万亩转基因水稻进行了铲除。[2] 可以说,该事件完全是当地主管部门安全监督不力所致,否则,非法转基因大米无论如何也不可能种植如此长的时间,如此大的面积。另外,此事件还反映出一个相关的问题,那就是在转基因食品研发试验过程中,公众没能参与监督,而造成这种情况的原因是前文提到的我国缺乏信息公开机制。

第三节 我国转基因食品研发试验法律制度的完善

一、完善我国转基因食品研发试验法律制度的基本原则

(一)预防原则

预防原则是指政府对于可能产生环境损害的行为应当有所预见,即使行为与损害之间的因果关系尚未得到充分的科学证明,也有先行采取行动避免损害发生的义务。该原则是应对科技潜在风险,保障人类健康和生态环境安

---

[1] 康均心、刘猛:"转基因食品安全风险的法制监管",载《青海社会科学》2013年第4期。

[2] 关于湖北非法转基因大米事件的更多情况,参见汤新颖:"转基因大米来源并非只有枣阳",载《广州日报》2005年6月17日,第1版;杨曼:"转基因稻米惊现鄂粤市场",载《市场报》2005年7月20日,第4版;胥晓莺:"中国提高转基因安全门槛",http://www.businesswatch.com.cn/Html/gov/064511530333389.html,访问时间:2007年7月8日。

全的一项重要管制原则，其核心理念是：由于人类健康和生态环境方面的损害，通常具有不可逆转性，所以对可能造成损害的目标必须谨慎对待；科学本身也具有局限性和不确定性，所以科学证据不能作为决策中的唯一衡量准则；政府在科学证据不足的情形下，仍应有所作为来防止损害发生，绝不能等到最坏结果发生后才采取行动。预防原则之所以成为完善我国转基因食品研发试验法律制度的一项基本原则，原因是转基因食品研发试验阶段存在较高的安全风险，不仅可能产生对生态环境的破坏，还可能产生对人类健康的损害，因此，转基因食品研发试验法律规制的制度设计，无不是围绕防范转基因食品安全隐患进行的，在安全隐患科学依据不够充分时，也必须采取较为严格的规制制度，以防范不可逆转后果的发生。因此，预防原则是完善我国转基因食品研发试验法律制度时，必须遵循的基本原则，这是保障我国生态环境和人类健康安全的需要，也是实现我国转基因食品法律规制安全价值目标的必然要求。

（二）透明原则

透明原则是指政府应当将有关法律法规、措施、标准、程序、信息等内容，通过一定方式，及时向社会公众公布。将透明原则作为完善我国转基因食品研发试验法律制度的一项基本原则，有四个原因。①在我国转基因食品法律制度中，设立了较多的行政许可制度，这实际上是政府对市场经济的一种干预行为，政府若要实现对市场经济的有效干预，而不是损害市场经济，就必须使竞争规则透明化和公开化。规则的透明程度决定着政府干预效率的高低，只有规则透明公开，政府才会处于公众的监督之下，政府的经济人性质才会得到一定的抑制，而致力于推动经济效益的提高；否则，政府有很大的动力去实现对自身租金的追求，资源被分配给低效率的企业，造成资源配置效率低下。②转基因食品研发试验阶段涉及研发试验者、种植者、消费者等多方经济利益和安全利益，公众有权利知道转基因食品研发试验的相关信息，公众只有实现了知情权，才有可能实现对自身权益的维护。③我国转基因食品研发试验法律制度，具体规则不明确、相关信息不公布的缺陷，表现的比较突出，亟待完善。④我国参加的转基因食品的国际规范，明确要求实行透明原则，依循此原则是一项国际公约的法定义务。因此，将透明原则作为完善我国转基因食品研发试验法律制度的一项基本原则，既是实现法律制度目标的需要，又是维护公众利益的需要，还是履行国际公约义务的需要。

(三) 公众参与原则

公众参与原则是指公众有权利参与转基因食品相关评价和决策，国家有义务促进公众参与权利的实现。将公众参与原则作为完善我国转基因食品研发试验法律制度的一项基本原则，有三个原因。①转基因食品既具有破坏生态环境安全的潜在风险，又具有损害人类健康安全的潜在风险，而公众是这些风险的承担者，因此，公众当然有参与转基因食品评价和决策的权利；公众希望通过参与转基因食品的评价和决策，对其发展风险进行有效控制，使转基因食品为人类带来更多的福祉。②权力和知识的结合造成公众的"失语"。在转基因食品的评价和决策中，政府管理机构和专家系统控制了社会的话语权，而普通公众被假定为缺乏意识或者缺乏知识，参与决策会导致混乱，被排除在科学决策的话语权之外，成了"沉默的大多数"。其实，公众参与的目标"并不是为了直接影响政治决策，而是形成决策相关的知识，是试图通过涵盖那些没有包括在技术政策决策过程的知识和社会团体的观点，以扩大技术政策的视角范围"[1]。③公众参与转基因食品的评价和决策，至少有以下四个优点：一是，使政策制定更民主化，民主的一个重要方面就是持有不同观点的公民之间开展讨论、咨询和审议。二是，通过了解更广泛的观点、知识和经验，就更有可能形成新的、原创性的思想，而不是在技术官僚制的决策过程中形成的思想。从这个角度看，公民的参与可以为决策提供更坚实的基础。三是，公众参与将有助于使用者对评价和决策结果的理解和应用，因为，在技术评价过程中，复杂的技术问题必须阐述得让外行的公众代表能够理解。四是，转基因食品的真正影响或潜在影响，公众了解最多，因而公众参与将直接有利于转基因食品潜在风险的识别和分析。从比较法上看，"不论是在转基因管理较为宽松的美国还是最为严格的欧盟，信息公开和公众参与是其共同特征"[2]。更有学者指出，"公众参与研究与发展转基因食品公共政策的讨论不仅是转基因食品健康、有序发展的必要条件，也是社会主义民主社会维护公民权利的重要举措"[3]。总之，将公众参与原则作为完善我国

---

[1] 谈毅："公众参与科技评价的目标与过程：以转基因技术争论为例"，载《科学学研究》2006年第1期。

[2] 陈玲、薛澜、赵静、林泽梁："后常态科学下的公共政策决策——以转基因水稻审批过程为例"，载《科学学研究》2010年第9期。

[3] 毛新志：《转基因食品的伦理问题与公共政策》，湖北人民出版社2010年版，第358页。

转基因食品研发试验法律制度的一项基本原则，既是转基因食品评价、决策制定的需要，又是转基因食品评价、决策执行的需要，同时还是转基因食品法律规制公平价值目标的必然要求。

二、完善我国转基因食品研发试验法律制度的具体构想

（一）完善转基因生物安全评价制度的具体构想

1. 建立安全评价管理机关组成人员的遴选制度。针对我国转基因生物安全评价管理机关产生机制存在的不足，笔者认为应当建立安全评价管理机关组成人员的遴选制度。具体构想是：①确定转基因生物安全委员会的成员类别，比如分为以下类别：生物科学类；环保科学类；食品卫生科学类；社会学类；伦理学类；法学类；公众代表类等。②确定转基因生物安全委员会的成员总数和每个类别所占份额。③确定转基因生物安全委员会成员的遴选机构；④制定不同类别成员的遴选条件、遴选标准和遴选程序；⑤对遴选出来的人员进行公示，以征求公众意见。笔者认为，遴选制度可使我国转基因生物安全委员会具有以下优点：①更加民主。安全委员会成员面向全国招聘，凡是符合遴选条件的人员均可报名参加，充分体现民主精神。②更加科学。安全委员会成员来自转基因生物安全所涉及的各个方面，既有自然科学的人员，也有社会科学的人员，既有各领域的专家，也有公众代表，在组成上更加科学。③更能体现公众参与。不仅安全委员会成员中有公众代表，而且在遴选出来的人员公示期间，公众都可以参与意见。④更具公信力。由于充分体现了民主精神，公众参与深入，安全委员会的公信力自然会得到提高。另外，还为完善转基因生物安全评价制度的运转机制，提供了积极条件。

2. 建立安全评价检测机构的认可制度。对于我国转基因生物安全评价检测机构的认可机制存在的不足，笔者认为，农业部应当根据我国《认证认可条例》[1]的相关规定，积极与国务院认证认可监督管理部门进行磋商，建立安全评价检测机构的认可制度。具体构想是：①由农业部取得国务院认证认可监督管理部门的授权，组建转基因生物安全评价检测机构的认可机构；②确定安全评价检测机构的认可程序；③确定不同检测项目的认可标准。笔者认为，通过建立安全评价检测机构的认可制度，可以实现对安全评价检测

---

[1] 2003年9月3日国务院令第390号。

机构的有序化管理，增加转基因生物研发者选择检测机构的自由度。

关于安全评价制度运转机制存在的不足，笔者认为，通过对安全评价管理机构和检测机构的完善，完善安全评价制度运转机制就变得比较容易了。只要明确检测结论的效力，制定安全委员会的表决程序和标准，安全委员会即可有效运转。

（二）完善转基因食品研发试验报告制度和报批制度的具体构想

1. 扩大报告制度的适用范围。针对我国转基因食品研发试验报告制度存在的不足，笔者认为，研发单位从事安全等级为Ⅰ和Ⅱ的转基因生物实验研究，应当向主管机关报告，即扩大报告制度的适用范围。也许有人会提出疑问，从事这类转基因生物研发的单位为数众多，如此做法是否可行，笔者认为具有可行性。对于研发者而言，目前的通讯和网络都十分发达，报告不必再千里迢迢亲自到主管机关，只要报告制度设定多元化的报告方式，研发者履行报告义务也并非难事；从主管机关的角度讲，利用先进电脑软件，对较大的信息量进行处理，也绝非难事。扩大报告制度的适用范围至少有两个优点：①可以使主管机关全面掌握转基因生物研发试验的真实情况，在必要情况下能够及时地采取措施，尽可能消除安全隐患；②可以配合信息公开制度，让公众了解到比较全面的信息。

2. 明确转基因生物安全证书的审批标准。鉴于转基因生物安全证书的审批标准，与我国转基因生物商业化生产息息相关，关系到我国转基因食品产业能否健康发展，笔者认为我国应当明确转基因生物安全证书的审批标准。从经济学上讲，政府对转基因生物商业化设定行政许可，是政府对市场经济的一种干预行为，政府若要实现对市场经济的有效干预，而不是损害市场经济，就必须使竞争规则透明化和公开化。规则的透明程度决定着政府干预效率的高低，如果规则透明公开，政府会处于公众的监督之下，政府的经济人性质会得到一定的抑制，而致力于推动经济效益的提高；如果规则不能透明公开，政府有很大的动力去实现对自身租金的追求，资源被分配给低效率的企业，造成资源配置效率低下。可见，明确转基因生物安全证书的审批标准，对我国实现转基因食品产业的健康有序发展，具有积极意义。

3. 建立信息公开制度。为了实现公众参与转基因食品相关决策的权利，笔者认为我国应当建立信息公开制度，向公众披露转基因食品研发试验阶段的有关信息。目前，美国、欧盟和日本等国家或地区，都已经建立了比较完善的转基因生物信息公开制度；从国际规范看，《生物安全议定书》对信息公开有比较明确的要求。可见，建立转基因生物信息公开制度，既是发达国家的通行做法，也是履行国际公约义务的必然要求。建立信息公开制度的具体构想是：农业部收到研发试验者的报告或者报批材料后，应当在合理期间内，在农业部的官方网站上予以公布，公布内容应当包括除涉及商业秘密以外的所有信息；农业部对相关申请做出审批决定后，应当在合理期间内，对已经公布的该项申请的信息进行补充。

（三）完善转基因食品研发试验安全监控制度的具体构想

针对我国转基因食品研发试验安全监控制度存在的不足，笔者认为应当从以下两个方面入手进行完善。

1. 制定安全监督制度的实施细则。对于我国转基因食品研发试验安全监督制度，规定不够具体，缺乏可操作性的问题，笔者认为，很有必要制定安全监督制度的实施细则，确定安全监督的具体措施，提出安全监督的具体要求，明确安全监督的具体责任。安全监督制度配套实施细则后，相关机关进行转基因试验研发试验安全监督，不仅分工明晰、措施具体，而且权责分明、不敢懈怠。在制定安全监督制度的实施细则时，应当注意以下两点：①要实现定期检查与不定期检查相结合。定期检查有利于督促研发试验者进行不间断的自我整顿，不定期检查有利于发现研发试验者因懈怠而造成的安全隐患。②要实现检查与转基因生物的安全关键点相结合。一般情况下，每种转基因生物都有一个发生安全事故的高概率时间段，这个时间段就是安全关键点。比如转基因植物的开花期、转基因动物的发情期等，就是这类转基因生物产生环境污染的安全关键点；再比如转基因生物的收获期，也是一个安全关键点。安全监督检查与转基因生物的安全关键点相结合，有利于提高安全控制的效果，防止重大转基因生物安全事故发生。

2. 充分发挥公众监督的作用。转基因食品研发试验单位不仅数量众多，而且试验地点往往远离城市，因此，仅靠相关机关进行安全监督，难免顾此失彼，甚至挂一漏万，这时就需要充分发挥公众监督的作用。公众监督的优点在于，不受地点和时间的限制，随时随地都可以进行监督，这是监督机关无法企及的。至于公众监督的可行性，只要前文论及的信息公开制度能够得以落实，公众监督就能得以实现，甚至会成为安全监督的主要力量。

第四章 转基因食品生产加工的法律规制

第一节 转基因食品生产加工法律规制的必要性

一、转基因食品生产加工中可能出现的问题

转基因食品生产加工,是指转基因生物进行商业化生产和加工成最终产品的过程。在这个阶段,由于转基因生物大面积种植或者养殖,大规模地释放到自然环境中,可能产生破坏生态环境和破坏生物多样性的问题;由于生产加工会对转基因生物产生影响,可能产生降低转基因食品安全性的问题;在生产加工过程中,可能出现转基因食品与非转基因食品交叉污染的问题;在加工过程中,还可能会出现将只准许用于加工的活性转基因生物,擅自进行种植的问题。

(一)破坏生态环境问题

1. 基因漂流污染传统物种。转基因生物大规模环境释放后,最容易污染同类非转基因品种或者其亲近性物种,因为它们之间不仅杂交成功率非常高,形成基因漂流的途径也非常多。比如通过昆虫、鸟类、风力等媒介使转基因作物花粉四处扩散,漂流新基因可与近缘植物或者可相容的植物杂交构成基因污染;转基因种子在运输、贮存、使用、加工等过程中,遗失或者逃逸进入环境,在其萌芽或者成长过程中会造成基因污染。比如墨西哥是玉米的原产地,拥有丰富的种质资源,但由于引进美国的转基因玉米,已经对该国玉

米原生种质的遗传多样性造成很大破坏。对我国而言，这种转基因生物污染亲近性物种的情况，可能会更加严重，因为，我国农村地区为了分包土地公平，大都先按照肥沃程度将土地分成等级，然后每个等级的土地再按照人口分成若干小块，最后形成的是犬牙交错的地块机构，形成基因漂流污染亲近性物种相当容易。

2. 破坏农田生态系统。农作物是农田生态系统的主要生产者，为系统中各级消费生物或者分解生物提供物质和能量，是农田各类生物群落形成和发展的基础。抗病转基因作物的外源基因与田间的病原菌长期、广泛接触并相互作用后，有可能产生新的病菌，拓宽原有病菌传播媒介和寄主范围，加强原有病菌的侵染能力和致病性，或使原非病菌微生物恶化为作物病原菌，从而加重作物病害的发生。有研究表明，转基因植物可能会对土壤中的微生物、昆虫、软体动物等产生负面效应，进而对土壤环境的生态平衡产生长远的影响。如带有几丁质酶的抗真菌的转基因植物，在其遗传分解时几丁质酶可以消化掉带有几丁质的菌根的细胞壁，使其个体死亡，从而减少土壤中菌根的种群，造成土壤凋落物不能被分解，阻断营养流，影响土壤肥力，导致农田生态系统功能阻滞。[1]

3. 造成作物杂草化。抗除草剂转基因作物大量种植后，其本身或者其抗除草剂基因与某些杂草基因进行组合后，就可能产生高抗除草剂的转基因超级杂草。目前，全球转基因农作物种植总量的75%是抗除草剂转基因作物，这是推行工业化种植的结果，却为现代植物杂草化、甚至形成超级杂草创造了条件。如果转基因作物本身是具有很强杂草特性的作物如大麦、水稻、小麦、油菜等，则可能会因为其具有比原亲本植物更强的生存能力而有更多的机会变为杂草。如果转基因作物本身不具有杂草化特征，其有可能通过花粉传播等途径，将新基因转移到野生亲缘种或者杂草上，造成基因漂流，形成难以控制的超级杂草，对生态环境造成不可估量的损失。

4. 破坏生物多样性。转基因生物通常具有普通物种所不具备的优势特征，大面积种植或者养殖后，会改变物种间原来的竞争关系，破坏原有的自然生态平衡，导致物种灭绝或者生物多样性丧失。转基因动物的抗病性加强实际上为病原体提供了更强的选择压力，这就造成了病原体有可能在这强大的选

---

[1] 赖家业、刘凯等："转基因植物的生态安全性"，载《广西科学》2005年第2期。

择压力下进一步进化,病原体的进化不仅对转基因动物同时也对非转基因动物群体带来极大的威胁。而且转基因动物往往具有更强的生存能力,其抵御天敌和获取食物的能力可能远远强于非转基因动物,一旦转基因动物释放到环境中,在自然选择的基础上会将非转基因动物淘汰。比如转基因鱼,它具有生长快速、形体较大、繁殖率高等竞争优势,将其释放到环境中后,就很可能会导致同类其他鱼种群的灭绝。转基因生物对非目标生物也可能有无法预知的影响。释放到环境中的抗虫和抗病类转基因生物,除对害虫和病菌致毒外,对环境中的许多有益生物也将产生直接或者间接的不利影响,甚至会导致一些有益生物死亡。比如在种植转 Bt 基因棉花的农田中,由于 Bt 毒蛋白对棉铃虫的杀灭作用,导致棉铃虫的寄生性天敌的数量明显减少,使得农田生态系统中的生物群落发生变化。[1]

(二)降低转基因食品安全性问题

转基因生物经过生产加工后,制成的转基因食品是否与其同样安全,这是值得探讨的问题。转基因生物经过安全性评价,取得相关安全证明文件,说明其本身达到国家要求的安全水平,但是,在生产加工过程中,却有可能导致其产品安全性降低。在种植或者养殖过程中,转基因生物基因组可能发生变异,导致性状发生改变并产生有害的非目标产物,比如产生新毒素、致敏原等。在加工过程中,可能导致有害成分富集,增加食品毒性,降低食品的稳定性等问题。比如,高温或者碱性环境下转基因生物核酸可融解为单链;酸性条件下可使 DNA 脱嘌呤,导致基因链断裂;紫外线可通过形成环丁烷环而诱导两个相邻的嘧啶碱基形成嘧啶二聚体等,这些变化对食品安全性可能产生负面影响。[2]

(三)转基因食品与非转基因食品交叉污染问题

在转基因食品生产加工过程中,由于转基因食品(原料)与非转基因食品(原料)在物理外观上没有区别,可能发生交叉污染的环节非常多。比如,农场主将自己种植的转基因作物收获物与非转基因作物收获物,混杂在一起

---

[1] 何余堂、解玉梅、吕艳芳:"转基因食品安全与环境分析",载《食品科学》2007年第8期。

[2] Jonas DA, Elmadfa I, "Safety considerations of DNA in food", *Annals of Nutrition and Metabolism*, 6 (2001), pp. 235~254.

进行晾晒、烘干和贮存;运输过程中,承运人将转基因作物与非转基因作物进行混装运输;在加工过程中,加工者将转基因食品原料和非转基因食品原料进行混合贮存,混合后进行加工等。这些转基因食品与非转基因食品交叉污染的情况,当事人既可能是有意为之,也可能是无意造成,但无论是何种情况,一旦发生交叉污染,后果都非常严重。在前文提到的美国星联玉米事件中,尽管星联玉米在美国的种植面积,仅占当年美国玉米总种植面积的不到1%,但由于在加工和存储阶段与其他玉米种类混合,导致当年美国收获的玉米中约有10%被星联玉米污染,最终星联公司为回收星联玉米和赔偿损失花费了1亿多美元,美国农业部为防止玉米市场崩溃,采取回收混合玉米措施花费了2000万美元。[1]

(四)擅自改变转基因生物用途问题

随着转基因食品国际贸易的日益频繁,只进口转基因生物用于加工食品或者用作动物饲料的国家越来越多,但是这些国家并不一定允许这些转基因生物在国内种植,比如我国每年从国外进口大量大豆用于加工食用油,却没有批准在国内种植转基因大豆。于此情形下,可能出现将只准许用于加工的活性转基因生物,擅自进行种植的情况,后果可能是造成环境污染或者原生品种遗传资源的破坏。以我国为例,转基因大豆加工企业中有很多农民工,他们如果喜欢进口大豆,私自拿一些回家去种,并非没有可能。在国外还出现过实例,墨西哥是玉米的起源地和品种多样性集中地,出于保护玉米遗传资源等因素的考虑,墨西哥政府禁止种植转基因玉米;但由于北美自由贸易协定等因素,墨西哥每年从美国进口大量转基因玉米用于加工食品,后来发现该国的野生玉米受到了转基因玉米的污染。

二、转基因食品生产加工法律规制的必要性

(一)保障生态环境安全的需要

生态环境安全主要是指实现人类生存和发展所处生态环境不受破坏或者威胁,保持土地、水源、动植物资源等自然资本的保值、增值和永续利用,避免因自然资源衰竭、环境污染等因素给社会生活和生产造成短期灾害和长

---

[1] D. L. Uchtmann, "StarLinkTM——A Case Study of Agricultural Biotechnology Regulation", *DRAKE J. AGRIC. L.*, 7 (2002), pp. 159~178.

期不利影响,甚至危及人类的生存和发展的状态。目前,全球性的生态灾难和环境危机正在严重威胁着人类的生存、发展和安全,一系列严重的生态和环境问题发出警示,人类社会生存的支持系统正在退化,人类社会赖以发展的环境基础正在动摇。于此背景下,世界各国都认识到生态环境安全是国家安全的基础之一,从而对生态环境安全问题十分重视。如前所述,在转基因食品生产加工过程中,由于转基因生物的大规模环境释放,给生态环境安全和生物多样性造成潜在威胁,特别是对于农业生产组织化程度低的国家而言,威胁会更加严重。而且,转基因食品生产加工对生态环境安全的威胁,与自然灾害如地震、海啸等对生态环境安全的威胁有明显不同,前者是由于人为的决策造成,通过合理的制度可以有效控制,而后者却非人力所能控制;前者对生态环境的破坏区域、破坏程度可能比后者更加严重。因此,转基因食品生产加工对生态环境安全的威胁,亟须法律制度予以规范。而由于生态环境安全具有的典型公共产品属性,实非通过市场调节所能济事,必须由国家公共权力介入,通过对转基因食品生产加工的法律规制,才能有效地保障生态环境安全。

(二) 确保上市转基因食品安全性的需要

转基因食品是否会损害人体健康,是人们最为关注的焦点问题,然而目前的科学水平尚不能给出明确答案,各方争议很大,因此应充分重视转基因食品各个阶段对其食用安全性的影响。影响食品食用安全性的因素,可分为外源性因素和内源性因素两个方面,前者是指在食品生产、加工、流通过程中,通过环境、设备、原料、辅料、包装等引入的对人类健康具有毒害作用的污染物质,如农药、化学物质、微生物、寄生虫等;后者是指在食物生物体自身产生的对人类健康具有毒害作用的生物活性物质,如毒性成分、致突变成分、致敏成分、抗营养因子等。[1]对转基因食品食用安全性而言,外源因素的影响与传统食品并无差异,内源性因素的影响与传统食品却截然不同。影响传统食品食用安全的内源性因素,是长期的生物演化过程中形成的,而影响转基因食品的内源性因素是人类通过转基因技术造成的;影响传统食品食用安全的内源性因素,是在自然界中形成的,不存在因环境、规模、加工

---

[1] 邓平建:《转基因食品食用安全性和营养质量评价及验证》,人民卫生出版社2003年版,第37~38页。

工艺等改变而引起变化的问题，而影响转基因食品的内源性因素，是在实验室中造成的，从实验室到大规模田间种植，再到加工成食品，每一个环节都可能使内源性因素发生变化，进而影响到食用安全。

从转基因食品研发到上市流通的整个过程看，转基因食品生产加工阶段是确保其食用安全性的重要节点。一方面，转基因食品生产加工阶段完成了从原料生产到成品加工的全过程，其间可能产生降低转基因食品食用安全性的问题。在种植过程中，转基因生物基因组可能发生变异，导致性状发生改变并产生有害的非目标产物，比如产生新毒素、致敏原等；在加工过程中，可能导致有害成分富集，增加食品毒性，降低食品的稳定性等问题。而且，在转基因食品生产加工过程中，还可能出现转基因食品与非转基因食品的交叉污染问题。另一方面，转基因食品生产加工阶段是其上市流通前，影响食品安全内源性因素的最后一个环节，也是确保上市转基因食品安全的最后一道关口。因此，通过法律手段对转基因食品生产加工主体进行管理，对拟上市的转基因食品进行安全性评价，至关重要，必不可少。通过建立切合实际的规制转基因食品生产加工主体的法律制度和科学的转基因食品安全评价制度，把好转基因食品上市前最后一道关，可以有效地保障上市流通转基因产品的安全性。

（三）维护转基因食品产业健康发展的需要

对于一个国家而言，转基因食品产业的发展状况，会产生两个方面的影响，一是影响基因经济发展，转基因食品产业作为基因经济的重要组成部分，其发展状况的好坏会直接影响到基因经济的发展，是不言自明的；二是影响生态环境安全，如果转基因食品产业无序发展，就会加大转基因食品生产过程中对生态环境影响的力度，甚至造成重大生态环境污染事件。因此，转基因食品产业健康发展的议题，为各国所重视。在市场经济条件下，转基因食品的生产者为了自己利益的最大化，不会过多在意转基因生物对生态环境的安全隐患，哪个转基因生物品种最有利可图，就会种植个品种；在哪里种植转基因生物获取的利益最大，就会选择在那里种植。如此一来，会形成品种繁多的转基因生物在不同地区同时种植的局面，这种局面极大地增加了转基因作物对生态环境破坏的风险，一旦风险转变为危害，后果不堪设想；转基因食品的加工者为了自己利益的最大化，会不顾自己加工工艺水平的高低，不顾自己控制风险能力的高低，积极开展转基因食品加工业务，如此不仅会增加转基因食品食用安全的风险，还会扰乱整个转基因食品加工业的市场环境。上述情况，都会导致转基因食品产业的混乱，若单靠市场的调节，很难取得效果，因此需要国家公共权力介入，通过对转基因食品生产加工的法律规制，维护转基因食品产业的健康发展。

第二节　我国转基因食品生产加工法律规制现状考察

一、我国转基因食品生产加工法律规制的现状

对于转基因食品生产加工中可能产生的问题，我国制定了一系列法律法规，并通过与原有法律配套使用，建立了一套转基因食品生产加工规制的具体法律制度。

（一）转基因食品生产加工规制的立法现状

1. 主要法律。

（1）《种子法》[1]。该法是我国规范农作物品种选育和种子生产、经营、使用行为的基本法律，对转基因食品生产的规范具有重要意义，因为，通过对转基因作物种子生产和经营的调整，可以决定转基因生物环境释放的区域及释放量的大小。该法与转基因食品生产加工法律规制相关的条款主要有：第20条规定"主要农作物的商品种子生产实行许可制度"；第26条规定"种子经营实行许可制度。种子经营者必须先取得种子经营许可证后，方可凭种子经营许可证向工商行政管理机关申请办理或者变更营业执照"。

（2）《畜牧法》[2]。该法对转基因食品生产的规制功能与《种子法》类似。该法与转基因食品生产加工法律规制相关的条款主要有：第20条规定"转基因畜禽品种的培育、试验、审定和推广，应当符合国家有关农业转基因生物管理的规定"；第22条规定"从事种畜禽生产经营或者生产商品代仔畜、雏禽的单位、个人，应当取得种畜禽生产经营许可证"。

（3）《食品安全法》[3]。该法是为保证包括转基因食品在内的所有食品

---

[1] 2013年6月29日主席令第5号。
[2] 2005年12月29日主席令第45号。
[3] 2009年2月28日主席令第9号。

能达到卫生要求，防止食品污染和有害因素对人体的危害而制定，是食品安全方面的重要法律。该法与转基因食品生产加工法律规制相关的条款主要有：第6条规定"食品应当无毒、无害，符合应当有的营养要求，具有相应的色、香、味等感官性状"；第18条规定"食品生产经营企业应当健全本单位的食品卫生管理制度，配备专职或者兼职食品卫生管理人员，加强对所生产经营食品的检验工作"；第20条规定"利用新资源生产的食品、食品添加剂的新品种，生产经营企业在投入生产前，必须提出该产品卫生评价和营养评价所需的资料"；第27条规定"食品生产经营企业和食品摊贩，必须先取得卫生行政部门发放的卫生许可证方可向工商行政管理部门申请登记。未取得卫生许可证的，不得从事食品生产经营活动"。

2. 主要行政法规或规章。

（1）国务院制定的行政法规。国务院制定的与转基因食品生产加工法律规制相关的行政法规主要有两部：一是，《农业转基因生物安全管理条例》，这部条例是我国规范农业转基因生物安全的行政法规，部分条款对转基因食品生产加工的规制亦可适用。二是，《种畜禽管理条例》[1]，该条例对种畜禽生产经营管理的有关规定，同样适用于转基因种畜禽。

（2）农业部制定的行政规章。农业部制定的与转基因食品生产加工法律规制相关的行政规章主要有：①《农作物种子生产经营许可管理办法》[2]，该办法对农作物种子生产、经营许可证的审核、审批和管理行为进行了具体规定，是对我国《种子法》有关内容的进一步细化。②《水产苗种管理办法》[3]，该办法对水产种苗生产管理的有关规定，同样适用于转基因水产种苗。③《农业转基因生物安全评价办法》，该办法规定了农业转基因生物产品的安全评价要求。④《农业转基因生物加工审批办法》，该办法对转基因生物加工的行政许可进行了具体规定。

（3）国家卫生和计划生育委员会制定的行政规章。国家卫生和计划生育委员会制定的与转基因食品生产加工法律规制相关的行政规章主要有：

---

[1] 1994年4月15日国务院令第153号。

[2] 2011年8月22日农业部令第3号。

[3] 2005年1月5日农业部令第46号。

①《新食品原料安全性审查管理办法》[1]，该办法所指的新食品原料包括"原有结构发生改变的食品成分"，转基因食品原料就符合这条要求。该办法对新食品原料的申请、安全性审查、卫生行政许可等事项进行了规定。②《新食品原料申报与受理规定》[2]，该规定对新食品原料的卫生许可的程序与条件提出具体要求。③《新食品原料安全性审查规程》[3]，该规程对新食品原料的安全性评估材料审查提出具体办法。

（二）转基因食品生产加工规制的法律制度

我国通过上述法律法规，建立了转基因食品原料生产的行政许可制度、转基因食品原料安全评价制度、转基因食品原料卫生行政许可制度、转基因食品加工的行政许可制度和转基因食品安全评价制度。其中，转基因食品原料生产的行政许可制度，对控制转基因食品生产中的生态环境安全威胁，提出了较为有效的应对措施；其他具体法律制度，对解决生产加工中涉及的转基因食品安全性等问题，具有一定功能。

1. 转基因食品原料生产的行政许可制度。转基因食品原料生产是指转基因作物的种植、转基因动物的养殖等生产转基因食品原料的过程。我国对转基因食品原料生产的法律规制，是通过对转基因作物种子、转基因种畜禽和转基因水产种苗的生产经营实行许可证制度，对转基因作物的种植、转基因动物的养殖实行审批制度，来实现对转基因食品原料生产的宏观控制。通过对转基因作物种子、转基因种畜禽和转基因水产种苗的生产实行许可证制度，可以参考需要保护的国家重点原种品种，确定种子、种畜禽和水产种苗的生产品种、生产量，从而有效控制转基因生物的生产规模；通过对转基因作物种子、转基因种畜禽和转基因水产种苗的经营实行许可证制度，可以参考不同地区生物品种状况等因素，确定种子、种畜禽和水产种苗的经营范围，从而确定转基因生物生产区域和范围；通过对转基因作物的种植、转基因动物的养殖实行审批制度，有利于更为准确地把握转基因生物生产规模、区域。这三项制度对转基因食品生产中对生态环境安全潜在威胁的控制，具有重要意义。

---

[1] 2013 年 5 月 31 日国家卫生和计划生育委员会令第 1 号。
[2] 国卫食品发 [2013] 23 号。
[3] 国卫食品发 [2013] 23 号。

（1）转基因作物种子生产经营许可证制度。

第一，转基因作物种子的生产许可证制度。我国对转基因作物种子生产许可证的申请和审批，提出了比一般作物种子更高的要求。①审批机关。根据我国《种子法》和《农作物种子生产经营许可证管理办法》的规定，主要农作物[1]商品种子生产实行许可证制度。主要农作物杂交种子及其亲本种子、常规种原种种子的生产许可证，由生产所在地县级人民政府农业行政主管部门审核，省、自治区、直辖市人民政府农业行政主管部门核发；其他种子的生产许可证，由生产所在地县级以上地方人民政府农业行政主管部门核发。而根据我国《农业转基因生物安全管理条例》的规定，转基因作物种子无论是否属于主要农作物，都实行生产许可证制度；而且，无论该转基因作物种子是否属于主要农作物杂交种子及其亲本种子、常规种原种种子，生产许可证均由国务院农业行政主管部门颁发。②审批要求。根据我国《种子法》和《农作物种子生产经营许可证管理办法》的规定，申请领取种子生产许可证的单位和个人，应当具备下列条件：具有繁殖种子的隔离和培育条件；具有无检疫性病虫害的种子生产地点；具有与种子生产相适应的资金和生产、检验设施，有必要的种子晒场或者烘干设备，有必要的仓储设施；具有相应的专业种子生产和检验技术人员。商品种子生产者应当建立种子生产档案，载明生产地点、生产地块环境、前茬作物、亲本种子来源和质量、技术负责人、田间检验记录、产地气象记录、种子流向等内容。而根据我国《农业转基因生物安全管理条例》的规定，生产单位和个人申请转基因作物种子生产许可证，除应当符合上述条件外，还应当符合下列条件：取得农业转基因生物安全证书并通过品种审定；在指定的区域进行种植；有相应的安全管理、防范措施；建立生产档案，载明生产地点、基因及其来源、转基因的方法以及种子流向等内容。转基因作物种子的生产许可证应当注明生产种子的品种、地点和有效期限等项目，其中有效期限一般为3年。

第二，转基因作物种子的经营许可证制度。我国对转基因作物种子经营许可证的申请和审批，也提出了比一般作物种子更高的要求。①审批机关。

---

[1] 根据我国《主要农作物品种审定办法》（2001年2月26日农业部令第44号）的规定，主要农作物是指稻、小麦、玉米、棉花、大豆以及国务院农业行政主管部门和省、自治区、直辖市人民政府农业行政主管部门各自分别确定的其他1种~2种农作物。

根据我国《种子法》和《农作物种子生产经营许可证管理办法》的规定，种子经营实行许可证制度。种子经营许可证实行分级审批发放制度，一般种子许可证由种子经营者所在地县级以上地方人民政府农业行政主管部门核发；主要农作物杂交种子及其亲本种子、常规种原种种子的经营许可证，由种子经营者所在地县级人民政府农业行政主管部门审核，省、自治区、直辖市人民政府农业行政主管部门核发；实行选育、生产、经营相结合并达到国务院农业行政主管部门规定的注册资本金额的种子公司的种子经营许可证，由省、自治区、直辖市人民政府农业行政主管部门审核，国务院农业行政主管部门核发。而根据我国《农业转基因生物安全管理条例》的规定，转基因作物种子无论属于一般作物品种的种子，还是属于主要农作物杂交种子及其亲本种子、常规种原种种子，也无论是实行选育、生产、经营相结合，还是仅仅经营，经营许可证均由国务院农业行政主管部门颁发。②审批要求。申请领取种子经营许可证的单位和个人，应当具备下列基本条件：具有与经营种子种类和数量相适应的资金及独立承担民事责任的能力；具有能够正确识别所经营的种子、检验种子质量、掌握种子贮藏、保管技术的人员；具有与经营种子的种类、数量相适应的营业场所及加工、包装、贮藏保管设施和检验种子质量的仪器设备。根据种子经营许可证的分级情况，对不同级别的经营许可证，在注册资本、检验室、检验仪器、检验人员资格和人数等方面，有不同的要求。而申请领取转基因作物种子经营许可证的单位和个人，还应当符合下列条件：有专门的管理人员，并建立经营档案，载明转基因作物种子的来源、贮存、运输和销售去向等内容；有相应的安全管理、防范措施。转基因作物种子经营许可证，有效期均为3年。

（2）转基因种畜禽生产经营的许可证制度。根据我国《畜牧法》的规定，种畜禽的生产许可证和经营许可证是一个证书，称为生产经营许可证；而根据我国《农业转基因生物安全管理条例》的规定，转基因种畜禽的生产许可证和经营许可证，实行分开管理。①审批机关。根据我国《种畜禽管理条例》的规定，生产经营种畜禽的单位和个人，应当向县级以上人民政府畜牧行政主管部门申领种畜禽生产经营许可证。而根据我国《农业转基因生物安全管理条例》的规定，转基因种畜禽的生产许可证和经营许可证，均由国务院农业行政主管部门颁发。②审批要求。根据我国《种畜禽管理条例》的规定，生产经营种畜禽的单位和个人，必须符合下列条件：符合良种繁育体系规划的布局要求；所用种畜禽合格、优良，来源符合技术要求，并达到一定数量；有相应的畜牧兽医技术人员；有相应的防疫设施；有相应的育种资料和记录。而根据我国《农业转基因生物安全管理条例》的规定，生产种畜禽的单位和个人申请转基因种畜禽生产许可证，还应当符合下列条件：取得农业转基因生物安全证书并通过品种审定；在指定的区域进行养殖；有相应的安全管理、防范措施；建立生产档案，载明生产地点、基因及其来源、转基因的方法以及种畜禽流向等内容。经营种畜禽的单位和个人申请转基因种畜禽经营许可证，还应当符合下列条件：有专门的管理人员，并建立经营档案，载明种畜禽的来源、贮存、运输和销售去向等内容；有相应的安全管理、防范措施。转基因种畜禽的生产许可证和经营许可证，有效期均为 3 年。

（3）转基因水产苗种的生产许可证制度。根据我国《水产苗种管理办法》的规定，我国仅对水产种苗实行生产许可证制度。主要原因是水产苗种由于其运输、贮存等特殊性，一般情况下，其生产者同时也是经营者。而根据我国《农业转基因生物安全管理条例》的规定，既实行转基因水产种苗生产许可证制度，也实行经营许可证制度。①审批机关。单位和个人从事一般水产苗种生产，应当经县级以上地方人民政府渔业行政主管部门批准，取得水产苗种生产许可证。省级人民政府渔业行政主管部门负责水产原、良种场的水产苗种生产许可证的核发工作；其他水产苗种生产许可证发放权限由省级人民政府渔业行政主管部门规定。而转基因水产种苗的生产许可证和经营许可证，均由国务院农业行政主管部门颁发。②审批要求。从事一般水产苗种生产的单位和个人应当具备下列条件：有固定的生产场地、水源充足、水质符合渔业用水标准；用于繁殖的亲本来源于原、良种场、质量符合种质标准；生产条件和设施符合水产苗种生产技术操作规程的要求；有与水产苗种生产和质量检验相适应的专业技术人员。而申请转基因水产种苗生产许可证，还应当符合下列条件：取得农业转基因生物安全证书并通过品种审定；在指定的区域进行养殖；有相应的安全管理、防范措施；建立生产档案，载明生产地点、基因及其来源、转基因的方法以及水产种苗流向等内容。经营水产种苗的单位和个人申请转基因水产种苗经营许可证，还应当符合下列条件：有专门的管理人员，并建立经营档案，载明水产种苗的来源、贮存、运输和销售去向等内容；有相应的安全管理、防范措施。转基因水产种苗的生产许可证和经营许可证，有效期均为 3 年。

(4)转基因作物种植、转基因动物养殖的报批制度。我国法律设立有转基因作物种植、转基因动物养殖的报批制度,期望通过该项制度的实施,更为准确地把握转基因生物生产规模、区域,以便能有效应对转基因生物大规模环境释放可能带来的风险。根据我国《农业转基因生物安全管理条例》的规定,单位和个人从事农业转基因生物生产,应当由国务院农业行政主管部门或者省、自治区、直辖市人民政府农业行政主管部门批准。鉴于我国农民人数众多,要求所有农民亲自履行上述报批手续,实在不具有可行性,于是规定"农民养殖、种植转基因动植物,由种子、种畜禽、水产苗种销售单位代办审批手续。审批部门和代办单位不得向农民收取审批、代办费用"。从事农业转基因生物生产的单位和个人,必须按照批准的品种、范围、安全管理要求和相应的技术标准组织生产,并定期向所在地县级人民政府农业行政主管部门提供生产、安全管理情况和产品流向的报告。整体而言,我国法律设立的转基因作物种植、转基因动物养殖的报批制度,过于笼统,实际执行起来非常困难,虽然条例要求国务院农业行政主管部门制定具体实施办法,但是,截至目前,具体实施办法尚未出台。

2. 转基因食品原料的安全性审查制度。我国转基因食品原料的安全性审查制度,由国家卫生和计划生育委员会颁布的《新食品原料安全性审查管理办法》所确立。该办法第2条规定新食品原料包括"原有结构发生改变的食品成分"的物品,转基因食品原料即是因为采用转基因技术,导致转基因生物的原有成分和结构发生了改变,因此属于新食品原料之一种;第4条规定"新食品原料应当经过国家卫生计生委安全性审查后,方可用于食品生产经营"。为此,卫生部还专门颁布了《新食品原料申报与受理规定》和《新食品原料安全性审查规程》,来具体指导新食品原料的安全性审查工作。国家卫生计生委负责新食品原料安全性评估材料的审查工作。国家卫生计生委所属卫生监督中心承担新食品原料安全性评估材料的申报受理、组织开展安全性评估材料的审查等具体工作。必须指出的是,转基因生物获得安全证书、经过种质认定后,即可投入生产,但农业部对转基因生物生产的收获物,并没有要求进行安全性评价。因此,转基因食品原料的安全性审查制度,是检验转基因生物生产中,是否会发生基因变异等降低转基因食品安全性情况的唯一制度。转基因食品原料安全性审查包括:专家评审、现场核查、审查与审批。

（1）专家评审。卫生监督中心受理转基因食品原料安全性评估材料后，应当于 60 日内组织专家评审委员会会议（以下简称评审会议）进行评审。评审会议原则上每两个月召开 1 次。卫生监督中心根据受理产品特点和安全性审查工作的需要，从专家库中随机抽选专家组成专家评审委员会。评审委员会至少由 9 名专家组成，一般应当包括食品、营养、医学、药学等专业的专家。同一专家连续参加评审会议不得超过三次。有特殊专业需求时，经国家卫生计生委相关主管司局同意，可邀请专家库以外的专家参加。每次评审会议召开前，专家评审委员会自行选举产生主任委员 1 名、副主任委员 1 至 2 名、秘书 1 至 2 名。主任委员负责主持评审会议、审定会议纪要及评审报告，副主任委员协助主任委员工作，秘书负责记录和整理评审意见。专家评审委员会根据国家有关法律、法规要求，结合《新食品原料申报与受理规定》对申请材料进行评审，提出技术评审意见，并对技术评审意见负责。参与评审的专家与评审的产品存在利害关系时应当主动提出回避。专家对申请材料中涉及的商业机密应当予以保密。

专家评审委员会应当对下列内容进行重点评审：①研发报告应当完整、规范，目的明确，依据充分，过程科学；②生产工艺应当安全合理，加工过程中所用原料、添加剂及加工助剂应当符合我国食品安全标准和有关规定；③执行的相关标准（包括安全要求、质量规格、检验方法等）应当符合我国食品安全标准和有关规定；④各成分含量应当在预期摄入水平下对健康不产生影响；⑤卫生学检验指标应当符合我国食品安全标准和有关规定；⑥毒理学评价报告应当符合《食品安全性毒理学评价程序和方法》（GB15193）规定；⑦安全性评估意见的内容、格式及结论应当符合《食品安全风险评估管理规定》的有关规定；⑧标签及说明书应当符合我国食品安全国家标准和有关规定。

（2）现场核查。转基因食品原料技术评审过程中，评审委员会认为需要进行现场核查的，应当向卫生监督中心提出并指定现场核查的重点内容。卫生监督中心根据核查产品的特点，从专家库中随机抽选 3 名以上专家，组成现场核查专家组承担现场核查任务，同时应派相关人员负责现场核查的组织和监督工作。卫生监督中心应当在现场核查前将核查的时间、地点及内容，书面告知申请人及其所在的省级卫生监督机构。省级卫生监督机构应当派 1～2 名专家参与现场核查工作。现场核查专家组应当查看生产现场、核准研制及生产记录，针对专家评审委员会指定的重点内容进行核查。必要时，可根据现场情况增加核查内容。现场核查专家组根据现场核查情况，提出核查意见并对核查意见负责。参加现场核查的专家不参与所核查产品后续的安全性评审工作，但根据需要可向专家评审委员会介绍核查有关情况。

（3）审查与批准。专家评审委员会通过评审对转基因食品原料做出技术评审结论。技术评审结论分为4类：延期再审、建议不批准、终止审查和建议批准。①延期再审。有下列情况之一的，专家评审委员会做出"延期再审"的技术评审结论：第一，需修改、补充材料的；第二，需要进行现场核查的；第三，需要进行验证性试验的；第四，需要进一步科学论证的；第五，其他延期再审的情况。卫生监督中心对技术评审结论为"延期再审"的，向转基因食品原料申请人出具"行政许可技术评审延期通知书"。对需要补充检验或对检验结果需要验证的，应当将检验项目、检验批次、检验方法等要求告知申请人。验证试验应当在取得资质认定的食品检验机构进行。对尚无食品安全国家标准检验方法的，应当首先对检验方法进行验证。②建议不批准。有下列情况之一的，专家评审委员会做出"建议不批准"的技术评审结论：第一，不具有食品原料特性的；第二，不符合应当有的营养要求的；第三，安全性不能保证的；第四，申报材料或样品不真实的；第五，其他不符合我国有关法律、法规规定的。卫生监督中心对技术评审结论为"建议不批准"的，向转基因食品原料申请人出具"行政许可技术评审意见告知书"。申请人对专家评审委员会"建议不批准"的技术评审结论有异议的，可在30日内提出复核申请。卫生监督中心应当及时组织专家评审委员会对复核申请进行复核。经复核后维持原"建议不批准"的以及逾期未提出复核申请的，卫生监督中心报国家卫生计生委核准后做出不予许可的决定，向申请人出具"不予行政许可决定书"，并告知不予许可的理由。③终止审查。有下列情况之一的，专家评审委员会做出"终止审查"的技术评审结论：第一，经审核为普通食品或与普通食品具有实质等同的；第二，与已公告的新食品原料具有实质等同的；第三，其他终止审查的情况。对技术评审结论为"终止审查"的，卫生监督中心报国家卫生计生委核准后做出终止审查的决定，向申请人出具"行政许可终止审查通知书"，并告知终止审查的理由。④建议批准。专家评审委员会对符合食品安全要求的转基因食品原料申请，做出"建议批准"的技术评审结论。对技术评审结论为"建议批准"的，卫生监督中心报国家卫生计生委核准后,由国家卫生计生委向社会公开征求意见,征求意见时间为30日。卫生监督中心应当及时组织专家对征集的意见进行研究,并将研究意见和审查建议报送国家卫生计生委。国家卫生计生委对卫生监督中心报送的审查建议进行行政审批,准予许可的向社会公告。卫生监督中心向申请人出具"行政许可审查结论通知书"。

3. 转基因食品原料卫生行政许可制度。我国《新食品原料安全性审查管理办法》第4条规定"新食品原料应当经过国家卫生计生委安全性审查后,方可用于食品生产经营"。第14条规定"新食品原料安全性评估材料审查和许可的具体程序按照《行政许可法》、《卫生行政许可管理办法》等有关法律法规规定执行"。第15条规定"国家卫生计生委根据新食品原料的安全性审查结论,对符合食品安全要求的,准予许可并予以公告;对不符合食品安全要求的,不予许可并书面说明理由"。根据《新食品原料安全性审查管理办法》、《新食品原料申报与受理规定》和《新食品原料安全性审查规程》的规定,转基因食品原料卫生行政许可分为申报、审核与受理、决定三个阶段。

(1) 申报。生产经营、使用或进口转基因食品原料的单位或者个人申请卫生行政许可,应当提出申请并提交材料。申请人应当提交申请材料原件1份,复印件4份。申请材料应当包括以下内容,并按照下列顺序排列成册,逐页标明页码,各项间应当有区分标志:①申请表;②转基因食品原料研制报告;③安全性评估报告;④生产工艺;⑤执行的相关标准(包括安全要求、质量规格、检验方法等);⑥标签及说明书;⑦国内外研究利用情况和相关安全性评估资料;⑧申报委托书(委托代理申报时提供);⑨有助于评审的其他资料。另附未启封的产品样品1件或者原料30克。申请进口转基因食品原料的申请人,除提交上述材料外,还应当提交以下材料:①出口国(地区)相关部门或者机构出具的允许该产品在本国(地区)生产或者销售的证明材料;②生产企业所在国(地区)有关机构或者组织出具的对生产企业审查或者认证的证明材料。申请材料中除检验报告及官方证明文件外,原件应当逐页加盖申请单位公章或骑缝章;如为个人申请,申请材料应当逐页加盖申请人名章或签字,并提供申请人身份证复印件。

(2) 审核与受理。国家卫生计生委受理转基因食品原料申请后,向社会公开征求意见。国家卫生计生委自受理转基因食品原料申请之日起60日内,应当组织专家对转基因食品原料安全性评估材料进行审查,做出审查结论。

审查过程中需要补充资料的，应当及时书面告知申请人，申请人应当按照要求及时补充有关资料。根据审查工作需要，可以要求申请人现场解答有关技术问题，申请人应当予以配合。审查过程中需要对生产工艺进行现场核查的，可以组织专家对转基因食品原料研制及生产现场进行核查，并出具现场核查意见，专家对出具的现场核查意见承担责任。转基因食品原料安全性审查的具体内容，前面已作详细讨论，此不赘述。

（3）决定。国家卫生和计划生育委员会对转基因食品原料安全性评估材料审查和许可的具体程序按照《行政许可法》、《卫生行政许可管理办法》等有关法律法规规定执行。国家卫生和计划生育委员会根据转基因食品原料的安全性审查结论，对符合食品安全要求的，准予许可并予以公告；对不符合食品安全要求的，不予许可并书面说明理由。对与食品或者已公告的转基因食品原料具有实质等同性的，应当做出终止审查的决定，并书面告知申请人。根据转基因食品原料的不同特点，公告可以包括以下内容：①名称；②来源；③生产工艺；④主要成分；⑤质量规格要求；⑥标签标识要求；⑦其他需要公告的内容。

国家卫生和计划生育委员会对有下列情形之一的转基因食品原料行政许可，应当及时进行重新审查：①随着科学技术的发展，对转基因食品原料的安全性产生怀疑的；②有证据表明转基因食品原料的安全性可能存在问题的；③其他需要重新审查的情形。对重新审查不符合食品安全要求的转基因食品原料，国家卫生计生委可以撤销许可。

必须特别强调，转基因食品原料卫生行政许可遵循的并非"个案审查原则"，而是"实质等同原则"。一种转基因食品原料申请卫生行政许可获得批准并公告后，不仅公告公布此种转基因食品原料，无须再行申报行政许可，而且与此种转基因食品原料具有"实质等同性"的其他转基因食品原料，也无须再行申报行政许可。

4. 转基因食品加工的行政许可制度。我国转基因食品加工的行政许可制度，体现于国务院颁布的《农业转基因生物安全管理条例》和农业部颁布的《农业转基因生物加工审批办法》。《农业转基因生物安全管理条例》第21条规定，单位和个人从事农业转基因生物加工，应当由国务院农业行政主管部门或者省、自治区、直辖市人民政府农业行政主管部门批准；《农业转基因生物加工审批办法》对农业转基因生物加工审批条件、程序等做出具体规定。

由于农业转基因生物加工品绝大多数属于转基因食品，因此，转基因食品加工的行政许可亦可适用。

（1）适用对象。农业转基因生物加工的行政许可，适用于以活性农业转基因生物为原料，生产农业转基因生物产品的活动。所谓农业转基因生物产品，是指转基因动植物、微生物产品和转基因农产品的直接加工品。从事农业转基因生物加工的单位和个人，必须取得加工所在地省级人民政府农业行政主管部门颁发的农业转基因生物加工许可证。

（2）申请要求。从事农业转基因生物加工的单位和个人，除应当符合有关法律、法规规定的设立条件外，还应当具备下列条件：与加工农业转基因生物相适应的专用生产线和封闭式仓储设施；加工废弃物及灭活处理的设备和设施；农业转基因生物与非转基因生物原料加工转换污染处理控制措施；完善的农业转基因生物加工安全管理制度。其中农业转基因生物加工安全管理制度包括：原料采购、运输、贮藏、加工、销售管理档案；岗位责任制度；农业转基因生物扩散等突发事件应急预案；农业转基因生物安全管理小组，具备农业转基因生物安全知识的管理人员、技术人员。

从事农业转基因生物加工的单位和个人向省级人民政府农业行政主管部门提出加工许可证申请时，应提交下列材料：农业转基因生物加工许可证申请表；农业转基因生物加工安全管理制度文本；农业转基因生物安全管理小组人员名单和专业知识、学历证明；农业转基因生物安全法规和加工安全知识培训记录；农业转基因生物产品标识样本；加工原料的农业转基因生物安全证书复印件。

（3）审批程序。省级人民政府农业行政主管部门应当自受理申请之日起20个工作日内完成审查。审查符合条件的，发给加工许可证，并及时向农业部备案；不符合条件的，应当书面通知申请人并说明理由。省级人民政府农业行政主管部门可以根据需要组织专家小组对申请材料进行评审，专家小组可以进行实地考察，并在农业行政主管部门规定的期限内提交考察报告。需要指出的是，专家小组可以进行实地考察的时间，并不计入前述审查期限之内。

农业转基因生物加工许可证有效期为3年。期满后需要继续从事加工的，持证单位和个人应当在期满前6个月，重新申请办理。从事农业转基因生物加工的单位和个人变更名称的，应当申请换发加工许可证；而超出原加工许可证规定的加工范围或者改变生产地址,包括异地生产和设立分厂,则应当重新办理加工许可证。

5. 转基因食品的安全评价制度。我国对转基因食品的安全评价,体现于《农业转基因生物安全管理条例》和《农业转基因生物安全评价管理办法》的相关规定中。《农业转基因生物安全管理条例》第 7 条规定"国家建立农业转基因生物安全评价制度";第 3 条规定"农业转基因生物,是指利用基因工程技术改变基因组构成,用于农业生产或者农产品加工的动植物、微生物及其产品,包括转基因动植物、微生物产品和转基因农产品的直接加工品"。鉴于转基因动植物、微生物产品和转基因农产品的直接加工品,大都属于转基因食品,因此,有理由认为上述规定适用于转基因食品的安全性评价。《农业转基因生物安全评价管理办法》对农业转基因产品的安全评价做出了具体的规定。

对转基因产品的安全性评价,是对转基因生物安全性评价的延续,因此也遵循个案审查原则和分级分阶段管理原则,同样分为 4 个安全等级,由农业转基因生物安全委员会负责评价。农业转基因产品安全等级的确定,是根据农业转基因生物的安全等级和产品的生产、加工活动对其安全等级的影响类型和影响程度,来确定转基因产品的安全等级。农业转基因产品的生产、加工活动对转基因生物安全等级的影响分为 3 种类型:类型一是增加转基因生物的安全性;类型二是不影响转基因生物的安全性;类型三是降低转基因生物的安全性。转基因产品安全等级的具体确定规则如下:

(1) 转基因生物安全等级为Ⅰ的转基因产品。安全等级为Ⅰ的转基因生物,经类型一或类型二的生产、加工活动而形成的转基因产品,其安全等级仍为Ⅰ;安全等级为Ⅰ的转基因生物,经类型三的生产、加工活动而形成的转基因产品,根据安全性降低的程度不同,其安全等级可为Ⅰ、Ⅱ、Ⅲ或Ⅳ,分级标准与前文论述的受体生物的分级标准相同。

(2) 转基因生物安全等级为Ⅱ的转基因产品。安全等级为Ⅱ的转基因生物,经类型一的生产、加工活动而形成的转基因产品,如果安全性增加到对人类健康和生态环境不再产生不利影响的,其安全等级为Ⅰ;如果安全性虽然有增加,但是对人类健康或生态环境仍有低度危险的,其安全等级仍为Ⅱ。安全等级为Ⅱ的转基因生物,经类型二的生产、加工活动而形成的转基因产品,其安全等级仍为Ⅱ。安全等级为Ⅱ的转基因生物,经类型三的生产、加工活动而形成的转基因产品,根据安全性降低的程度不同,其安全等级可为Ⅱ、Ⅲ或Ⅳ,分级标准与受体生物的分级标准相同。

(3) 转基因生物安全等级为Ⅲ的转基因产品。安全等级为Ⅲ的转基因生物,经类型一的生产、加工活动而形成的转基因产品,根据安全性增加的程度不同,其安全等级可为Ⅰ、Ⅱ或Ⅲ,分级标准与受体生物的分级标准相同;安全等级为Ⅲ的转基因生物,经类型二的生产、加工活动而形成的转基因产品,其安全等级仍为Ⅲ;安全等级为Ⅲ的转基因生物,经类型三的生产、加工活动而形成转基因产品,根据安全性降低的程度不同,其安全等级可为Ⅲ或Ⅳ,分级标准与受体生物的分级标准相同。

(4) 转基因生物安全等级为Ⅳ的转基因产品。安全等级为Ⅳ的转基因生物,经类型一的生产、加工活动而得到的转基因产品,根据安全性增加的程度不同,其安全等级可为Ⅰ、Ⅱ、Ⅲ或Ⅳ,分级标准与受体生物的分级标准相同;安全等级为Ⅳ的转基因生物,经类型二或类型三的生产、加工活动而得到的转基因产品,其安全等级仍为Ⅳ。

在确定转基因产品安全等级时,应充分考虑生产、加工活动对转基因动植物和微生物安全性的影响,转基因产品的稳定性,以及转基因产品与转基因生物原料在环境安全性方面和对人类健康影响方面的差异等因素。

二、我国转基因食品生产加工法律制度的不足

转基因食品生产加工的一般历程是:首先,通过转基因生物种植或者养殖,生产转基因食品原料;其次,将转基因食品原料运输到加工企业,直接加工或者贮存备用;最后,加工企业将转基因食品原料加工成转基因食品,准备上市流通。为了有效防范转基因食品生产加工过程中,可能产生的破坏生态环境安全、降低转基因食品安全性等问题,需要对历程中的以下关键点进行法律规制:对转基因食品原料生产进行规制,防范破坏生态环境安全;对转基因原料进行安全性评价,防范生产行为造成转基因食品安全性降低;对转基因食品原料运输、存储进行规制,防范转基因食品发生交叉污染,以及活性转基因生物无序外流;对转基因食品加工企业进行规制,防范加工行为造成转基因食品安全性降低,转基因食品加工市场混乱,以及改变转基因食品原料的用途;对转基因食品进行安全性评价,防范加工行为造成的转基因食品安全性降低,确保上市流通的转基因食品安全。通过上述分析考察,

笔者认为我国规制转基因食品生产加工的法律制度存在下列不足之处：

（一）转基因食品原料生产行政许可制度的不足

1. 转基因食品原料生产报批制度缺乏可操作性。根据我国《农业转基因生物安全管理条例》的规定，单位和个人从事农业转基因生物生产，应当由国务院农业行政主管部门或者省、自治区、直辖市人民政府农业行政主管部门批准；农民养殖、种植转基因动植物，由种子、种畜禽、水产苗种销售单位代办审批手续。这项报批制度如能贯彻实施，管理者就能有效掌握转基因生物的生产规模、区域等信息，为有效应对转基因生物大规模环境释放可能带来的风险提供基础条件。这项制度对于大型生产企业，比如大型农场等，比较容易落实，但对于"农民养殖、种植转基因动植物，由种子、种畜禽、水产苗种销售单位代办审批手续"的规定，笔者认为缺乏可操作性。理由有三：其一，销售单位缺乏掌握真实信息的能力。要求销售单位代为办理审批的立法目标，是使其能够掌握现实中转基因生物种植和养殖的真实情况，这就要求报批材料必须具有真实性，否则，不仅达不到预期的立法目标，还很有可能被误导。在实践中，销售单位面对的农民人数众多，销售单位对他们的真实身份、拟开展生产的场地、可能提供的防范措施等情况并不了解，而且销售单位不可能有精力、时间去调查了解农民种植者的真实情况，如此，销售单位在无法掌握农民种植者真实情况的前提下，不可能切实履行代办审批的义务。其二，销售单位缺乏代办审批的动力。一方面，条例规定"代办单位不得向农民收取代办费用"，因此销售者为农民种植者代办审批手续，属于无偿行为，没有任何经济利益可以获取；另一方面，销售单位与购买种子、种畜禽、水产苗种的农民生产者之间，是一种买卖合同关系，以盈利为目的的销售单位更关心的是农民生产者是否履行了合同义务，而不是为他们履行代办审批手续。甚至，在经济利益的驱动下，销售单位还可能与农民生产者一起采取捏造虚假信息等手段，共同规避国家对转基因生物生产的监管。其三，缺乏切实的销售单位违反代办义务的责任。尽管条例规定"转基因植物种子、种畜禽、水产苗种的销售单位，不履行审批手续代办义务或者在代办过程中收取代办费用的，由国务院农业行政主管部门责令改正，处2万元以下的罚款"，但是这条规定在实践中基本无法实施。因为，转基因种子、种畜禽、水产苗种的销售单位面对的是广大农民生产者，所以经营地点往往设在县乡，甚至地处偏远的农村，而且数量众多，且不说销售单位违反代办审批义务监管单位是否知悉，即便确实知悉销售单位违反代办审批义务，也要远在北京的国务院农业行政部门做出处罚决定，这显然很难得到落实。

2. 转基因食品原料生产信息定期报告制度缺乏可操作性。我国《农业转基因生物安全管理条例》规定，从事农业转基因生物生产的单位和个人，必须按照批准的品种、范围、安全管理要求和相应的技术标准组织生产，并定期向所在地县级人民政府农业行政主管部门提供生产、安全管理情况和产品流向的报告。通过生产信息定期报告制度，管理者可以掌握转基因生物生产的动态信息，无论是在防范破坏生态环境安全方面，还是在监控转基因食品原料的流向方面，都具有十分重要的意义。笔者认为，这项重要制度对于大型生产企业而言，尚能有效落实，但对于农民生产者而言，近乎形同虚设，至多是个倡导性条款。理由如下：其一，农民生产者缺乏定期报告的动力。农民生产者大都居住乡村，有些村落距离县城很远，定期去县城农业部门报告生产情况，既需要精力，又需要财力，很难想象农民生产者在没有任何经济利益的情况下，会赶几十甚至上百公里路程，去县城报告生产情况。其二，农民生产者缺乏定期报告的压力。条例虽然规定农民生产者有定期报告生产情况的义务，但并未规定对生产者违反定期报告义务应承担的责任，在违反义务而又无须承担责任的情况下，农民生产者当然就没有了定期报告的压力。其三，目前转基因食品原料价格比同类传统食品原料价格要低的状况，也是一个不容忽视的因素。转基因食品原料与同类传统食品原料在物理外观上并无区别，这就促使农民生产者产生机会主义倾向，将其转基因食品原料当作传统食品原料出售，以获取更大的收益，于此情形下，农民生产者不仅更缺乏定期报告的动力，甚至会有意回避定期报告制度，以便隐瞒其产品的流向。

因此，笔者认为我国转基因食品原料生产行政许可制度中的相关规定，缺乏可操作性，根本达不到预期的立法目标。

（二）缺乏对转基因食品原料运输、贮存进行规制的具体法律制度

关于转基因食品原料运输、贮存的法律规制，我国《农业转基因生物安全管理条例》只有一条规定，条例第25条规定"从事农业转基因生物运输、贮存的单位和个人，应当采取与农业转基因生物安全等级相适应的安全控制措施，确保农业转基因生物运输、贮存的安全"。至于何谓"与农业转基因生物安全等级相适应的安全控制措施"，有哪些技术上的标准，法规没有明言。笔者认为，上述规定太过笼统，缺乏可操作性，不足以确保转基因生物运输、

贮存过程的安全。转基因食品原料在运输、贮存过程中，很可能发生转基因食品原料与非转基因食品原料交叉污染的情况，如果转基因食品原料具有活性，还可能出现意外环境释放、污染生态环境的情况。尤其对于我国尚未批准商业化的转基因食品原料而言，其在运输、贮存过程中，一旦产生泄漏、混杂等情况，后果将更加严重。比如，我国是世界上豆类的起源地，拥有6000多个大豆品种，占全球野生大豆品种总量的95%以上[1]，同时，我国每年要进口几千万吨大豆用于生产食用油，如果进口的转基因大豆在运输、贮存过程中发生外溢情况，对我国大豆品种生物多样性的破坏后果是无法估量的。因此，加强对转基因食品原料运输、贮存的法律规制，实属我国当前转基因食品生产加工法律规制的当务之急，然而，我国却缺乏规制转基因食品原料运输、贮存的具体法律制度。

（三）转基因食品原料卫生行政许可制度的不足

我国《新食品原料安全性审查管理办法》规定的转基因食品原料卫生行政许可制度，是国家卫生和计划生育委员会于2013年10月，在原来的《新资源食品管理办法》的基础上建立起来的，与原法规相比，这项行政制度并没有实质性改变，仍然存在以下不足。

1. 国家卫生和计划生育委员会与农业部安全性审评原则存在冲突。在我国转基因食品原料卫生行政许可制度中，转基因食品原料安全性审查是必经程序，国家卫生和计划生育委员会的安全性审查遵循的是实质等同原则。所谓实质等同原则，是指如某个转基因食品与传统食品或食品原料或已批准的转基因食品在种属、来源、生物学特征、主要成分、食用部位、使用量、使用范围和应用人群等方面大体相同，所采用工艺和质量标准基本一致，可视为它们是同等安全的，具有实质等同性。而农业部的安全性评价制度遵循是个案审查原则。所谓个案审查原则，是指所有的转基因食品原料不论是否与对应传统食品或者已经批准的转基因食品原料具有实质性等同，在进入市场流通前，都必须进行安全性评价。可见，国家卫生和计划生育委员会与农业部的安全性审评制度，在遵循的原则上存在强烈的冲突。个案审查原则是预防原则的延伸，其前提是转基因食品具有安全隐患，安全隐患来源于生产方法；因此，无论该食品是否与对应传统食品或者已经批准的转基因食品具有

---

[1] 曾北危：《转基因生物安全》，化学工业出版社2004年版，第275页。

实质性等同，都必须进行安全评价。而实质等同原则是可靠科学原则的延伸，它隐含着转基因食品并无安全隐患的假设前提，针对的是转基因食品本身，只要与传统食品或食品原料或已批准的转基因食品原料具有实质等同性，即认为该食品原料是安全的，而对其生产方法则在所不问。由于两套安全性审评制度的原则不同，在科学证据相同的情况下，可能会得出不同的安全性评价结论，特别是在转基因食品原料进口时，这种情况会导致国际争端。

2. 导致转基因食品流通难以监控。我国转基因食品原料卫生行政许可制度，将审批形式由发放批准证书改为以名单形式向社会公告，改变了《转基因食品卫生管理办法》中逐案审查的原则，企业加工或者使用公告中的转基因食品原料，或者与公告的转基因食品原料实质等同的食品原料，上市前不必再行申请。这样，管理者就无法知道哪些企业在生产转基因食品，转基因食品又流向哪里，导致管理者无法对转基因食品的流通进行监控，转基因食品流通消费的相关法律制度，将难以得到实施，比如转基因食品标识制度在这种情况下是很难得到落实的。

3. 导致加工企业消极申报。由于转基因食品原料卫生行政许可针对的是首次上市前的转基因食品原料，被批准的转基因食品原料一经公告，其他任何企业使用该转基因食品原料以及与其实质等同的其他转基因食品原料，就不必再行申请卫生行政许可。如此一来，只要有一家"吃螃蟹"的企业获批了某种转基因食品，其他使用该种原料或者与该种原料实质等同的其他原料的企业，就可以合法地"搭便车"，不必再行申请许可。这种情况会导致转基因食品生产企业具有机会主义倾向，消极申报转基因食品原料行政许可。理由如下：一是，积极申请，必冒风险。第一家申请某种转基因原料卫生行政许可的企业，肯定要承担一定风险，因为，企业在审批过程中肯定要付出很大成本，即便获得批准也没有单独使用的权利，其他所有使用该原料的加工者均可以合法"搭便车"，生产同类转基因食品与其进行竞争。二是，消极等待，可能获利。转基因食品加工企业在消极等待过程中，无论是拟使用的转基因食品原料获得卫生行政许可，还是与拟使用的转基因食品原料实质等同的其他原料获得卫生行政许可，该企业都可以搭便车，何乐而不为。

（四）转基因食品加工行政许可制度的不足

1. 转基因食品加工行政许可适用范围过于狭窄。根据我国《农业转基因生物加工审批办法》的规定，转基因食品加工许可仅仅适用于以具有活性的农业转基因生物为原料,生产农业转基因生物产品的活动;而且,特别指出,所谓农业转基因生物产品是指转基因动植物、微生物产品和转基因农产品的直接加工品。可见,在我国从事转基因食品加工活动,并非均需要申请行政许可,只有符合以下两个条件的转基因食品加工行为,才需要申请行政许可:其一,以具有活性的农业转基因生物为原料;其二,生产农业转基因生物产品。问题是,需要同时具备两个条件才需要申请行政许可,还是仅具有其中之一即需要申请行政许可。如果是指仅具有其中之一即需要申请行政许可,则"以具有活性的农业转基因生物为原料"这个条件,就显得毫无意义,因为,生产转基因生物产品,要么使用具有活性的转基因生物为原料,要么使用不具有活性的转基因生物为原料,换言之,"以具有活性的农业转基因生物为原料"本已包含在"生产农业转基因生物产品"这个条件之中,确实没有必要单独列出。因此,通常的理解是必须两者兼备,才需要申请行政许可。如此一来,我国转基因食品加工行政许可的范围,就显得十分狭窄了。从原料角度看,以不具有活性的转基因原料如转基因大豆粉、转基因玉米粉加工转基因食品的行为,便无须申请行政许可;从产品角度讲,即便是利用具有活性转基因生物进行加工,倘若生产的转基因食品并非转基因动植物、微生物产品和转基因农产品的直接加工品,则也没有适用余地。事实上,即便是将需要申请行政许可的条件解读为具备其一即可,也会有大量的以不具有活性的转基因生物为原料进行深加工的企业无须申请行政许可,而处在监管范围之外。而且,关于何谓转基因动植物、微生物产品和转基因农产品的直接加工品,在实践中也是很难厘清的。也许,从文义解释的角度,可以认为"转基因动植物、微生物产品"是指转基因生物的种植或者养殖者生产出来的初级农产品,即尚未进行加工的产品如收获的转基因西红柿、转基因大豆等。但是,对"转基因农产品的直接加工品"就很难界定了,加工到何种程度才不属于直接加工,由谁来判断是直接加工还是深加工,这些都是值得商榷的问题。综上所述,笔者认为我国转基因食品加工行政许可适用范围过于狭窄,造成大量转基因食品加工企业游离于法律规制之外,导致转基因食品法律规制链条的断裂。

2. 加工行政许可的要求严重忽视了对人类健康的保护。我国转基因食品加工行政许可制度中,对转基因食品加工企业的特殊要求,主要集中在以下方面:一是,具备与加工农业转基因生物相适应的专用生产线和封闭式仓储设施。此要求的目的在于,避免转基因食品与非转基因食品交叉污染,但更主要的目的是,防止食品加工中活性转基因生物原料的流出造成生态环境污染。二是,具备加工废弃物及灭活处理的设备和设施。此项要求的目的很明确,是为了防止加工废弃物中可能含有的活性转基因生物随着废弃物的处理流入自然环境中,造成生态环境污染。三是,具有农业转基因生物与非转基因生物原料加工转换污染处理控制措施,此要求的目的在于,避免转基因食品与非转基因食品交叉污染。四是,具备完善的农业转基因生物加工安全管理制度,包括:原料采购、运输、贮藏、加工、销售管理档案;岗位责任制度;农业转基因生物扩散等突发事件应急预案;农业转基因生物安全管理小组,具备农业转基因生物安全知识的管理人员、技术人员。这项要求的中心目的只有一个,即防止活性转基因生物扩散,确保生态环境安全。在上述诸多要求中,对加工过程中可能造成的转基因食品安全性降低问题,没有任何应对措施,甚至对于转基因产品的流向情况,都没有监控的要求,更不要说产品食用安全信息的收集了。因此,笔者认为我国转基因食品加工行政许可的要求,严重忽视了对人类健康的保护,而着重强调对生态环境的保护,过于厚此薄彼,未能两者并重。

第三节 我国转基因食品生产加工法律制度的完善

一、完善我国转基因食品生产加工法律制度的基本原则

（一）生态环境与人类健康保护并重原则

生态环境与人类健康保护并重原则,是指在完善我国转基因食品生产加工法律制度时,不仅要考虑如何维护生态环境安全,还要考虑如何保障人类健康,两者同时并重,不能厚此薄彼。将此原则作为完善我国转基因食品生产加工法律制度的一项基本原则的原因是,维护生态环境安全和保障人类健康是转基因食品法律规制的重要目标,而在转基因食品生产加工过程中,既存在破坏生态环境安全的因素,也存在降低转基因食品安全性,从而损害人类健康的情况,但是,我国在制定法律法规过程中,总是存在一些因素,使得法律制度不能对两个方面均提供有效的保护。比如,我国转基因食品生产加工过程并非由一个主管机关管理,在制定法律法规时,这些机关难免出于

本部门职责范围的考虑，仅仅考虑或者侧重考虑一个方面；再比如，立法者可能存在认识上的误区，认为通过转基因食品研发试验的法律规制，已经能够确保转基因生物的安全性，在生产加工过程中，不会产生影响转基因食品安全性的情况，从而仅仅关注生态环境安全方面的保护。无论是出于何种原因，我国现行转基因食品生产加工法律制度，在生态环境安全与人类健康保护上有失偏颇，是客观存在的，因此，将生态环境与人类健康保护并重原则，作为完善我国转基因食品生产加工法律制度基本原则是我国的现实需要，同时也是实现转基因食品法律规制安全价值目标的必然要求。

(二) 全程规制原则

全程规制原则是指在转基因食品生产加工过程中，从转基因生物种植或者养殖，生产转基因食品原料，到将转基因食品原料运输到加工企业，直接加工或者贮存备用，再到加工企业将转基因食品原料加工成转基因食品的全过程，都要实行法律规制。将全程规制原则作为完善我国转基因食品生产加工法律制度的一项基本原则的原因是，转基因食品生产加工过程包括多个环节，而且环环相扣，紧密相连，任何一个环节的规制不到位，都会导致整个规制体系链条的断裂，不仅使该环节的立法目标无法实现，而且整个转基因食品规制体系的法律目标也会受到严重影响。而我国转基因食品生产加工法律制度，不仅对有些环节缺乏法律规制，即便在实行法律规制的环节中，也存在很多制度缺陷，比如对转基因食品原料运输、贮存环节的法律规制，对于我国当前转基因食品生产加工的现状而言，至关重要，但是我国对该环节的规制却缺乏具体的法律制度。因此，将全程规制原则作为完善我国转基因食品生产加工法律制度的一项基本原则，具有十分重大的意义。

(三) 可行性原则

可行性原则是指我国转基因食品生产加工法律制度应当充分考虑我国的具体情况，制度设计必须与客观实际紧密结合，做到切实可行，行之有效，而不能凭空想象，主观臆断，造成脱离实际，无法操作，否则，法律制度终将形同虚设。可行性原则之所以能成为完善我国转基因食品生产加工法律制度的一项基本原则，有四个原因。其一，如果转基因食品生产加工法律制度缺乏可行性，势必无法实现其立法目标，转基因食品生产加工过程中，可能产生的破坏生态环境、降低转基因食品安全性等问题，就无法得到有效的防范；其二，如果转基因食品生产加工法律制度缺乏可行性，转基因食品原料的生产者、转基因食品的加工者等当事人，便无法依据法律法规进行合理预见，当事人的行为便无所适从；其三，如果转基因食品生产加工法律制度缺乏可行性，必然会有损我国法律法规的严肃性和权威性；其四，我国转基因食品生产加工法律制度中，可行性不足的缺陷表现的比较突出，特别是在转基因食品原料生产的法律规范方面，没有充分考虑到我国农村的具体情况，导致相关法律制度缺乏可操作性，根本无法实现其立法意图。因此，在完善我国转基因食品生产加工法律制度时，可行性原则是一项不可或缺的基本原则，只有可行性原则得到认真贯彻，才能实现我国转基因食品生产加工法律规制的预期目标。

二、完善我国转基因食品生产加工法律制度的具体构想

（一）完善我国转基因食品原料生产行政许可制度的具体构想

我国转基因食品原料生产行政许可制度的立法目的是：有效控制转基因生物环境释放的品种、生产规模和区域，及时掌握转基因生物生产过程的动态安全信息，切实保障生态环境安全；其不足之处是：转基因食品原料生产报批制度和转基因食品原料生产信息定期报告制度，均缺乏可操作性；其难点是：我国转基因生物的农民生产者经济单位小、组织化程度低，且人数众多、分布广泛，转基因食品原料生产行政许可制度实行比较困难。针对上述情况，结合我国实际，笔者认为，应该从以下方面来完善我国转基因食品原料生产行政许可制度。

1. 建立三级审批制度。目前，我国转基因食品原料生产行政许可，由国务院农业行政主管部门或者省、自治区、直辖市人民政府农业行政主管部门进行审批，可以认为是转基因食品原料生产行政许可两级审批制度，至于两个级别审批的分工依据，法律没有明确。由于我国地域广阔，农民生产者居住分散，因此，实行两级审批制度，转基因食品原料生产行政许可制度根本不能得到有效实施。为此，法律提出了代办审批制度，即农民养殖、种植转基因动植物，由种子、种畜禽、水产苗种销售单位代办审批手续，但在实践中，代办报批制度也不可能取得预期的效果，对此前文已经详细论述。笔者认为，应当建立转基因食品原料生产行政许可三级审批制度。

所谓转基因食品原料生产行政许可三级审批制度，是指转基因食品原料生产的行政许可，分别由农业部、省级农业行政部门和县级农业行政部门进

行审批,每个级别审批范围,综合申请生产的转基因生物品种、转基因生物的生产面积等因素予以确定。三级审批制度对基因食品原料生产行政许可制度的具体实施,具有非常重要的作用。一方面,大批开展小规模转基因食品原料生产的农民,可以到县级农业行政部门履行报批手续。而且,县级农业行政部门还可以根据本县的具体情况,在乡镇设立派出机构,负责转基因食品原料生产审批事宜,更加方便农民生产者申请行政许可。另一方面,开展大规模转基因食品原料生产的单位或者农民,一般也具有较强的经济实力和较为完善的组织机构,应当有能力到更高级别的农业行政部门履行报批手续。另外,在转基因食品原料生产的报批方式上,可以采取以生产者亲自报批为主,以销售单位代办报批为辅的策略,为亲自履行报批手续确有困难的生产者,提供一种选择途径。

2. 建立转基因食品原料生产相关信息网络管理制度。我国实行转基因食品原料生产行政许可制度,不仅是为了控制转基因生物环境释放的品种、生产规模和区域,更是为了及时掌握转基因生物生产过程的动态安全信息,切实保障生态环境安全。因此,转基因食品原料生产静态信息与转基因生物生产过程的动态安全信息,同等重要。鉴于此,笔者建议我国建立转基因食品原料生产相关信息网络管理制度。所谓转基因食品原料生产相关信息网络管理制度,是指通过收集转基因食品原料生产的相关信息,建立转基因食品原料生产网络信息系统,实现对转基因食品原料生产相关信息进行动态管理的制度。在网络信息系统运行过程中,各级农业行政部门应当认真统计转基因食品原料生产者的静态信息,适时补充转基因生物生产过程中的动态信息,确保网络信息的真实性和及时性,为实现对转基因食品原料生产的动态管理,提供决策依据。也许有人会提出,我国转基因食品农民生产者,不仅数量庞大,而且相对分散,建立转基因食品原料生产相关信息网络管理制度,工作量太大,不具有可行性。笔者对此并不以为然,理由有二:①改革开放三十年的成果,已经为我国建立该制度提供了物质支持;②我国财政部已经建立了农民补贴网络信息系统,"涵盖全国 2.52 亿农户的基础信息、耕地信息、种粮信息、补贴信息等四大类信息,约 516 亿个数据"[1],农业行政部门完

---

[1] 许志峰:"中国农民补贴网年内开通,资金一卡通直接兑付",载《人民日报》2007 年 5 月 24 日,第 2 版。

全可以资源共享。关于转基因食品原料生产动态信息的收集，笔者不赞同依靠目前的定期报告制度，认为应当变被动为主动，采取信息定期收集制度，由相关管理人员定期通过实地考察、电话询问等方式收集信息。同时，可以采取突发事件信息报告制度，与之相配合，共同完成转基因食品原料生产动态信息的收集。

（二）制定转基因食品原料运输、贮存法律规制的实施细则

如前所述，我国法律法规虽然规定"从事农业转基因生物运输、贮存的单位和个人，应当采取与农业转基因生物安全等级相适应的安全控制措施，确保农业转基因生物运输、贮存的安全"。但是，规定太过笼统，缺乏可操作性，不足以确保转基因生物运输、贮存过程的安全。虽然在转基因食品加工行政许可制度中，对转基因食品原料运输、贮存活动，也提出了一些要求，但同样存在缺乏具体标准、可操作性差的问题。而且，近些年来，我国的物流产业、仓储产业取得了长足的发展，有理由相信，随着社会化分工的进一步细化，今后转基因食品加工企业的运输、贮存转基因食品原料的业务必将由物流业者、仓储业者承担，所以，对转基因食品加工企业的上述要求，会慢慢失去规范功能。不仅如此，物流业者、仓储业者承担基因食品原料相关业务，还会进一步加大转基因食品原料在运输、贮存过程中的风险，因为，这些从业者不仅承担转基因食品原料的运输、贮存业务，还承担非转基因食品原料相关业务，而且承接业务的区域相当广泛，从而造成相关危害的概率也会更大一些。因此，笔者认为，应当在上述规定的基础上，制定转基因食品原料运输、贮存规制的实施细则，提出具体的安全标准和安全控制措施，增加法律法规的可操作性，确保转基因食品原料运输、贮存法律规制的效果。

（三）完善转基因食品加工行政许可制度的具体构想

转基因食品加工行政许可制度的目的是，通过对转基因食品加工活动的管制，防止活性转基因食品原料溢出破坏生态环境安全，防止加工降低转基因食品安全性损害人类健康，同时防止转基因食品与非转基因食品交叉污染，为转基因食品流通消费阶段中的相关法律制度的有效实施，提供有利条件。而我国现行转基因食品加工行政许可制度，存在适用范围过于狭窄、许可条件要求不全面等不足，因此，笔者认为我国转基因食品加工行政许可制度，应当从以下方面进行完善。

1. 扩大转基因食品加工行政许可适用范围。我国转基因食品加工行政许

可制度，仅适用于以具有活性的农业转基因生物为原料生产农业转基因生物产品的活动，适用范围过于狭窄。以不具有活性的转基因原料如转基因大豆粉、转基因玉米粉加工转基因食品的活动，以及深加工转基因食品的活动均不包括在内；而且，就目前我国农业发展看，农产品深加工是一个趋势，因为只有通过农产品深加工，才能增加农产品的附加值，提高农民收入，这对我国解决"三农"问题具有重大意义。因此，不仅现在有大量进行转基因食品深加工的活动无法获得有效规制，随着农业经济的进一步发展，会有更多的转基因食品加工活动得不到有效规制。另外，随着社会上保护消费者知情权的呼声越来越高，实行强制标识管理的转基因食品会逐渐增多，如果连哪些企业在从事转基因食品加工都不得而知的话，转基因食品标识制度的实施效果必定大打折扣。因此，扩大我国转基因食品加工行政许可制度的适用范围，势在必行。笔者认为，造成我国转基因食品加工行政许可适用范围如此狭窄的原因，系农业部制定法规时过多考虑本部门职责范围的结果，因此，若要扩大转基因食品加工行政许可适用范围，必须会同其他食品加工管理的行政部门，积极磋商，协调一致，才能实现。至于适用范围扩大到什么程度，笔者认为只要是使用转基因原料加工食品的活动，均应当包括在内。

2. 提高加工行政许可的具体要求。我国转基因食品加工行政许可制度中，对转基因食品加工企业的特殊要求主要集中在具备与加工农业转基因生物相适应的专用生产线、封闭式仓储设施、加工废弃物及灭活处理的设备和设施等方面。这些要求旨在对生态环境提供保护，忽视了加工过程可能造成转基因食品安全性降低等问题，更没有考虑到为下一步转基因食品流通消费的法律规制提供实施的条件。因此，笔者认为应当提高转基因食品加工行政许可的具体要求，增加对转基因食品加工工艺评价、转基因食品流向档案管理等方面的要求，使转基因食品加工行政许可制度在转基因食品法律规制体系中起到应有的作用。

第五章 转基因食品流通消费的法律规制

第一节 转基因食品流通消费法律规制的必要性

一、转基因食品流通消费中可能出现的问题

转基因食品上市后,既可在国内流通,也可在国际流通,相应地,转基因食品流通消费过程中在国内和国际上都有可能出现问题,因此,我们应当从国内、国际两个不同的层面来审视这个问题。笔者认为,从一个国家的角度看:在国内层面,转基因食品流通消费过程中,最可能出现的是侵害消费者权益的问题;在国际层面,转基因食品流通消费过程中,最可能产生的是转基因技术强国利用转基因食品国际贸易,侵害本国消费者利益、打击本国转基因食品产业发展以及冲击本国饮食文化传统等国家利益的问题。

(一) 侵害消费者权益问题

转基因食品上市流通后,由于转基因食品安全具有潜在风险,所以可能给消费者的健康造成一定伤害,损害到消费者的健康权;由于转基因食品的物理外观与传统食品并无不同,加上在转基因食品成分组成上经营者与消费者之间存在严重的信息偏在,致使消费者根本无法识别哪些是转基因食品,从而侵害消费者的知情权;知情权受到侵害,选择权便无从谈起了。可见,转基因食品上市流通后,可能会导致一系列的侵害消费者权益的问题。

1. 损害消费者健康权问题。转基因食品可能损害到消费者的健康,是源

于其本身存在安全隐患。而造成隐患的具体原因可能有多种情况，下面笔者介绍目前科学界争论较多的几种类型。

（1）外源基因本身的原因。人们通常认为 DNA 和蛋白质在哺乳动物的胃肠道中被完全降解，这是以一个没有被系统检验的假设为基础得出的结论。最近发布的一些研究成果表明，外部 DNA 及蛋白质也可能逃脱降解，在胃肠道中维持，甚至在一些有重大生物意义的样本中被肠子吸收，然后被血液送到内脏。DNA 可以在肠壁、外围白血球、肝脏、脾和肾脏中被检测到，而外部 DNA 则可能发现融入受体基因组中。比如当怀胎的动物被外部基因饲养时，碎片可能追溯到胎畜和新生儿的小细胞群。从众多的哺乳动物细胞群试验及实验动物可以推定，一些情况下外部 DNA 的插入可能导致受体细胞基因组甲基化和转录模式改变。此外，甚至是小的插入物也可能引起所谓的"不稳定"过程，其端点可能是恶意的癌细胞。[1]朊病毒蛋白质引起的疯牛病等流行传染病说明了蛋白质维持、吸收的现象和生物效应。[2]

（2）外源基因表达产物的原因。外源基因表达产生的蛋白质可能具有致敏性、毒性或者降低食品营养的品质。转基因食品中的外源性基因的产物常常不是受体物种的原有成分，所以不存在天然的降解酶和代谢循环，如此一来，就很可能造成外源性基因的产物在人体中进行积累，或者不正常降解，甚至产生不可预知的分解产物。无论是外源性基因的产物还是其代谢过程中形成的新产物，都可能具有毒性。在转基因过程中，还有可能造成内源毒性的释放、插入基因的不稳定性、基因沉默、代谢途径改变、沉默基因的激活、现有基因产物水平的改变以及后续的次生新陈代谢效应的间接影响等一系列效果，也有可能造成食品安全问题。比如，Bt 系列的转基因生物都具有抗虫性，原理是 Bt 毒素可以杀灭特定害虫，但 Bt 毒素对人类可能也有毒害，可以引起胃痛、腹泻、皮疹等症状或者其他负面潜在效应。转基因食品可能诱发或者加重过敏反应的风险，因为受体生物引入外源性基因后，会带上新的遗传密码进而产生新的蛋白质，这些新蛋白质可能引起食用者或者接触者出现过敏反应。人

---

[1] E. g. Misteli T., "Spatial positioning: a new dimension in genome function", *Cell*, 119 (2004), pp. 153~155.

[2] Jan husby, Terje Traavik, "A Summary on the Potential Adberse Impects of GMOs", 载薛达元主编：《转基因生物风险与管理：转基因生物与环境国际研讨会论文集》，中国环境科学出版社 2005 年版，第 41 页。

类在自然环境中发育进化形成的人体免疫系统可能难以或者无法适应转基因生物生成的新型蛋白质而诱发过敏症。转基因食品进入食物链后,这种过敏原对婴儿和儿童的危害可能会更显著。从现有的知识看,转基因食品产生过敏性主要有以下情况:所转基因编码已知的过敏蛋白;基因源含过敏蛋白;转入蛋白与已知过敏蛋白的氨基酸序列在免疫学上有明显同源性;转入蛋白属于某类蛋白的成员,而这类蛋白家族中有些成员是过敏蛋白。[1]转基因食品对营养品质方面的影响,已经有研究发现,外来基因会以一种人们目前还不甚了解的方式破坏食品中的有益成分。英国伦理与毒性中心的实验报告称,与一般天然大豆相比,在两种除锈剂或者抗除草剂的转基因大豆中,具有抗癌能力的异黄酮分别减少了12%和14%。[2]转基因生物中插入的外源性目的基因改变了生物自身原有的复杂生物化学路径,改变了原有的新陈代谢,其生化作用的结果很难预料,还可能受环境条件变化的影响而产生变异。如转基因油菜中的类胡萝卜素、维生素E、叶绿素均发生了变化;油菜籽中芥子酸胆碱也发生了变化;转基因玉米中的破坏营养成分的胰岛素抑制剂和肌醇六磷酸也均有变化。

(3) 标志基因和启动子的原因。转基因食品研发过程中,经常使用抗卡那霉素、氨苄青霉素等常用抗生素抗性基因作为标记基因,其作用是用来识别拟转入的目的基因是否转入成功。尽管标记基因在实验室中被简短地用过一次,但是之后转基因作物在每个细胞中均出现未使用过的标记基因,这说明转入抗生素抗性标记基因发生了某种变异。而抗生素之间存在交叉抗性已经被广为认同,因此某种抗生素抗性的突变可能导致对一些或者全部抗生素家族成员的抗性。众所周知,抗生素类药品在临床上具有重要的作用,如果这种抗生素抗性基因发生横向转移,使得病毒具有抗生素抗性,那对人类的伤害将是无法估量的。在转基因食品研发过程中,花椰菜花叶病毒(CaMV)中一个被称为35S的滤过性毒菌启动子是一种强有力的植物促进剂,到目前为止被用来确保大多数商业化转基因生物的转入基因能够成功表达。但是35SCaMV启动子的基因链接点比较容易断裂和重新连接,当其横向转移时,有可能与其他病毒产生重组形成新病毒;而且,CaMV的碱基序列与人类艾滋

---

[1] 徐海滨:"转基因食品对健康的影响及其安全评价",载薛达元主编:《转基因生物风险与管理:转基因生物与环境国际研讨会论文集》,中国环境科学出版社2005年版,第65页。

[2] 曾北危主编:《转基因生物安全》,化学工业出版社2004年版,第54页。

病毒、白血病病毒和B型肝炎病毒具有同源性。[1]另外,已经发表的研究表明35SCaMV启动子有可能激活哺乳动物体系的转录。[2]

(4)转基因食品中活性转基因微生物方面的原因。人们经常利用细菌、酵母和霉菌等微生物生产发酵食品,日常生活中的酱油、酱、豆豉、腐乳、食醋、干酪、乳酸饮料、面包、酸奶、酸菜、啤酒、白酒等均属于发酵食品。为了进一步改良食品工艺或者口味,科学家们开始利用转基因技术改造这些微生物。有些转基因微生物在生产过程中会失去活性,比如面包中的酵母菌,而有些转基因微生物在产品中仍然大量存活,比如酸奶中就含有大量的活性乳酸菌。转基因食品的活性转基因微生物进入人类肠道后,可能对肠道菌群产生影响。现代研究表明,具有类似特征的微生物之间比那些不同特征的微生物之间的关系更为密切。迄今仍被看作单一菌株的微生物,由于细胞内的DNA重排,经常发生一些基因流动,失去遗传物质或者从其他细胞获得遗传物质或者将遗传物质转入其他细胞。如此,转基因食品的活性转基因微生物很可能与人类肠道微生物之间发生基因转移,一方面影响人类肠道菌群的组成,另一方面可能改变某些细菌的内部结构,使其产生对人体有害的物质。无论是哪种结果的发生,均可能对人体健康产生不利影响。

2. 损害消费者知情权和选择权问题。在市场中,转基因食品的生产经营者对转基因食品的性能、质量、价值等信息相对了解,但是他们并不是转基因食品的最终使用和消费者,因此,这些信息对他们并没有什么实质性的使用价值;而购买和食用转基因食品的消费者,尽管这些信息与他们的身体健康息息相关,但他们却对转基因食品的相关信息不甚了解,甚至一无所知,并且仅根据食品的物理外观来判断是否为转基因食品,几乎没有可能。这样就形成了转基因食品信息的严重偏在问题。形成信息偏在的原因是,转基因食品的消费者与生产经营者的分离,并因而形成信息占有和信息需求的分离。这种信息需求与占有的分离,不仅可能导致需求者不能充分、及时地获得需要的信息,而且可能使信息占有者利用对信息源的控制而进行有利于自己的

---

[1] 李向辉:"转基因植物的安全性及其探讨",载薛达元主编:《转基因生物风险与管理:转基因生物与环境国际研讨会论文集》,中国环境科学出版社2005年版,第32~33页。

[2] Jan husby, Terje Traavik, "A Summary on the Potential Adberse Impacts of GMOs",载薛达元:《转基因生物风险与管理:转基因生物与环境国际研讨会论文集》,中国环境科学出版社2005年版,第43页。

信息制造和传播。目前，这点在转基因食品上表现得非常突出，鉴于广大消费者对转基因食品安全性的顾虑，消费者在选择食品时可能倾向于选择非转基因食品，因此，对转基因食品的生产经营者而言，维持信息不扩散的成本肯定会低于因信息传播而对其产生的不利后果，所以他们想方设法地掩盖转基因食品的相关信息。消费者的知情权被侵害，其选择权就无从实现。因为，消费者行使选择权有一个必要前提，那就是消费者必须首先知道哪些是转基因食品，换言之，消费者要行使选择权，必须先实现知情权。在国内或国际上，因为消费者知情权被侵害走上诉讼维权之路的报道屡见不鲜，例如美国1996年发生的 Amestoy 案[1]、中国2003年发生的雀巢食品案等，难怪有学者认为"消费者对知情权的争取是一场艰难的战争"[2]。

对于一些有宗教信仰的消费者而言，转基因食品不仅可能侵害到消费者的知情权和选择权，还会妨害公众的宗教信仰自由。我们知道，有些宗教禁止食用某些特定的食品，比如回教禁食猪肉，而转基因技术可以打破物种之间的天然界限，实现不同物种之间的基因转移，从而使植物食品中含有猪、牛等的动物基因、动物食品中含有人的基因，如此一来，这种含有别的物种基因的转基因食品，就可能妨害公众的宗教信仰自由。以回教为例，如果市场上出现一种含有猪的基因的转基因食品，回教教徒出于对信仰的虔诚，就会有意避免食用这种食品，但这种转基因食品与传统同类食品在外部结构上并无不同，回教教徒无从分辨选择，因此很可能会吃到这种食品，从而给回教信仰者造成极大的心理负担；即便是有不含转基因成分的有机食品可供选择，也会因有机食品往往比一般的食品更贵，从而加重回教信徒的经济负担。无论是以上哪种情况，都是对回教信仰者信仰自由的一种妨害。这种担心并非空穴来风，前文论及的美国 Alliance for Bio - Integrity v. Shalala 案中，原告的主张就是美国食品药品管理局对转基因食品实行的自愿标识制度没有考虑到宗教对特殊食品的限制，侵害了美国宪法所保障的公众宗教信仰自由的权利。

（二）转基因食品国际贸易侵害国家利益问题

众所周知，转基因食品研发的门槛很高，既需要很高的技术支持，又需

---

[1] International Diary Foods Association v. Amestoy, 92 F. 3d 67 (2d Cir. 1996).

[2] Steve Keane, "Trandafir Copetition Winner: Can a Consumer's Right to Know Survive the WTO?: The Case of Food Labeling", *Transnat'l L. & Contemp. Probs.*, 16 (2006), p.332.

要雄厚的运营资本,所以转基因食品自诞生起就注定了其发展的全球不平衡性,只有兼备以上条件的国家,才具有发展转基因食品的能力。具备条件的国家花费大量人力、物力研发转基因食品,绝非仅追求科研成果,而是追求其所蕴涵的巨大商业利益;若想将潜在利益转变为现实利益,就必须着眼全球市场,通过开展国际贸易才能实现。而对于不具备条件的国家而言,转基因食品国际贸易最起码带来以下三个后果:①其在进口转基因食品的同时,也将转基因食品的潜在风险转嫁到本国消费者身上,换言之,基于转基因食品国际贸易,形成了出口国赚取巨大利益,而进口国消费者却承担潜在风险的局面。②大量转基因食品的进口,对进口国转基因食品产业将是一个巨大打击,导致转基因食品产业无法健康发展,相应地也就没有多余的资金用于转基因技术的开发,而转基因技术的落后会进一步打击本国转基因食品产业发展。③每个国家都有自己的饮食文化、宗教信仰和伦理标准,基于这些因素的考虑,也许国民对转基因食品持否定态度,但大量转基因食品的进口,令本国消费者无从识别,只能被动接受,从而对本国的饮食文化、宗教信仰和伦理标准形成巨大冲击。因此,转基因食品在流通消费过程中,可能造成对本国国家利益的巨大伤害。

二、转基因食品流通消费法律规制的必要性

(一) 保护消费者权益的需要

现代社会是一个强调消费者保护,凸显消费者主权的社会。健康权是一项基本的人权,消费者的健康权是其表现形式之一,是消费者最为重要的权利;知情权是公民在社会生活中的一项基本权利,是消费者了解和知悉国家重要决策、政府重要事务以及当前发生的与普通公民权益密切相关的重大事件的权利,消费者知情权是知情权的表现形式之一;而消费者的选择权是人的自主权的一种,"人的自主权是人得以成为人的重要标志,如果一个人丧失了自主权,他就不是一个完整意义上的人;如果一个人的自主权得不到尊重,他就丧失了自己的尊严和价值"[1]。因此,对消费者健康权、知情权、选择权的保护至关重要,既然转基因食品在流通消费环节可能对消费者的上述权

---

[1] 毛新志、殷正坤:"转基因食品的标签与知情选择的伦理分析",载《科学学研究》2004年第1期。

利造成侵害，就必须采取必要法律措施来予以保护。另外，应当充分考虑到部分消费者宗教信仰的需要，提供完善的法律应对，尊重他们的宗教信仰，保护他们宗教信仰自由的权利。尽管在消费者权益保护方面，各国均有消费者权益保护的相关法律，但由于转基因食品的特殊性，这些法律法规往往不能达到预期的保护效果，因此，很有必要针对转基因食品流通中产生的新问题进行更有针对性的制度设计，以便能更为有效地保护消费者权益。

（二）维护国家利益的需要

如前所述，转基因食品在流通消费过程中，转基因食品强国可能借助国际贸易的开展，来侵害国内消费者利益、打击本国转基因食品产业发展或者冲击本国饮食文化传统。于是，本国为了维护自身利益，势必需要综合本国对转基因食品安全的认识，转基因食品与本国经济利益的相关程度，本国的转基因技术发展水平和对转基因食品的风险控制能力，本国的饮食文化传统、宗教信仰、伦理标准，以及本国消费者意愿等多种因素，从自身利益出发制定国内贸易规则，以应对来势凶猛的转基因食品国际贸易和扑朔迷离的转基因食品潜在风险。但问题是，各国都出于这种考虑必定会制定出千差万别的国内贸易制度，由于这些制度的不同会导致国际贸易争端的发生，在全球经济一体化的今天，这是不能不考虑的因素。事实上，正是由于这个原因导致近些年来转基因食品国际贸易争端不断。比如：1998年，欧盟拒绝批准美国转基因食品和动物饲料；1999年，日本麒麟啤酒公司停止进口美国转基因玉米；2002年，欧盟、美国、日本、加拿大和澳大利亚五国举行农业部长会议，因进出口转基因农产品问题争论不休，意见分歧很大；2003年，日本停止进口美国转基因小麦等。WTO刚刚审理完结的欧美转基因食品案，更是转基因食品由国家摩擦导致国际诉讼的典型案例。转基因食品国际贸易争端发生后，就需要国际规范予以调整，否则，相关争端国家会相互进行贸易报复行为，给双方都造成一定的经济损失。因此，在转基因食品流通消费过程中，国家不仅需要制定维护本国利益的法律制度，更要制定与国际规范具有协调性的转基因法律制度，只有这样，才能真正实现对本国国家利益的维护；对于发展中国家而言，还须尽量避免发达国家对本国政策的影响。[1]

---

[1] J. M. Migai Akech, "Developing Countries at Crossroads: AID, Public Participation, and the Regulation of Trade in Genetically Modified Foods", *Fordham Int'l L. J.*, 29 (2006), pp. 297~298.

第二节　我国转基因食品流通消费法律规制的现状考察

一、我国转基因食品流通消费法律规制的现状

针对上述转基因食品流通消费中可能产生的问题，我国制定了一系列法律法规，并通过这些法律法规建立了一套转基因食品流通消费规制的具体法律制度，以保护我国消费者权益和维护我国的国家利益。

（一）转基因食品流通消费规制的立法现状

1. 主要法律。

（1）《消费者权益保护法》。这部法律是我国保护消费者合法权益的基本法律。关于消费者的健康权，该法第7条规定："消费者在购买、使用商品和接受服务时享有人身、财产安全不受损害的权利。消费者有权要求经营者提供的商品和服务，符合保障人身、财产安全的要求。"关于消费者的知情权，该法第8条规定："消费者享有知悉其购买、使用的商品或者接受的服务的真实情况的权利。消费者有权根据商品或者服务的不同情况，要求经营者提供商品的价格、产地、生产者、用途、性能、规格、等级、主要成分、生产日期、有效期限、检验合格证明、使用方法说明书、售后服务，或者服务的内容、规格、费用等有关情况。"第18条规定："经营者应当保证其提供的商品或者服务符合保障人身、财产安全的要求。对可能危及人身、财产安全的商品和服务，应当向消费者做出真实的说明和明确的警示，并说明和标明正确使用商品或者接受服务的方法以及防止危害发生的方法。宾馆、商场、餐馆、银行、机场、车站、港口、影剧院等经营场所的经营者，应当对消费者尽到安全保障义务。"关于消费者选择权，该法第9条规定："消费者享有自主选择商品或者服务的权利。消费者有权自主选择提供商品或者服务的经营者，自主选择商品品种或者服务方式，自主决定购买或者不购买任何一种商品、接受或者不接受任何一项服务。消费者在自主选择商品或者服务时，有权进行比较、鉴别和挑选。"在保护消费者精神权利方面，该法第14条规定："消费者在购买、使用商品和接受服务时，享有人格尊严、民族风俗习惯得到尊重的权利，享有个人信息依法得到保护的权利。"

（2）《食品安全法》。该法是为保证包括转基因食品在内的所有食品安全，保障公众身体健康和生命安全，防止食品污染和有害因素对人体的危害而制定，是食品安全方面的重要法律。在转基因食品安全方面，该法第99条第2款规定："食品安全，指食品无毒、无害，符合应当有的营养要求，对人体健康不造成任何急性、亚急性或者慢性危害。"在消费者知情权方面，该法第48条规定："食品和食品添加剂的标签、说明书，不得含有虚假、夸大的内容，不得涉及疾病预防、治疗功能。生产者对标签、说明书上所载明的内容负责。食品和食品添加剂的标签、说明书应当清楚、明显，容易辨识。食品和食品添加剂与其标签、说明书所载明的内容不符的，不得上市销售。"第49条规定："食品经营者应当按照食品标签标示的警示标志、警示说明或者注意事项的要求，销售预包装食品。"

（3）《产品质量法》。该法是为提高包括食品在内的产品质量，明确产品质量责任，保护消费者的合法权益而制定的。在转基因食品安全方面，该法第13条规定："可能危及人体健康和人身、财产安全的工业产品，必须符合保障人体健康和人身、财产安全的国家标准、行业标准；未制定国家标准、行业标准的，必须符合保障人体健康和人身、财产安全的要求。禁止生产、销售不符合保障人体健康和人身、财产安全的标准和要求的工业产品。"在消费者知情权方面，该法第27条规定："产品或者其包装上的标识必须真实。"第33条规定："销售者应当建立并执行进货检查验收制度，验明产品合格证明和其他标识。"

（4）《农产品质量安全法》。该法是专门针对农产品质量安全而制定的法律，鉴于转基因食品很大部分属于农产品，因此对转基因食品的法律规制很有意义。在转基因食品食用安全方面，该法第2条规定："农产品质量安全，是指农产品质量符合保障人的健康、安全的要求。"在消费者知情权方面，该法第30条规定："属于农业转基因生物的农产品，应当按照农业转基因生物安全管理的有关规定进行标识。"

（5）《进出口商品检验法》。该法是规范我国转基因食品国际贸易的主要法律，对保护我国国家利益具有重要作用。该法第4条规定："进出口商品检验应当根据保护人类健康和安全、保护动物或者植物的生命和健康、保护环境、防止欺诈行为、维护国家安全的原则，由国家商检部门制定、调整必须实施检验的进出口商品目录并公布实施。"

从我国现有的法律规定来看，对转基因食品流通消费中可能出现的问题，我国法律进行了有效应对，但问题是，法律的相关规定虽然提出了目标性要求，但是实践中可操作性不强，因此，尽管提出了相关的要求，但还是可能在实践中无法取得预期的立法目标。基于这个原因，我国又制定了一系列配套的行政法规或规章。

2. 主要行政法规或规章。

（1）国务院制定的行政法规。在转基因食品流通消费规制的行政法规中，由国务院制定的主要有3部：一是，《农业转基因生物安全管理条例》，这部条例是我国规范转基因食品的最重要的行政法规，在转基因食品流通消费阶段亦可适用。在转基因食品流通消费阶段主要适用的条款是：该条例第8条关于对农业转基因生物实行标识制度和该条例第五章关于农业转基因生物进出口的相关规定。二是，《食品安全法实施条例》。该条例对《食品安全法》进行了进一步细化和明确。三是，《进出口商品检验法实施条例》。该条例是对《进出口商品检验法》的进一步细化，该条例第9条规定："出入境检验检疫机构对进出口商品实施检验的内容，包括是否符合安全、卫生、健康、环境保护、防止欺诈等要求以及相关的品质、数量、重量等项目。"第32条第1款规定："国家对进出口食品生产企业实施卫生注册登记管理。获得卫生注册登记的出口食品生产企业，方可生产、加工、储存出口食品。获得卫生注册登记的进出口食品生产企业生产的食品，方可进口或者出口。"

（2）农业部制定的行政规章。农业部制定的适用于转基因食品流通消费环节的行政规章主要有：①《农业转基因生物标识管理办法》[1]，该办法规定农业转基因生物的强制标识制度，对保护消费者知情权具有重要意义。②《农产品包装和标识管理办法》[2]，这是为加强农产品包装和标识管理，建立健全农产品可追溯制度而制定的行政规章，该办法对属于农业转基因生物的农产品，明确提出标识要求。③《农业转基因生物标签的标识》[3]，这是一个规范农业转基因生物标识的国家标准。④《农业转基因生物进口安全管理办法》[4]，该办法对农业转基因生物进口进行了较为详细的规定。

---

[1] 2002年1月5日农业部令第10号。
[2] 2006年10月17日农业部令第70号。
[3] 2007年6月11日农业部896号公告－1－2007。
[4] 2002年1月5日农业部令第9号。

（3）国家卫生和计划生育委员会制定的行政规章。国家卫生和计划生育委员会制定的与转基因食品生产加工法律规制相关的行政规章主要有：①《新食品原料安全性审查管理办法》，该办法不仅适用于转基因食品国内流通的管理，还对转基因食品进口进行规范。②《新食品原料申报与受理规定》，该规定对转基因食品进口卫生许可的程序与条件提出具体要求。③《新食品原料安全性审查规程》，该规程规定了转基因食品进口的安全审查的具体办法。

（4）国家质检总局制定的行政规章。国家质检总局制定的适用于转基因食品流通消费环节的行政规章主要有：①《进出境转基因产品检验检疫管理办法》[1]，该办法对转基因食品的进口或者过境的检验检疫作了具体规定。②《食品标识管理规定》[2]，该规定对转基因食品标识制度具有较大意义。该规定第16条规定，"食品有以下情形之一的，应当在其标识上标注中文说明：医学临床证明对特殊群体易造成危害的；经过电离辐射或者电离能量处理过的；属于转基因食品或者含法定转基因原料的；按照法律、法规和国家标准等规定，应当标注其他中文说明的"。

另外，商务部制定的《餐饮企业经营规范》[3]，对消费者在餐饮企业消费时，实现对转基因食品的知情权具有积极意义。该规范适用范围是各种经济类型的餐饮企业，包括饭庄、酒家、酒楼、餐馆、餐厅（含饭店、宾馆、酒店对外经营的餐厅）、小吃店、快餐店、饮品店，以及集体用餐配送企业。规范第3、5、12条均规定"使用转基因原料及其制品制作的食品，须明示"，至于采取何种明示方式，规范没有明确规定。

（二）转基因食品流通消费规制的法律制度

我国通过上述法律法规，建立了转基因食品标识制度、转基因食品进口审批制度、转基因食品检验检疫制度，来应对转基因食品流通过程中可能出现的问题。其中，转基因食品标识制度主要应对消费者权益被侵害问题，转基因食品进口审批制度和转基因食品检验检疫制度主要应对转基因国际贸易中国家利益被侵害的问题。

1. 转基因食品的标识制度。转基因食品标识是指转基因食品的生产者或

---

[1] 2004年5月24日国家质检总局令第62号。
[2] 2007年8月27日国家质检总局令第102号。
[3] 2007年7月24日商务部公告第65号。

销售者在该食品的包装、标签上，或者通过其他有效方式，针对该食品的生产或加工过程系经现代生物技术进行转基因而成的事实进行的说明。标识内容一般包括是否为转基因食品、转基因成分是多少、是否有毒性与过敏原、是否含有抗生素标记基因、营养成分的构成状况等信息。转基因食品标识制度的功能，不仅是让消费者实现知情权、选择权，还是"转基因食品经过安全评估、审核及市场准入的最终体现，是转基因食品管理的信息系统和监督系统的基础"[1]。

按照对转基因食品进行标识是否为法定义务来区分，转基因食品标识可分为强制标识与自愿标识。强制标识是指由法律规定必须对转基因食品加以标识，否则将承担不利的法律后果。自愿标识又称任意标识，是指法律并未规定一定要进行标识，转基因食品生产者或销售者可以根据市场趋势或消费者偏好，自行决定是否对其产品加以标识。

按照对转基因食品标识的内容来区分，转基因食品标识可分为正面积极标识和消极标识。积极标识又称正面标识，是指明确标示食品中含有转基因物质或经过基因技术处理程序，通常表述为"含有……"或者"经过……"。消极标识又称负面标识，是指明确标示食品中不含有转基因物质或未经过基因技术处理程序，通常表述为"不含……"或者"未经……"。

其中，强制标识与自愿标识的区分最具法律意义，一个国家或者地区做出怎样的选择直接地反映出其对转基因食品的规制态度。当然，上述两种分类并非毫无关联，而是存在内在的逻辑关系，强制标识只能是积极标识，自愿标识则既可以是积极标识，也可以是消极标识。值得注意的是，法律在规定强制标识的同时，一般也不会禁止自愿的消极标识。

从我国的法律法规来看，我国对转基因食品并未提出统一的标识要求，对有的转基因食品要求实行强制标识，而对有的转基因食品没有要求实行强制标识，也就是实行自愿标识，因此，我国的转基因食品标识制度是一种强制标识与自愿标识共存的制度。有些学者认为，我国对转基因食品实行的是强制标识制度，这是不准确的理解，准确的理解应该是我国对部分转基因食品实行强制标识制度。

---

[1] 付文佚、王长林："转基因食品标识的核心法律概念解析"，载《法学杂志》2010年第11期。

(1) 强制标识。

第一,标识对象。所谓标识对象是指需要进行标识的转基因食品范围。在我国现行法律法规中,唯一明确转基因食品强制标识范围的是《农业转基因生物标识管理办法》,该办法规定的需要强制标识的农业转基因生物很大部分属于转基因食品。该办法采取目录的形式来明确标识对象,即在目录中将所有要求强制标识的农业转基因生物罗列出来,目录由农业部与国务院有关部门磋商制定、调整和公布。截至目前,农业部仅公布了第一批需要强制标识的转基因生物目录,包括:大豆种子、大豆、大豆粉、大豆油、豆粕、玉米种子、玉米、玉米油、玉米粉(含税号为11022000、11031300、11042300的玉米粉)、油菜种子、油菜籽、油菜籽油、油菜籽粕、棉花种子、番茄种子、鲜番茄、番茄酱共5类17种农业转基因生物。换言之,此目录之外的转基因食品不要求强制标识。

第二,标识要求。转基因食品标识必须使用规范的中文汉字进行标注,标识应当醒目且在流通过程中清晰易辨,并和产品的包装、标签同时设计和印制。倘若难以在原有包装、标签上标注转基因食品标识,可采用在原有包装、标签的基础上附加转基因食品标识的办法进行标注,但附加标识应当牢固、持久。

首先,标识的标注方法。可用包装物或标签对转基因食品进行标识时,可采用下列方式标注:对于转基因动植物和微生物,转基因动植物、微生物产品,含有转基因动植物、微生物或者其产品成分的种子、种畜禽、水产苗种和添加剂等产品,直接标注"转基因××";对于转基因农产品的直接加工品,标注为"转基因××加工品(制成品)"或者"加工原料为转基因××";对于用农业转基因生物或用含有农业转基因生物成分的产品加工制成的产品,但最终销售产品中已不再含有或检测不出转基因成分的产品,标注为"本产品为转基因××加工制成,但本产品中已不再含有转基因成分"或者标注为"本产品加工原料中有转基因××,但本产品中已不再含有转基因成分"。另外,有特殊销售范围要求的转基因食品,还应当明确标注销售的范围,可标注为"仅限于××销售(生产、加工、使用)"。难以用包装物或标签对转基因食品进行标识时,可采用下列方式标注:对于难以在每个销售产品上标识的快餐业和零售业中的转基因食品,可以在产品展销(示)柜(台)上进行标识,也可以在价签上进行标识或者设立标识板(牌)进行标识；对于销售无包装和标签的转基因食品，可以采取设立标识板（牌）的方式进行标识；对于装在运输容器内的转基因食品，在不经包装直接销售时，销售现场可以在容器上进行标识，也可以设立标识板（牌）进行标识；销售无包装和标签的转基因食品，难以用标识板（牌）进行标注时，销售者应当以适当的方式声明；进口无包装和标签的转基因食品，难以用标识板（牌）进行标注时，应当在报检（关）单上注明。

其次，标识的标注位置。实践中，有些生产者或者经营者将转基因标识标注在标签最不显眼的位置，甚至有的不仔细观察根本看不到标识的存在，因此法律对标识标注的位置提出一定要求，以便消费者进行识别。我国对标识的标注位置有两点要求：其一，是标识应直接印刷在产品标签上；其二，标识应紧邻产品的配料清单或原料组成，无配料清单和原料组成的应标注在产品名称附近。

再次，标识的文字规格。实践中，有些转基因食品生产者或者经营者使用非常小的文字来进行标识，以至于对一般消费者而言，常常注意不到这些标识文字，从而影响消费者进行识别。我国对转基因食品标识的文字规格的要求是：当包装的最大表面积[1]大于或等于10平方厘米时，文字规格的高度不小于1.8毫米，且不小于产品标签中其他最小强制性标示的文字；当包装的最大表面积小于10平方厘米时，文字规格不小于产品标签中其他最小强制性标示的文字。

最后，标识的文字颜色。除了标识的标注位置和文字大小外，另一个影响消费者识别的因素是标识文字的颜色。如果文字颜色比较暗淡或者与标签的底色比较接近，则消费者就很难在正常的时间内，识别出这是一种转基因食品。我国对标识文字颜色的要求是，必须符合下列条件之一：一是与产品

---

[1] 包装最大表面积计算方法：①长方体形包装物或长方体形包装容器计算方法是长方体形包装物或长方体形包装容器的最大一个侧面的高度（厘米）乘以宽度（厘米）。②圆柱形包装物、圆柱形包装容器或近似圆柱形包装物、近似圆柱形包装容器计算方法是包装物或包装容器的高度（厘米）乘以圆周长（厘米）的40%。③其他形状的包装物或包装容器计算方法是包装物或包装容器的总表面积的40%。另外，如果包装物或包装容器有明显的主要展示版面，应以主要展示版面的面积为最大表面面积；主要展示版面是指消费者购买产品时，包装物或包装容器上最容易观察到的版面。如果是瓶形或罐形，计算表面面积时不包括肩部、颈部、顶部和底部的凸缘。参见《农业转基因生物标签的标识》（2007年6月11日农业部896号公告-1-2007）。

标签中其他强制性标示的文字颜色相同;二是当与产品标签中其他强制性标示的文字颜色不同时,应与标签的底色有明显的差异,不得利用色差使消费者难以识别。

(2)自愿标识。由于我国法律并没有要求所有的转基因食品均须进行标识,所以对于标识目录之外的转基因食品,生产者或销售者可以自行决定为标识或者不为标识。如果选择进行标识,则标识的方法可以参考上述强制标识的要求进行,也可以自己决定,但是标识内容不能违反我国有关法律规定。截至目前,市场上还没有出现未列入标识目录的转基因食品生产者或销售者自愿标识的情况。

2. 转基因食品进口审批制度。我国转基因食品进口审批制度的主要法律依据是农业部的《农业转基因生物进口安全管理办法》和国家卫生和计划生育委员会的《新食品原料安全性审查管理办法》。《农业转基因生物进口安全管理办法》规定,我国进口农业转基因生物必须获得农业部颁发的农业转基因生物安全证书或者相关批准文件。农业部以安全评价为前提,将进口转基因生物及其产品按照用于研究试验、用于生产、用作加工原料以及直接用作消费品等类型进行审批。进口农业转基因生物用于生产或用作加工原料的,应当在取得农业部颁发的农业转基因生物安全证书后,方能签订合同。进口农业转基因生物,没有农业部颁发的农业转基因生物安全证书和相关批准文件的,或者与证书、批准文件不符的,作退货或者销毁处理。《新食品原料安全性审查管理办法》规定,进口的转基因食品原料与我国已经公告的新食品原料不具有实质等同性的,必须向国家卫生和计划生育委员会申请卫生行政许可。在获得农业部颁发的农业转基因生物安全证书或者相关批准文件并向国家卫生和计划生育委员会申请卫生行政许可后,才能依法向有关部门办理进出境的其他手续。

(1)用于研究和试验的农业转基因生物。

第一,用于研究或中间试验的农业转基因生物。我国法律根据拟进口的农业转基因生物的安全等级,提出不同的具体要求。①安全等级Ⅰ、Ⅱ的农业转基因生物。从我国境外引进安全等级Ⅰ、Ⅱ的农业转基因生物进行实验研究,引进单位应当向农业转基因生物安全管理办公室提出申请,并提供下列材料:农业部规定的申请资格文件;进口安全管理登记表;引进农业转基因生物在国外已经进行了相应的研究的证明文件;引进单位在引进过程中拟采取的安全防范措施。经审查合格后,由农业部颁发农业转基因生物进口批准文件。②安全等级Ⅲ、Ⅳ的农业转基因生物。从我国境外引进安全等级Ⅲ、Ⅳ的农业转基因生物进行实验研究和所有安全等级的农业转基因生物进行中间试验,引进单位应当向农业部提出申请,并提供下列材料:农业部规定的申请资格文件;进口安全管理登记表;引进农业转基因生物在国外已经进行了相应研究或试验的证明文件;引进单位在引进过程中拟采取的安全防范措施;农业转基因生物安全评价所需的相应材料。经审查合格后,由农业部颁发农业转基因生物进口批准文件。

第二,用于环境释放和生产性试验的农业转基因生物。从我国境外引进农业转基因生物进行环境释放和生产性试验,引进单位应当向农业部提出申请,并提供下列材料:农业部规定的申请资格文件;进口安全管理登记表;引进农业转基因生物在国外已经进行了相应的研究的证明文件;引进单位在引进过程中拟采取的安全防范措施;农业转基因生物安全评价所需的相应材料。经审查合格后,由农业部颁发农业转基因生物安全审批书。

(2) 用于生产的农业转基因生物。境外公司向中华人民共和国出口转基因植物种子、种畜禽、水产苗种和利用农业转基因生物生产或者含有农业转基因生物成分的植物种子、种畜禽、水产苗种等拟用于生产应用,应当向农业部提出申请,并提供下列材料:进口安全管理登记表;输出国家或者地区已经允许作为相应用途并投放市场的证明文件;输出国家或者地区经过科学试验证明对人类、动植物、微生物和生态环境无害的资料;境外公司在向我国出口过程中拟采取的安全防范措施;农业转基因生物安全评价所需的相应材料。

必须强调的是,境外公司在提出上述申请时,应当在中间试验开始前申请,经审批同意,试验材料方可入境,并依次经过中间试验、环境释放、生产性试验三个试验阶段以及农业转基因生物安全证书申领阶段。中间试验阶段的申请,经审查合格后,由农业部颁发农业转基因生物进口批准文件,境外公司凭此批准文件依法向有关部门办理相关手续;环境释放和生产性试验阶段的申请,经安全评价合格后,由农业部颁发农业转基因生物安全审批书,境外公司凭此审批书向有关部门办理相关手续;安全证书的申请,经安全评价合格后,由农业部颁发农业转基因生物安全证书,境外公司凭此证书依法向有关部门办理相关手续。引进的农业转基因生物在生产应用前,应取得农业转基因生物安全证书,方可依照有关种子、种畜禽、水产苗种的相关法律法规的规定办理相应的审定、登记或者评价、审批手续。

（3）转基因食品及其加工原料的进口。我国对进口转基因食品及其原料的审批,可能出现有两种情况。如果拟进口转基因食品及其原料是第一次在我国上市销售,则既要向农业部申请该产品的农业转基因生物安全证书,还要向国家卫生与计划生育委员会申请该产品的卫生行政许可;如果拟进口转基因食品及其原料已经在我国上市销售,那么只要向农业部申请该产品的农业转基因生物安全证书即可。出现这种现象的原因是《农业转基因生物进口安全管理办法》依循的是"个案审查原则",而《新食品原料安全性审查管理办法》依循的是"实质等同原则"。

第一,申请农业转基因生物安全证书。境外公司向我国出口农业转基因生物用作加工原料或者直接用作消费品,应当向农业部申请领取农业转基因生物安全证书。

首先,申请一般程序。境外公司提出上述申请时,应当提供下列材料:进口安全管理登记表;安全评价申报书;输出国家或者地区已经允许作为相应用途并投放市场的证明文件;输出国家或者地区经过科学试验证明对人类、动植物、微生物和生态环境无害的资料;农业部委托的技术检测机构出具的对人类、动植物、微生物和生态环境安全性的检测报告;境外公司在向我国出口过程中拟采取的安全防范措施。经安全评价合格后,由农业部颁发农业转基因生物安全证书。

其次,申请简化程序。在申请获得批准后,再次向我国提出申请时,符合同一公司、同一农业转基因生物条件的,可简化安全评价申请手续。申请时只需提供以下材料:进口安全管理登记表;农业部首次颁发的农业转基因生物安全证书复印件;境外公司在向我国出口过程中拟采取的安全防范措施。经审查合格后,由农业部颁发农业转基因生物安全证书。

进口用作加工原料或者直接用作消费品的农业转基因生物如果具有生命活力,应当建立进口档案,载明其来源、贮存、运输等内容,并采取与农业转基因生物相适应的安全控制措施,确保农业转基因生物不进入环境。

第二,申请卫生行政许可。进口转基因食品及其原料申请卫生行政许可的要求,与国内产品在申请审批程序上没有差异,仅申请时须多提交一些相关材料。关于国内产品申请转基因食品卫生行政许可,前面已经详细讨论,此不赘述。申请进口转基因食品卫生行政许可的，还应当提交以下材料：

首先，生产国相关部门或者机构出具的允许在本国生产或者销售的证明或者该食品在生产国的传统食用历史证明资料。证明文件或者证明资料应当符合下列要求：由产品生产国或原产国政府主管部门、行业协会出具。无法提供文件原件的，可提供复印件，复印件须由出具单位确认或由我国驻产品生产国使领馆确认；应当载明产品名称、申报单位名称、出具文件的单位名称并加盖单位印章或法定代表人签名及文件出具日期；所载明的产品名称和申报单位名称应当与所申报的内容完全一致；一份证明文件载明多个产品的应当同时申报，其中一个产品提供原件，其他可提供复印件，并提供书面说明，指明原件在哪个产品申报资料中；证明文件如为外文，应译为规范的中文，中文译文应当由中国公证机关公证；无法提交证明文件的，国家卫生和计划生育委员会可对产品生产现场进行审核。

其次，在华责任单位授权书。在华责任单位的授权书应由申报单位和在华责任单位双方共同签署，并经公证机关进行公证。如授权书不是中文，还应译成中文，并对中文译文进行公证。授权书应包括以下内容：授权单位名称、在华责任单位的名称、授权有效期、所授权的产品范围、授权权限等内容。授权权限应明确在华责任单位是进口产品的进口商或经销商，权限还可包括代表申报单位加盖印章确认申报材料。申报单位应将授权书的原件，包括中文译本，提交国家卫生和计划生育委员会卫生监督中心存档备查。拟变更在华责任单位的，应提供以下资料：健康相关产品卫生行政许可变更申请表；卫生行政许可批件原件；针对拟变更的在华责任单位的授权书；因在华责任单位名称自身变更或地址变更而申请变更在华责任单位有关内容的，还应提供当地工商行政管理机关出具的证明文件原件。

另外，若申报转基因食品及其原料产品系以委托加工方式生产，除按以上规定提交材料外，还须提交以下资料：委托方与被委托方签订的委托加工协议书；进口产品应当提供被委托方生产企业的质量管理体系或良好生产规范的证明文件；国产产品应提供被委托方生产企业的卫生许可证复印件。

3. 转基因食品进口检验检疫制度。我国转基因食品进口检验检疫制度，主要体现于《进出境转基因产品检验检疫管理办法》的相关规定。该办法分别对进入我国境内销售的转基因产品和在我国过境的转基因产品，提出了不同的检验检疫要求。

（1）进境检验检疫。

第一，申报要求。货主或者其代理人在办理进境报检手续时，应当在"入境货物报检单"的货物名称栏中注明是否为转基因产品。申报为转基因产品，除按规定提供有关单证外，还应当提供法律法规规定的主管部门签发的农业转基因生物安全证书或者相关批准文件以及农业转基因生物标识审查认可批准文件。

第二，审查批准。①标识核查。对于我国实行强制标识的进境转基因产品，检验检疫机构应当核查标识，符合农业转基因生物标识审查认可批准文件的，准予进境；不按规定标识的，重新标识后方可进境；未标识的，不得进境。②基因检测。对列入实行强制标识的农业转基因生物目录的进境转基因产品，如申报是转基因产品，检验检疫机构应当实施转基因项目的符合性检测；如申报是非转基因产品，检验检疫机构应进行转基因项目抽查检测；对实行强制标识的农业转基因生物目录以外的进境动植物及其产品、微生物及其产品和食品，检验检疫机构可根据情况实施转基因项目抽查检测。检验检疫机构按照国家认可的检测方法和标准进行转基因项目检测。经转基因检测合格，才准予进境。如有下列情况之一的，检验检疫机构通知货主或者其代理人作退货或者销毁处理：一是，申报为转基因产品，但经检测其转基因成分与批准文件不符；二是，申报为非转基因产品，但经检测其含有转基因成分。

另外，进境供展览用的转基因产品，须获得法律法规规定的主管部门签发的有关批准文件后方可入境，展览期间应当接受检验检疫机构的监管。展览结束后，所有转基因产品必须作退回或者销毁处理。如因特殊原因，需改变用途的，须按有关规定补办进境检验检疫手续。

（2）过境检验检疫。

第一，申报要求。过境的转基因产品，货主或者其代理人应当事先向国家质检总局提出过境许可申请。申请过境许可需提交以下资料：转基因产品过境转移许可证申请表；输出国家或者地区有关部门出具的境外已进行相应研究的证明文件或者已允许作为相应用途并投放市场的证明文件；转基因产品的用途说明和拟采取的安全防范措施等。

第二，审查批准。国家质检总局对符合要求的申请，签发"转基因产品过境转移许可证"并通知进境口岸检验检疫机构；对不符合要求的申请，签发"不予过境转移许可证"，并说明理由。过境转基因产品进境时，货主或者其代理人须持规定的单证和过境转移许可证向进境口岸检验检疫机构申报，经检验检疫机构审查合格，才准予过境，并由出境口岸检验检疫机构监督其出境。对改换原包装及变更过境线路的过境转基因产品，应当按照规定重新办理过境手续。

二、我国转基因食品流通消费法律制度的不足

（一）转基因食品标识制度的不足

为能有的放矢地讨论转基因食品标识制度的不足，笔者拟结合发生在我国的雀巢转基因案进行讨论。雀巢转基因案是指2003年中国消费者朱燕翎状告雀巢公司侵犯其知情权一案，该案是我国转基因食品标识制度确立以来发生的第一起案件，当时引起我国各大媒体和公众的广泛关注。由于该案具有一定代表性，因此可以通过对该案件的讨论，来审视我国转基因食品标识制度存在的不足。

1. 雀巢转基因案。

（1）雀巢转基因案背景。2002年底，一篇题为《把亚洲儿童当实验用小白鼠》的网上文章称，对欧美市场用户承诺不使用转基因原料的全球最大食品商之一的雀巢公司，正在被指责将中国及亚洲儿童当作其转基因食品的"实验用小白鼠"。文章同时披露了香港绿色和平组织的一项检测结论：雀巢的奶制品和婴儿食品中大都含有不明基因的原料。此文一出，国内的大多数消费者首次意识到自己在超市、商场购买的雀巢食品中可能含有转基因成分。[1]绿色和平组织声称发现中国境内销售的有6种雀巢食品含有不明基因，它们分别是雀巢甘脆朱古力、百福豆浆（百福是雀巢公司的品牌）、百福高钙豆浆、雀巢婴儿纯米粉（苹果味）、凤仙雪条、百福豆腐花。面对事实，雀巢公司方面当时给媒体传真称他们的产品绝对没有转基因成分。绿色和平组织表示：雀巢在回避真相。对此，绿色和平组织向媒体出具了一份对雀巢产品检测的转基因报告。被检测产品为雀巢旗下的"美极翡翠白玉汤"（一种即冲食品）。检测报告由绿色和平组织委托香港一家基因公司出具，报告结论中认为该汤料中的大豆中含有一种抗除草剂基因。国内媒体及消费者对雀巢产品含有转基因成分也表现出了极大的关注。国内不少消费者认为，雀巢要么遵守

---

[1] 曾朝晖："转基因危机考验雀巢"，载《中国工业报》2008年3月19日，第B03版。

中国的法律，老老实实地标注，还消费者一个知情权及选择权，要么就向中国消费者承诺不使用转基因原料。在舆论压力下，雀巢（中国）有限公司表示："有些产品可能含有转基因农作物所制成的配料，如果有的话，它们的安全性是已经证明的，正像所有配料一样，都是严格遵守中国的法规和雀巢自己非常严格的标准，尊重国际准则的。"绿色和平组织则回应认为，雀巢在不同的国家在转基因问题上有"双重标准"。雀巢（中国）有限公司的解答是：雀巢没有"双重标准"，全世界包括中国在内都是知道它关于转基因技术的立场的。在每一个运作的国家，雀巢都尊重当地的文化并融入当地环境，严格遵守每一个国家有关食品安全和食品标识方面的法律和法规。在尚未针对来源于转基因植物和食品配料进行标识这一问题签署全球性协议前，这一问题是由各个国家的法律和法规来解决的。因而，在某些欧洲国家的法律和法规要求对转基因产品进行标识时，雀巢严格遵守这些规定，这不是雀巢执行"双重标准"。[1]对此，农业部农业转基因生物安全管理办公室出具了答复。答复内容是："国家对农业转基因生物实行标识制度"，"凡是列入标识管理目录并用于销售的农业转基因生物，应当进行标识；未标识和不按规定标识的，不得进口或销售。"第一批列入标识目录的转基因农产品共有5类17种。6种雀巢食品不在标识目录管理范围之内，无须申报转基因标识。[2]

（2）雀巢转基因案简介。朱燕翎于2003年3月在上海联家超市为自己的孩子购买了一袋"雀巢巧伴伴"，后通过新闻媒体获悉该食品中含有转基因成分，而其购买的那袋"雀巢巧伴伴"并未就含有转基因成分的情况进行标识。2003年4月，朱燕翎以"雀巢巧伴伴"生产者和经营者违反我国《消费者权益保护法》、《合同法》和《产品质量法》等相关规定，侵犯其知情权和选择权为由，将瑞士雀巢产品有限公司、上海雀巢公司及销售该产品的上海联家超市列为共同被告，诉至上海市第二中级人民法院，请求法院判令两被告对购买的食品予以退一赔一（共计人民币13.6元），同时停止侵害，在"雀巢巧伴伴"食品上标注说明含有转基因成分。2003年6月底，该案由上海市第

---

[1] 周卫国："雀巢终于向公众表态产品可能含有转基因成分"，http://news.xinhuanet.com/newscenter/2002-12/25/content_669999995396.htm，访问时间：2007年8月9日。

[2] 参见农业部给雀巢（中国）有限公司回复函，http://finance.sina.com.cn/roll/20031218/1003567049.shtml，访问时间：2007年8月9日。

二中级人民法院正式受理。被告辩称其产品不含转基因成分。因此,该案中"雀巢巧伴伴"是否含有转基因成分成为原被告双方胜负的关键所在。然而,当时关于转基因检测方法并无国家标准,只有17个行业性推荐标准。2003年8月,法院指定具有鉴定资格的上海市农科院生物技术中心对本案争议食品进行鉴定。上海市农科院生物技术中心依据其自行制定的巢式 PCR 方法进行检测后,出具的检测报告结论为:来样检测出含有转基因抗草甘膦大豆成分。被告上海雀巢有限公司对此检测结论提出异议,要求重新鉴定。2003年10月,法院指定上海市农科院生物技术中心对鉴定结论进行复检。在复检中,上海市农科院依据农业部发布的行业推荐标准"转基因植物及其产品检测大豆定性 PCR 方法"进行检测,于2003年12月17日出具复检报告,结论为:送检产品未检出转基因成分。上海市农科院生物技术中心使用不同的检测方法对"雀巢巧伴伴"进行鉴定,得出的结果截然不同。[1]2003年4月20日,上海市第二中级人民法院一审判决原告败诉。法院认为,农业部发布的"转基因植物及其产品检测大豆定性 PCR 方法"是在现有实验设施和技术水平下的农业行业标准,因此上海市农科院于2003年12月17日出具的最终鉴定结论具有证明效力,据此判决原告败诉。原告不服一审判决,上诉至上海高级人民法院。2004年10月25日,上海市高级人民法院对雀巢转基因标识案做出终审判决,维持上海第二中级人民法院的判决,驳回了朱燕翎的诉讼请求。上海市高级人民法院在判决中认为,上海农科院第二次采用的检测方式是目前对转基因植物及其产品进行检测的农业行业标准,具有现实性和规范性,因此终审维持原判。[2]

2. 我国转基因食品标识制度的不足。

(1)相关法律法规存在冲突。此案中,原告认为雀巢公司未对其产品含转基因成分的情况进行标识,侵犯了其知情权和选择权,法律依据如下:①《消费者权益保护法》规定,消费者在购买、使用商品和接受服务时享有人身、财产安全不受损害的权利。消费者有权要求经营者提供的商品和服务,符合保障人身、财产安全的要求,这是法律对消费者权利的基本保护;经营者对可能危及人身、财产安全的商品和服务,应当向消费者做出真实的说明和明

---

〔1〕 赵关良:"谁给转基因食品知情权?",载《中国环境报》2004年2月19日,第3版。
〔2〕 胡笑红:"消费者状告雀巢转基因案败诉"载人民网2007年8月9日。

确的警示,这是法律赋予消费者的知情权。消费者有权知道哪些产品可能危及自身安全,而经营者有义务将这种可能性告知消费者,并且做出明确警示。②我国《合同法》规定,当事人应当遵循诚实信用原则,根据合同的性质、目的和交易习惯履行通知、协助、保密等义务。合同一方当事人履行通知义务,对应的就是另一方当事人的知情权。③我国《产品质量法》规定,产品或者其包装上的标识必须真实,使用不当容易造成产品本身损坏或者可能危及人身、财产安全的产品,应当有警示标志或者中文警示说明。被告雀巢公司则辩称,即便其产品中含有转基因成分,其也没有对产品含转基因成分的情况进行标识的义务,其法律依据是《农业转基因生物标识管理办法》,而且该主张还获得了国家主管机关的认可。上述情况足以说明,我国转基因食品标识制度尚达不到我国的相关法律提出的目标,两者之间存在明显冲突。

也许有人有疑问,转基因食品对人体是否有害,在科学上尚无定论,那么告知消费者转基因相关信息,为何属于一项法定义务,从而产生法律冲突呢?这个观点似乎也有道理,比如美国的消费者权益保护法律和合同法律也有类似规定,该国就没有要求对转基因食品实行强制标识。笔者认为,美国对该议题不会存在法律冲突的原因是,美国认为食品含有转基因成分的信息不属于生产者或者经营者应当披露的范围。而我国不同,我国遵循的是预防原则,在转基因食品对人类健康是否产生影响存在科学不确定性时,应当认为"科学不能证明转基因食品对人体健康有害,不等于说转基因食品就对人体健康无害",于此情形下,就应当保障消费者的知情权,让消费者自己选择是否食用转基因食品,因而转基因食品的生产者或者经营者有将相关信息告知消费者的义务。有学者更是观点鲜明地指出"妨碍消费者知悉自己食用了何种物质的法律规则,在任何主张个人自主和个人尊严神圣不可侵犯的国家,都是无立足之地的"[1]。欧盟和日本对此问题的观点与我国相近,但与我国不同的是它们对转基因食品标识范围规定的十分广泛,几乎囊括了所有的转基因食品,因此也不会存在法律上的冲突。

(2) 标识对象范围狭窄。此案中,我国相关国家机关的"即便是涉案产品含有转基因成分,根据现行法律法规也无须标识"的观点,引起了很大的

---

[1] Daniel Schramm, "The Race to Geneva: Resisting the Gravitational Pull of the WTO in the GMO Labeling Controversy", *Vt. J. Envtl. L.*, 9 (2007), p. 129.

社会争议，人们不禁要问：何种转基因食品才需要标识，为何有些转基因食品可以不进行标识。特别是近年来，转基因食品已经悄无声息地渗透到我国消费者的生活中，不仅国内企业在食品生产中大量使用转基因农产品，而且进口的转基因食品也纷至沓来，这种置疑之声更是有增无减。这其实就是转基因食品的标识对象范围问题，我国转基因食品标识制度规定的标识对象范围明显狭窄。

我国《农业转基因生物标识管理办法》规定，需要进行标识的农业转基因生物，由农业部制定目录列出。截至目前，根据农业部公布的目录，我国需要进行标识的农业转基因生物仅包括大豆种子、大豆、大豆粉、大豆油、豆粕、玉米种子、玉米、玉米油、玉米粉、油菜种子、油菜籽、油菜籽油、油菜籽粕、棉花种子、番茄种子、鲜番茄和番茄酱，共5类17种。问题是，转基因生物不仅能生产上述食品，还可以生产更多的其他食品。以大豆为例，其不仅可以生产大豆粉、大豆油、豆粕，还可以生产豆腐、豆腐渣、豆腐皮、豆酱、豆蛋白块等多个品种，而且还可以作为主原料或者辅原料生产更多的其他食品。可见，更多的转基因食品并没有被要求进行强制标识。

事实上，卫生部制定的《转基因食品安全管理办法》曾经将标识范围有所扩大。该办法规定实行强制标识的转基因食品为利用基因工程技术改变基因组构成的动物、植物和微生物生产的食品和食品添加剂，包括：转基因动植物、微生物产品；转基因动植物、微生物直接加工品；以转基因动植物、微生物或者其直接加工品为原料生产的食品和食品添加剂。只要符合上述条件的食品，均须进行标识，因此，其范围远远大于农业部公布的目录中罗列出的品种。但是，后来国家卫生和计划生育委员会颁布的《新食品原料安全性审查管理办法》又将转基因食品标识对象的范围缩小到农业部规定的范围。该办法第19条规定"食品中含有新食品原料的，其产品标签标识应当符合国家法律、法规、食品安全标准和国家卫生计生委公告要求"，而国家有关规定只有农业部的相关规定。

（3）缺少风险限值的设定。转基因食品中转基因成分的含量有多有少，造成含量不一的原因也有故意和无意之分。一方面，食品生产者故意使用转基因原料，但不同食品中使用转基因原料的多少不同；另一方面，生产者在食品生产过程中，即便没有使用转基因生物做原料，而且已经采取必要措施尽量避免其产品中含有转基因物质，仍然有可能因为意外因素而含有转基因物质。因此，针对转基因食品中转基因成分的含量多少及其形成原因的不同情况，法律应当区别对待，否则其可操作性就会大打折扣，甚至无法执行。以我国农业部公布的需要强制标识的大豆粉为例，如果大豆粉中含有极其微量的转基因大豆成分，是否需要标识呢？答案是肯定的，原因是大豆粉在我国实施强制标识的目录之内，只要含有转基因成分，即需标识，而含量多少则在所不问。如此一来，不仅对转基因食品的检验技术提出挑战，而且即便能检出食品中含有微量的转基因成分，如何标识也成为问题，我国提出的国家标准中没有与之对应的表述方法。对此问题，国外的通行做法是设立风险限值制度，转基因食品风险限值是为缓解人类认知上的局限，实现转基因食品安全风险管制格式化的一种方式。人类无法掌控转基因食品的安全风险，只能依据当前的科学知识，设定一个限值，推定高于此限值是危险的，而低于此限值是安全的，因此，风险限制的设定，是一种管制手段，与事实上安全与否并无对应关联。而且，转基因食品风险限值的确定除了依据科技知识外，往往还会考虑经济和社会因素，所以限值本身不仅包含科技理性，还包含了经济理性和政策理性，集中反映了一个国家或地区对转基因食品安全风险的忍受度。欧盟设定的风险限值是0.9%，转基因物质含量低于0.9%的，可以不予标识；澳大利亚、新西兰、捷克、沙特阿拉伯、以色列设定的风险限值是1%；马来西亚和韩国设定的风险限值是3%；日本、泰国、俄罗斯、我国台湾地区、香港地区设定的风险限值是5%。[1]笔者认为，我国转基因食品标识制度没有设立风险限值，是明显的不足之处。

（4）缺乏转基因检验的国家标准。此案中，涉案食品是否含有转基因成分是争议焦点，在委托检测中，竟然出现了同一检查机构检测同一产品，却得出截然相反检测结论的匪夷所思的情况。而造成这种情况的原因是，我国当时在转基因检测方法方面，尚没有统一的国家标准，只有17个行业推荐标准，检测方法的不同造成了检测结果的迥异。从逻辑上看，制定统一的检测标准应当在制定法律之前，否则，法律将得不到有效执行；然而我国在转基因检测国家标准的制定上，却非常滞后。直到2007年12月18日农业部才出台了《"转基因植物及其产品成分检测抗虫玉米Bt10及其衍生品种定性PCR

---

〔1〕 金芜军、贾士荣、彭于发："不同国家和地区转基因产品标识管理政策的比较"，载《农业生物技术学报》2004年第1期。

方法"等27项标准公告》[1]，公布了27项国家标准，这些国家标准2008年3月1日才开始实施。尽管我国已经出台了部分转基因检测国家标准，但仍存在以下两方面的不足：①这些国家标准是转基因检测的定性标准，即仅仅能确定是否含有转基因成分，而不能确定含量多少，这就意味着我国即便设立了转基因食品风险限值，也会因为缺乏国家标准而缺乏可操作性；②检测国家标准针对的转基因品种太少，无法满足市场上所有产品检测的需要，而且随着转基因食品研发力度的不断加大，国家检测标准缺乏的不足会表现的更加突出。因此，有学者就明确指出"我国缺乏权威的转基因成分检测的国家标准，没有进行定期的制度化的检测，使得我国尽管采用了强制标识规定，但却没有得到切实的执行"[2]。

---

[1] 2007年12月18日农业部公告第953号。27项国家标准包括转基因动植物及其产品成分检测6项和转基因植物及其产品环境安全检测21项。转基因动植物及其产品成分检测：抗虫玉米Bt10及其衍生品种定性PCR方法（农业部953号公告-1-2007）；抗虫玉米CBH351及其衍生品种定性PCR方法（农业部953号公告-2-2007）；耐除草剂油菜T45及其衍生品种定性PCR方法（农业部953号公告-3-2007）；耐除草剂油菜Oxy-235及其衍生品种定性PCR方法（农业部953号公告-4-2007）；促生长转ScGH基因鲤鱼定性PCR方法（农业部953号公告-5-2007）；抗虫转Bt基因水稻定性PCR方法（农业部953号公告-6-2007）。转基因植物及其产品环境安全检测：育性改变油菜（农业部953号公告-7-2007）；抗虫水稻第一部分：抗虫性（农业部953号公告-8.1-2007）；抗虫水稻第二部分：生存竞争能力（农业部953号公告-8.2-2007）；抗虫水稻第三部分：外源基因漂移（农业部953号公告-8.3-2007）；抗虫水稻第四部分：生物多样性影响（农业部953号公告-8.4-2007）；抗病水稻第一部分：对靶标病害的抗性（农业部953号公告-9.1-2007）；抗病水稻第二部分：生存竞争能力（农业部953号公告-9.2-2007）；抗病水稻第三部分：外源基因漂移（农业部953号公告-9.3-2007）；抗病水稻第四部分：生物多样性影响（农业部953号公告-9.4-2007）；抗虫玉米第一部分：抗虫性（农业部953号公告-10.1-2007）；抗虫玉米第二部分：生存竞争能力（农业部953号公告-10.2-2007）；抗虫玉米第三部分：外源基因漂移（农业部953号公告-10.3-2007）；抗虫玉米第四部分：生物多样性影响（农业部953号公告-10.4-2007）；抗除草剂玉米第一部分：除草剂耐受性（农业部953号公告-11.1-2007）；抗除草剂玉米第二部分：生存竞争能力（农业部953号公告-11.2-2007）；抗除草剂玉米第三部分：外源基因漂移（农业部953号公告-11.3-2007）；抗除草剂玉米第四部分：生物多样性影响（农业部953号公告-11.4-2007）；抗虫棉花第一部分：对靶标害虫的抗性（农业部953号公告-12.1-2007）；抗虫棉花第二部分：生存竞争能力（农业部953号公告-12.2-2007）；抗虫棉花第三部分：基因漂移（农业部953号公告-12.3-2007）；抗虫棉花第四部分：生物多样性影响（农业部953号公告-12.4-2007）。

[2] 付文佚：《转基因食品标识的比较法研究》，云南人民出版社2011年版，第250页。

(二)转基因食品进口审批制度的不足

1. 进口审批制度的原则存在冲突。我国对进口转基因食品及其原料的审批,可能出现有两种情况。如果拟进口转基因食品及其原料是第一次在我国上市销售,则既要向农业部申请该产品的农业转基因生物安全证书,还要向卫生部申请该产品的卫生行政许可;如果拟进口转基因食品及其原料已经在我国上市销售,那么只要向农业部申请该产品的农业转基因生物安全证书即可。出现这种现象的原因是《农业转基因生物进口安全管理办法》依循的是"个案审查原则",而《新食品原料安全性审查管理办法》依循的是"实质等同原则"。在"个案审查原则"下,每一个转基因食品的进口,都要进行审批,其强调的是产品的个性化,体现的是预防原则的精神;在"实质等同原则"下,只要某个转基因食品与传统食品或食品原料或已批准的转基因食品在种属、来源、生物学特征、主要成分、食用部位、使用量、使用范围和应用人群等方面比较大体相同,所采用工艺和质量标准基本一致,可视为它们是同等安全的,具有实质等同性,因此,也就不必再行审批程序。可见,我国转基因食品进口审批制度的上述两个原则存在明显的冲突,即便是同一个转基因食品的进口审批,若依据不同的原则,会产生截然不同的结果。

2. 与国际规范存在一定冲突。我国转基因食品进口审批制度与国际规范存在的冲突,主要表现在与GATT1994确立的国民待遇原则、过境自由原则和一般例外条款的适用上。①关于国民待遇原则的适用。国民待遇原则是指任何缔约方的产品进口至任何其他缔约方领土时,在有关影响其国内销售、标价出售、购买、运输、分销或使用的所有法律、法规的规定方面,其所享受的待遇不得低于国内同类产品所享受的待遇,即某一缔约方进口产品"应该获得的待遇不低于本国同类产品的待遇"。我国法律规定国外转基因食品只能在获得农业部颁发的农业转基因生物安全证书或者相关批准文件和卫生部申请卫生行政许可后,才能进入我国市场。我国法律法规确立的转基因食品卫生行政许可制度,并未区分国内国外转基因食品而给予区别对待;农业部对用于研究、试验、食品原料生产的转基因生物进口的要求与国内要求也无差异,以上两类符合国民待遇原则当无争议。但是,农业部对转基因食品原料和直接消费的转基因食品的进口,却提出了高于对国内同类产品的要求,即在国内上述两类食品无须再进行安全性评价、申请农业转基因生物安全证书,而从国外进口则需要申请,因此,我国法律的这项规定与国民待遇原则存在

237

冲突。②关于过境自由原则的适用。过境自由原则是指货物、船舶和其他运输工具如经过一缔约方领土的一段路程，无论有无转船、仓储、卸货或改变运输方式的情形，仅为起点和终点均不在运输所经过的缔约方领土的全部路程的一部分，则应被视为经该缔约方领土过境；来自或前往其他缔约方领土的过境运输，应具有经过每一缔约方领土的过境自由。我国法律规定，过境我国的转基因产品，货主或者其代理人应当事先向国家质检总局提出过境许可申请，经批准后方可过境，这项规定显然与过境自由原则相冲突。③关于一般例外条款的适用。GATT1994 规定缔约方即使违背了 WTO 的义务，只要其措施的实施不在情形相同的国家之间构成任意或不合理歧视的手段，或构成对国际贸易的变相限制的要求的前提下，WTO 也不阻止任何缔约方采取或实施下述相关措施：一是，为保护公共道德所必需的措施；二是，为保护人类、动、植物的生命或健康所必需的措施；三是，为保护可用尽的自然资源所必需的有关措施。我国转基因食品法律法规的立法目的无不是为了保护生态环境安全和人类身体健康，但是，是否可以适用一般例外条款，也不是没有争议，因此存在不相协调的隐患。

（三）转基因食品进口检验检疫制度的不足

1. 检验检疫制度与进口审批制度衔接性差。转基因食品的进口，首先应当获得有关部门的审批，然后才能到质检部门申请检验检疫，也就是说，转基因食品进口审批制度应当与检验检疫制度有效衔接。根据我国法律法规的规定，转基因食品及其原料的进口应当获得农业部和卫生部两个部门的审批，但是国家质检总局对于转基因食品及其原料的检验检疫申请，只要求提交农业部的相关审批文件，而对卫生部的审批文件则不作要求，如此一来，我国进口商即便没有履行卫生部的审批手续，也可以实现转基因食品及其原料的进口。因此，我国转基因食品进口审批制度与检验检疫制度的衔接性比较差。也许有人会有这样的疑问，我国转基因食品进口检验检疫制度的法律依据《进出境转基因产品检验检疫管理办法》是 2004 年颁布施行的；而转基因食品及其原料进口需要国家卫生和计划生育委员会审批的法律依据《新食品原料安全性审查管理办法》是 2013 年颁布施行的；两部法规出台时间相隔近 10 年，从时间逻辑看，先施行的检验检疫制度中未作相关要求，实属正常。笔者认为，单从现行制度看，这样理解也不为错，但考察转基因食品进口卫生审批制度的历史，就会发现问题并没有那么简单。早在 2002 年，卫生部就出台了《转基因食品卫生管理办法》，该办法是转基因食品进口需经卫生部审批最早的法律依据，该办法第 3 条规定"转基因食品作为一类新资源食品，须经卫生部审查批准后方可生产或者进口。未经卫生部审查批准的转基因食品不得生产或者进口，也不得用作食品或食品原料"。直到 2007 年 12 月 1 日《新资源食品管理办法》施行后，《转基因食品卫生管理办法》才被废止。因此，我国转基因食品进口审批制度与检验检疫制度的衔接性差的问题，并非新法规出台导致，而是由来已久。

2. 必须检测转基因项目的对象太少。根据我国转基因食品进口检验检疫制度，国家质检部门仅对申报是转基因产品，且属于实行强制标识的农业转基因生物目录中的产品，实施转基因项目的符合性检测；而对申报是非转基因产品，只进行转基因项目抽查检测；对实行强制标识的农业转基因生物目录以外的进境动植物及其产品、微生物及其产品和食品，更是根据具体情况确定是否实施转基因项目抽查检测。如此，我国转基因食品进口必须检测转基因项目的对象，仅仅是局限于申报为转基因产品又被列入农业转基因生物目录的产品，而且只进行符合性检测。如果进口的转基因食品不属于我国实行强制标识的农业转基因生物目录中的产品，或者属于目录中的产品，但申报为非转基因食品，即使没有经过有关部门审批，也可能堂而皇之地进入我国销售；所以，必须检测转基因项目的对象太少，是我国转基因食品进口检验检疫的一个巨大漏洞。在现实生活中，已经出现的一些案例给我们敲响了警钟。如 2007 年 11 月 20 日，北京两家进口食品超市被检测出美国抗除草剂转基因大米，该转基因大米的品种名为 LL601，属于拜耳作物科学有限公司的产品，但至今未获中国农业部批准在中国上市销售。[1]总之，我国转基因食品进口检验检疫制度，仅仅针对实行强制标识的转基因食品进行重点检验检疫的做法，对保护我国消费者十分不利；所有类型的转基因食品都可能对消费者造成伤害，而绝非局限于目录中那 17 个品种。

---

[1] 易蓉蓉："美国转基因大米惊现北京"，载《科学时报》2007 年 11 月 21 日，第 A01 版。

第三节　我国转基因食品流通消费法律制度的完善

一、完善我国转基因食品流通消费法律制度的基本原则

（一）消费者权益特别保护原则

消费者权益特别保护原则是指在转基因食品交易的各方主体中，应当对消费者权益予以特别的保护，换言之，当消费者权益与其他交易主体的利益发生冲突时，法律应当朝着维护消费者权益的方向进行规定。消费者权益特别保护原则之所以成为完善我国转基因食品流通消费法律制度遵循的一项基本原则，有两方面的原因。一方面，在转基因食品流通消费中，最可能出现的问题就是对消费者权益，尤其是健康权、知情权和选择权的侵害，在"安全未有定论的情况下，只能把权利交给消费者"[1]。另一方面，在转基因食品交易中，消费者是以他人生产的转基因食品来满足自己需求的，因此，转基因食品的相关信息严重偏在于生产经营者一方，消费者了解、选择、判断转基因食品的价值与隐患完全依赖于生产经营者；而且，消费者往往是单个的自然人，而转基因食品的生产经营者却有着庞大的组织机构、雄厚的经济实力、先进的技术力量，消费者在交易中总是处于劣势地位；更为重要的是，消费者在消费转基因食品的过程中，除了涉及经济利益之外，更关系到消费者的健康权、知情权和选择权，这些权利是人权的具体表现形式，而对生产经营者而言，却只涉及其经济利益，"经营者与消费者利益形态的差异，也必然要求对消费者予以特殊的保护"[2]。另外，将消费者权益特别保护原则作为完善我国转基因食品流通消费法律制度遵循的一项基本原则，也是实现转基因食品法律规制安全和公平价值目标的必然要求。

（二）协调性原则

协调性原则有两个方面的含义，其一是国内法律法规要具有协调性；其二是国内法与国际规范要具有协调性。国内法律法规具有协调性的意义在于，避免法律法规之间的冲突，减少法律法规实施的成本，提高法律法规的权威

---

[1] 毛新志：《转基因食品的伦理问题与公共政策》，湖北人民出版社2010年版，第357页。
[2] 李昌麒、许明月编著：《消费者保护法》法律出版社1997年版，第61页。

性,更为重要的是,法律法规之间可以通过有效衔接,相互配合,共同实现立法目的。国内法与国际规范具有协调性的意义在于,当出现转基因食品国际贸易争端后,可以使我国在国际诉讼中立于不败地位,有效维护国家利益;另外,国内法与国际规范相协调也是我国参加国际公约所应当履行的义务。一方面,我国转基因食品流通消费规制的相关立法涉及农业、卫生、质检、商务等多个行政部门,每个行政部门在制定法规时,均是从本部门职责的角度出发,甚至从本部门的利益来考虑问题,因而,部门法规之间的冲突并不少见,这种状况很不利于实现我国转基因食品流通消费法律制度的立法目标。另一方面,在转基因食品国际贸易中,我国转基因食品流通消费法律制度能否最终实现维护国家利益的目标,很大程度上取决于我国法律制度与国际规范是否具有协调性。因为,我国转基因食品进口的相关法律制度加大了出口国的负担,比较容易引起我国与出口国之间的争端,而最终解决争端依据的是有关的国际规范;我国法律法规只有与相关的国际规范具有协调性,才能使我国的转基因食品进口的法律制度得到持续实施,否则,会因为违反国际规范而不得不修改或者废止。总之,协调性原则是完善我国转基因食品流通消费法律制度应当遵循的一项基本原则,这是保护我国消费者权益、维护国家利益的需要,也是实现转基因食品法律规制安全和秩序价值目标的必然要求。

(三) 分步实施原则

分步实施原则是指,在完善转基因食品流通消费法律制度的过程中,不能一味追求一蹴而就,而是要根据我国的具体现状,在确定一个明确目标的前提下,分步骤进行完善,否则欲速则不达,不仅无法实现对法律制度的完善目标,还可能使得法律制度失去适用性,从而走向目标的反面。选择分步实施原则作为完善我国转基因食品流通消费法律制度遵循的一项基本原则,有两方面的原因。从制度设计角度讲,在法律制度中有时候一项措施是另一项措施的前提条件,如果前一项措施尚未得到完善落实,则后一项措施的完善就必须延迟开展,比如我国转基因食品标识制度中,一般食品的强制标识措施就是《餐饮企业经营规范》要求餐饮企业向消费者明示食品是使用转基因原料及其制品制作的前提,在一般食品产品的强制标识措施尚未落实的情况下,讨论餐饮企业应如何对消费者明示,应当明示哪些信息等议题,是意义不大的;因为,在这种情形下,餐饮企业也不清楚其制作的食品是否使用了转基因原料及其制品,实无可能向消费者明示。从制度环境角度讲,我国管理转基因食品流通环节的行政部门较多,而且职能存在交叉,多头管理由来已久,很难在短期内实现协调统一,只能逐步调整;我国的转基因科技水平还有待提高,而且各个地区又参差不齐,不可能同时适应较高的检测技术要求。总之,分步实施原则作为完善我国转基因食品流通消费法律制度遵循的一项基本原则,既是我国基本国情的现实需要,也是实现转基因食品法律规制秩序价值目标的必然要求。

二、完善我国转基因食品流通消费法律制度的具体构想

(一) 加强研究,增速制定,建立国家转基因食品检测技术标准体系

科学统一的国家转基因食品检测技术标准体系,对转基因食品流通消费法律制度而言,至关重要,特别是对转基因食品标识制度、转基因食品进口检验检疫制度来说,更是其能否有效实施的基础前提。目前,我国转基因食品检测技术标准体系建设非常滞后,仅有的一些国家检测标准还是近两年制定的,而且还存在标准针对的转基因品种少,只能定性检测不能定量检测等缺陷,可以说这些标准无论是在广度、深度和响应速度等方面,距离科学统一的国家转基因食品检测技术标准体系的要求,都存在巨大差距。由于没有转基因食品的检测技术标准,许多国内的转基因食品可以逃避强制标识的要求,许多国外的转基因食品没有经过检测,或者无法检验出含有转基因成分,就直接进入我国市场,这些情况不仅危害我国转基因食品产业的健康发展,更是威胁着我国的食品安全,侵犯着我国消费者的健康权、知情权和选择权。为此,如何尽快建立科学统一的国家转基因食品检测技术标准体系,是摆在我们面前亟待解决的问题。笔者认为,应当从以下几个方面入手:①相关部门通力协作。国家质检总局、标准委、发改委、科技部、农业部、商务部、卫生部、食品药品监督管理局以及有关行业协会,应当集中力量,整合资源,通力协作,形成合力,为建立国家转基因食品检测技术标准体系疏通体制障碍,提供有力保障。②加大标准研究的资金投入。在国家财政预算中设立转基因食品技术标准专项资金,形成稳定的财政资金投入渠道,用于技术标准体系的建设和运行;对技术标准体系建设实行全周期预算,体系建设和体系运行等经费统筹考虑;对特殊的转基因食品技术标准制定,可采取以标准研制经费代替标准补助费,确保政府投入的力度和有效性。在充分发挥政府财

政投入主导作用的同时，应当鼓励多方投资，形成多元化投入格局。③有效整合科技力量。我国从事基因科技研究的科研院所、企业单位很多，科研能力也比较强，但大都集中于新产品的开发，因此，我国在建立国家转基因食品检测技术标准体系过程中，应当有效地引导、整合它们的科技力量，充分发挥它们的作用。同时，要注重提高科研成果向技术检测标准的转化效率。④充分借鉴国外和国际的先进经验。科技无国界，我国在建立国家转基因食品检测技术标准体系过程中，应当积极收集、分析、研究国外先进转基因食品检测技术标准，充分借鉴他国经验来完善我国标准体系建设。最后，我国在建立国家转基因食品检测技术标准体系过程中，要注意与国际规范相协调，特别是与 Codex 准则中的转基因食品检测技术标准相协调，确保我国转基因食品检测技术标准体系在国际贸易中，切实发挥应有的作用。

(二) 明确目标，分步实施，完善转基因食品标识制度

概括而言，转基因食品标识制度最主要的目标就是确保消费者知情权的实现。国内实证调研表明"标识管理制度对消费者 GMF 购买意愿有显著影响，消费者对政府 GMF 标识管理信任度越高、对 GMF 标识的关注度越高其购买意愿也就越高"[1]。在实践中，消费者食用转基因食品可能有两条途径。第一条途径是消费者在超市、农贸市场购买转基因食品或者原料，直接食用或者经自己加工后食用，这条途径的特点是消费者在购买产品时，可以看到产品的标签、物理外观、规格、重量等基本情况，并在此基础上进行选择；第二条途径是消费者在餐饮企业用餐，食用餐饮企业制作的转基因食品，这条途径的特点是消费者在消费时基本无法看到真实的食品，基本是靠菜肴名称来确定食品的基本组成成分，而且即便菜肴名称相同，不同的餐饮企业制作出的产品也是千差万别，消费者知情权的实现对生产经营者依赖性更强。可见，要切实保障消费者知情权得以实现，这两条途径中所有转基因食品都必须进行标识。

笔者认为，完善我国转基因食品标识制度，应当分三步实施：

第一步，对消费者第一条食用途径中的主要转基因食品，实行强制标识。理由是：随着我国进口国外的转基因玉米、大豆、油菜籽等农产品数量日益

---

[1] 黄建、齐振宏、冯良宣、张董敏："标识管理制度对消费者转基因食品购买意愿的影响研究——以武汉市为例"，载《中国农业大学学报》2013 年第 5 期。

增多，转基因食品已经占据一定的市场份额，消费者对实现知情权的要求十分强烈，于此情形下，通过对消费者第一条食用途径中的主要转基因食品（比如豆油）实行强制标识，可以解决侵害消费者知情权的首要矛盾，为接下来更深入地解决矛盾赢得时间。这一步是应对转基因食品出现的突然性而采取的措施，我国现行转基因食品标识制度，基本上达到了这一步的要求。

第二步，对消费者第一条食用途径中的所有转基因食品，实行强制标识。理由是：市场上流通的转基因食品品种繁多，仅要求对主要转基因食品进行强制标识，无法保障消费者知情权的实现，侵害消费者知情权的事件已经屡见不鲜，而此时如果要求对消费者第二条食用途径中的转基因食品也实行强制标识，条件又不成熟，于是选择对消费者第一条食用途径中的所有转基因食品实行强制标识，可以解决侵害消费者对转基因食品知情权的主要矛盾，为接下来更彻底地解决矛盾打下坚实基础。这一步是我国目前亟待完成的任务，本书讨论我国转基因食品标识制度的完善，就是如何实现第二步的完成。

第三步，对消费者第二条食用途径中的所有转基因食品，实行强制标识。理由是：通过前两步的实施，要求餐饮企业对出售的转基因食品进行标识，具有实现的条件。至此，消费者知情权的实现，即可得到有效保障。

关于如何实现完善我国转基因食品标识制度的第二步构想，笔者认为有两条思路可供选择。①重新立法。这个思路的优点是，能够最直接、最有效地实现第二步的目标；缺点是由于立法程序上的要求，需要更多的时间。②合理解释现有法规。这条思路的优点是实现比较快捷，也基本能实现第二步的目标，缺点是不能从根本上解决问题，而且实践中容易引发争议。

如果选择第一条思路，笔者建议确定标识对象范围时，不能仅采取罗列方式。原因是现行标识制度的标识范围之所以狭窄，就是由于仅采取罗列方式制定目录造成的，这种表述永远不可能穷尽转基因食品的种类，往往是顾此失彼，挂一漏万。对此欧盟和日本的立法技术可供借鉴。欧盟采取的是描述方式并未指定具体的食品种类，规定在欧盟境内交付给消费者的食品，只要包含转基因生物或者由转基因生物组成或者由转基因生物制成以及所含成分由转基因生物制成，无论最终产品中是否含有该转基因生物的 DNA 或蛋白质，都必须加以标识。换言之，只要食品包含转基因生物成分或者所含成分由转基因生物原料制成，均须加以标识，而最终产品中是否仍含有转基因生物的 DNA 或者蛋白质，则在所不问。日本虽然采取罗列方式指定需要进行标识的转基因食品种类，但辅之以描述方式进行兜底，即以罗列出的转基因食品为原料生产的食品也需进行标识，因此，该国的标识范围囊括了绝大多数转基因食品。

如果选择第二条思路，笔者建议合理解释《食品标识管理规定》的相关条款。该管理规定适用于我国境内生产（含分装）、销售的食品的标识标注和管理，已于2008年9月1日生效。该管理规定要求属于转基因食品或者含法定转基因原料的食品，必须在其标识上标注中文说明。因此，合理解释的重点是确定"属于转基因食品"和"含法定转基因原料"的具体内涵。关于何种食品属于转基因食品，自从《转基因食品安全管理办法》失去效力后，我国相关法规中均无明确定义，一般认为使用转基因原料加工的或者产品中含有转基因成分的食品就是转基因食品。关于"含法定转基因原料"的解释，焦点集中在"法定"二字，即哪些法规的规定属于这里的"法定"，一般认为《农业转基因生物标识管理办法》或者《新食品原料安全性审查管理办法》的规定，如此所有通过转基因技术而得到的食品或者食品原料皆包含在内。

需要特别指出的是，无论采取哪一种思路来完善我国转基因食品标识制度，有两点都是特别重要的：其一，设立转基因食品的风险限值，根据目前我国的具体情况，笔者建议将风险限值设定为1%；其二，注意与转基因食品国际规范的协调性，特别是与TBT和SPS的协调性。

（三）统一原则，明确分工，完善转基因食品进口审批制度

我国对进口转基因食品及其原料的审批，《农业转基因生物进口安全管理办法》依循的是"个案审查原则"，而《新食品原料安全性审查管理办法》依循的是"实质等同原则"，两者之间存在一定冲突。笔者认为，我国转基因食品进口审批制度，应当遵循"个案审查原则"。理由是，我国对转基因食品的法律规制，整体的指导理念是预防原则，也就是认为转基因食品之所以与传统食品不同，是基于转基因食品的生产过程与传统食品存在差异，即便最终产品与传统食品在种属、来源、生物学特征、主要成分、食用部位、使用量、使用范围和应用人群等方面比较大体相同，所采用工艺和质量标准基本一致，也不能证明其就没有安全隐患，因此采取事先防范措施，以避免损害的发生。这就要求对每个转基因食品品种予以区别对待，所谓"基本相同、基本一致"并不能说明两者同样安全，否则，也不需要对转基因食品予以特

别规制，如美国一样与传统食品等同对待即可。事实上，"个案审查原则"是采用预防原则规制转基因食品的国家或者地区都遵循的一项原则，比如欧盟进口转基因食品，采取的就是"case by case"原则。另外，我国转基因食品进口审批制度中，农业部依据《农业转基因生物进口安全管理办法》负责农业转基因动物、转基因植物和转基因微生物产品及其直接加工品的审批，卫生部依据《新食品原料安全性审查管理办法》负责转基因食品原料的审批，两个部门的审批对象存在严重交叉重叠，在实践中往往形成多头管理的情况，让申请人无所适从，因此，需要农业部与卫生部磋商协调，做到明确分工，才能有效避免上述问题的发生。关于我国转基因食品进口审批制度与国际规范的冲突问题，要从完善国内生产的转基因食品的安全评价入手，做到国内产品与国外产品同等对待，这些冲突自然就得以解决。

（四）提高要求，增设项目，完善转基因食品进口检验检疫制度

我国转基因食品进口检验检疫制度主要存在两点不足，一是与进口审批制度衔接性差，二是必须检测转基因项目的对象太少。针对这两点不足，笔者认为，提高我国对进口转基因食品的检验检疫要求，将转基因项目设为进口食品的常规检测项目，是较为有效的思路。理由是：首先，从技术角度讲，具有可行性。随着转基因技术日新月异的发展，目前的转基因检测技术水平，已经能够为转基因项目设为常规检测项目提供技术支持。其次，可以缓解检验检疫制度与进口审批制度衔接性差的问题。在转基因项目设为进口食品的常规检测项目后，所有进口食品均需要进行转基因项目检测，如果食品被检测出含有转基因成分，就一定需要有进口审批文件，在农业部与卫生部分工明确的前提下，势必会有一个部门负责审批该类转基因食品的进口。如果属于卫生部审批，则申请人就必须将审批文件提交给检验检疫部门，如此，检验检疫制度与进口审批制度衔接性差的不足在客观上就可以得到完善。最后，彻底解决必须检测转基因项目的对象太少的问题。将转基因项目设为进口食品的常规检测项目后，无论进口食品是否申报为转基因产品，也无论进口食品是否属于实行强制标识的农业转基因生物目录中的产品，均需要进行转基因项目检测。

第六章 转基因食品突发事件的法律规制

第一节 转基因食品突发事件法律规制的必要性

一、转基因食品突发事件的一般表现形式

世界各国对转基因食品议题存在巨大分歧的主要原因,是转基因食品安全的科学不确定性,转基因食品存在破坏生态环境安全和损害人类身体健康的潜在风险。当激活这种风险的因素成就时,转基因食品的潜在风险就可能转变为现实的危险甚至损害,发生转基因食品突发事件。所谓转基因食品突发事件,是指在转基因食品研发试验、生产加工以及流通消费过程中,突然发生的造成或者可能造成人体健康损害、生态环境破坏、财产损失和社会危害的紧急事件。转基因食品突发事件,一般有以下表现形式。

(一)生态环境安全方面的突发事件

在转基因食品从研发试验到流通消费的过程中,很多因素都可能引发生态环境安全方面的突发事件。转基因食品研发需要进行转基因生物环境释放试验,试验期间转基因植物的基因漂流、转基因植物的逃逸等意外情况,均可能引发生态环境安全突发事件。在转基因食品生产过程中,转基因生物大规模环境释放时,若安全措施不得力,可能引发基因污染事件,如果不及时采取措施,同类非转基因品种或者其亲近性物种都可能会被污染。转基因作物种植时,抗病转基因作物的外源基因与田间的病原菌长期、广泛接触并相

互作用后,会产生新的病菌,拓宽原有病菌传播媒介和寄主范围,加强原有病菌的侵染能力和致病性,或使原非病菌微生物恶化为作物病原菌,造成大面积农作物突发病虫害。抗除草剂转基因作物大量种植后,其本身或者其抗除草剂基因与某些杂草基因进行组合后,会产生高抗除草剂的转基因超级杂草,到了来年,突然在农田里大面积出现,难以清除,给农业生态系统造成严重破坏。转基因生物通常具有普通物种所不具备的优势特征,大面积种植或者养殖后,会改变物种间原来的竞争关系,破坏原有的自然生态平衡,短期内造成某些物种的灭绝或者生物多样性丧失。抗病性转基因动物大量养殖后,会给病原体提供更强的选择压力,造成病原体的进一步进化,新型病原体可能造成非转基因动物群体健康损害事件。在活性转基因食品原料运输、贮存、加工过程中,可能因泄漏、遗失、逃逸或者擅自改变用途而进入自然环境,对同类生物品种的生物多样性保持构成巨大威胁,造成生态环境安全突发事件。比如,我国是大豆原产地,同时每年从国外进口大量转基因大豆用于加工食用油,如果转基因大豆在运输、贮存过程中,发生泄漏、遗失进入自然环境的情况,或者在加工过程中,发生擅自改变用途进行种植的情况,就会对我国野生大豆生物多样性构成巨大的现实威胁,因此,这些情况都属于生态环境安全方面的转基因食品突发事件。

(二)人类健康安全方面的突发事件

在转基因食品从研发试验到流通消费的过程中,可能引发人类健康安全突发事件的因素也很多。在转基因食品研发过程中,经常使用抗卡那霉素、氨卞青霉素等常用抗生素抗性基因作为标记基因,这种标记基因在转基因作物细胞中能够发生变异,并形成能够对抗部分或者全部抗生素家族成员的抗性基因,当这种抗生素抗性基因横向转移到病毒中后,病毒就具有对抗抗生素的能力,此类病毒感染人类后,会造成因为目前广泛使用的抗生素失去效力,大量的感染者死亡的事件。转基因生物在种植过程中,会发生基因变异而产生新的蛋白质,如果这种新蛋白质具有致敏性,人们在食用这种转基因生物或者其产品时,会突然发生大面积人群过敏的情况。转基因食品中的外源性基因的产物常常不是受体物种的原有成分,所以不存在天然的降解酶和代谢循环,如此一来,就很可能造成外源性基因的产物在人体中进行积累,或者不正常降解,甚至产生不可预知的分解产物;无论是外源性基因的产物还是其代谢过程中形成的新产物,都可能具有毒性;在人们长期食用转基因食品的过程中,这些毒性物质会在体内不断积累,一旦达到人体耐受的临界点,毒素的危害性就会突然爆发,造成大量损害人员身体健康的突发事件。生活中,很多人喜欢食用发酵食品,比如啤酒、酱油、酸奶、酸菜等,其中有很多是通过转基因微生物发酵生产的,而且这些转基因微生物在部分食品中仍然具有活性,比如酸奶中就含有大量的活性乳酸菌,转基因食品中的活性转基因微生物进入人类肠道后,可能与人类肠道微生物之间发生基因转移,一方面影响人类肠道菌群的组成,另一方面可能改变某些细菌的内部结构,使其产生对人体有害的物质,当这些负面效应积累到一定程度,势必会引发人类健康安全突发事件。此外,转基因食品的内源毒性释放、插入基因的不稳定性、基因沉默、代谢途径改变、沉默基因的激活、现有基因产物水平改变以及后续次生新陈代谢效应等多种因素,都可能造成人类健康安全方面的突发事件。

(三) 其他转基因食品突发事件

转基因食品突发事件的表现形式,除了上述两个主要方面外,还可能以其他形式表现出来。比如,随着科学技术的进步,发现处在研发试验阶段的转基因生物存在破坏生态环境或者损害人类健康的危险,如果不及时采取措施,转基因食品研发者会继续投入人力、财力、物力进行研发,势必给研发者带来财产损失,从社会的角度讲,也是一种资源浪费;倘若发现转基因生物存在上述危险的时候,该生物已经被批准商业化生产,而且又恰逢生产者准备大规模耕种,此时,若不及时采取有效措施,就不仅仅是财产损失的问题了,还可能危害粮食安全。再比如,某种转基因食品没有进行标识,人们一直将其当作传统食品长期食用,后来被发现该食品其实是一种转基因食品,从而引起人们的心理恐慌,造成很大的社会危害。我国发生的"亨氏米粉转基因事件"便是一个典型事例。2006年3月14日,绿色和平组织公布亨氏婴儿营养米粉中含有"非法转基因成分",长期用亨氏婴儿营养米粉喂养孩子的母亲们,感到十分焦虑,纷纷要求澄清事实,一时间此事闹得沸沸扬扬。亨氏与绿色和平组织通过各种方式多次发表针锋相对的回应,农业部以及包括香港基因晶片在内的8家检测机构也被卷入此次风波,造成一定的社会危害。[1]

需要注意的是,实践中上述各类的表现形式彼此之间也并非泾渭分明,

---

〔1〕 张涛:"亨氏婴儿米粉惊现非法转基因稻米",载《人民政协报》2006年3月21日,第3版。

相互之间呈现多元和共时的特征，在特定的情景下还可能相互转化，带来所谓的"多米诺骨牌效应"。比如，具有毒性的转基因食品可能引发人类健康安全的突发事件，与此同时，在自然环境中大规模种植的其转基因原料生物，也会引发生态环境安全突发事件。

二、转基因食品突发事件法律规制的必要性

（一）应对转基因食品突发事件突发性的需要

转基因食品突发事件的突发性，是指对于转基因食品突发事件是否发生、何时发生、何地发生、以何种方式发生，以及爆发的程度等情况，人们都始料未及，难以准确地把握。从事物发展的规律看，转基因食品突发事件的形成应该有一个由量变到质变的过程，应当经历一个从萌生、形成、爆发、发展到消亡的过程，换言之，转基因食品突发事件应该具有可知性的必然趋势，在其背后总是有着深刻的必然性在起作用。事实上，人们已经认识到转基因食品对生态环境安全和人类健康安全的潜在风险，并认识到这种潜在风险可能转变为危险甚至损害，但人们却无法认识到其是否发生，何时何地以何种方式发生，因为转基因食品突发事件由量变到质变的过程具有特殊性，这种特殊性集中体现在它的爆发式飞跃过程即突发性，而且诱发转基因食品突发事件的契机具有偶然性。转基因食品突发事件的突发性，让人们无法预知其发生的起因、规模、事态的变化、发展趋势，也无法事先描述和确定事件影响的深度和广度，因此，一旦发生也往往让人们措手不及，束手无策。[1]然而，人们对此并非无可作为，转基因食品突发事件背后深刻的必然性因素，足以促使人们采取行动，在能够认知的范围内，制定应对转基因食品突发事件的方法、步骤和策略，并采取一定方式将其固定下来，确保事件一旦发生，便可遵照执行。在诸多方式中，法律是最佳的选择。法律具有较强的稳定性、权威性和强大的执行力，是确保这些应对措施得以认真贯彻落实的有效保障。可以说，对转基因食品突发事件进行法律规制，是转基因食品突发事件突发性特征的必然要求。

---

[1] 孙崇勇、秦启文："突发事件的两个基本理论问题探讨"，载《西南师范大学学报（人文社会科学版）》2005年第2期。

(二) 应对转基因食品突发事件公共性的需要

转基因食品突发事件的公共性,可以从两个方面来体现。从危害方面看,转基因食品突发事件在给私人利益带来负面影响的同时,其更大的危害在于给公共环境、公共安全、公共秩序、公共财产等公共利益带来负面影响;从应对和处置方面看,转基因食品突发事件的应对和处置往往需要调用公共资源,而且处置过程中还会涉及在紧急状态下如何对广大公民利益进行保护的问题。转基因食品突发事件发生后,最先受到危害的是私人利益,比如私人的生命健康利益、私人的财产利益、私人的环境利益等。但是,由于转基因生物种植或者养殖区域广泛,食用转基因食品的人数众多,其危害范围绝不会局限在私人层面,会很快在危害地域大小、对象多少上呈现指数增长,从而危害到公共安全、公共财产、公共秩序等公共利益。公共利益与私人利益最直观的区别就在于地域的广泛性、对象的广泛性。[1]在应对和处置转基因食品突发时,往往需要调动和整合全社会的人力、物力、信息等公共资源和力量,这不仅意味着行政系统内部不同部门之间的协调和配合,同时意味着政府与社会组织及公民个人的合作与沟通,因为处置过程中往往需要一些社会组织和公民牺牲自身合法利益。无论是转基因食品突发事件危害公共利益,还是事件的应对和处置需要动用公共资源,以及事件处置过程中需要社会力量来参与配合,都需要公共权力的介入才能实现;而公共权力介入就必须有法律予以规范,唯有如此,才能在有效应对转基因食品突发事件的同时,实现紧急状态下的公权力与私权利的平衡。因此,转基因食品突发事件的法律规制,是转基因食品突发事件公共性特征的内在需求。

(三) 应对转基因食品突发事件严重危害性的需要

转基因食品突发事件的严重危害性,是指转基因食品突发事件不仅能够造成大范围生态环境破坏、大规模人员健康损害、巨额经济损失,还会严重影响社会稳定。转基因食品突发事件能够造成严重的生态环境破坏、人类健康损害和巨大的经济损失是显而易见的,此不赘述。但必须指出的是,较之一般突发事件,转基因食品突发事件带来的这些危害,影响会更加深远,后果会更加严重,有时甚至是灾难性的、毁灭性的、不可逆转的。因为,致害

---

[1] 宋功德:"突发公共事件应急处理法律制度及其完善",载应松年主编:《突发公共事件应急处理法律制度研究》,国家行政学院出版社 2004 年版,第 18 页。

转基因生物具有稳定的遗传功能，会世代更替，生生不息，不可能被一次性消除，很可能多年后，仍未彻底消除。所以，其对生态环境的破坏也不是一次性的，会循环反复多次破坏；对人类健康的损害也不是影响一代人，很可能影响几代人。更让人不敢想象的是，倘若转基因食品突发事件发生时，致害转基因作物已经作为主要作物耕种多年，原生品种已经不存于世，这时真不知该用何种言词表述事件的后果，也许根本无须表述了。此外，转基因食品突发事件造成的损害，有直接损害，也有间接损害。这种损害不仅体现在环境的破坏、人员的伤亡、组织的消失和财产的损失上，而且还体现在对社会心理和个人心理所造成的破坏性冲击上，并进而渗透到社会生活的各个层面。[1]对转基因食品突发事件而言，还有一个不容忽视的因素可能导致其后果加重，那就是转基因食品议题是一个夹杂着宗教、政治、经济、贸易、科技等诸多因素的国际性议题，这个因素使得其更容易转化为其他危机。比如转基因食品突发事件更容易导致公众对政府管理社会的能力及其管理体制和方式的怀疑，从而可能转化为社会性的突发事件，造成政治局势动荡，经济发展停滞，社会秩序混乱，严重破坏社会稳定。[2]转基因食品突发事件严重的危害性，需要国家通过法律的手段，提供最为迅速而有效的措施，力求在可能的范围内，最大限度地控制事件的发生、发展，并且将其损害降低到最低限度。

第二节 我国转基因食品突发事件法律规制的现状考察

一、我国转基因食品突发事件法律规制的现状

凡事预则立，不预则废。我国为应对可能发生的转基因食品突发事件，制定了一系列法律法规，并通过这些法律法规建立了一套具体法律制度，以

---

[1] 比如，2008年9月，发生在我国的"三鹿奶粉事件"，让很多人对牛奶产生畏惧，弃牛奶而改喝豆浆了。参见翁华鸿、王蔚然："三鹿奶粉事件导致厦门豆浆机一度脱销断货"，http://www.fj.xinhuanet.com/nnews/2008-09/19/content_14446557.htm，访问时间：2008年9月21日。

[2] 2008年6月，发生在韩国的"美国牛肉事件"，引起韩国社会动荡，韩国政府内阁成员集体提出辞职；该事件可以给我们很多启示。参见莽九晨："牛肉风波搅动韩国社会"，载《人民日报》2008年6月4日，第10版；徐宝康："牛肉风波的启示"，载《人民日报》2008年7月16日，第3版。

便最大限度地控制转基因食品突发事件的发生、发展,并且将其损害降低到最低限度。

(一) 转基因食品突发事件规制的立法现状

1. 主要法律。我国转基因食品突发事件法律规制适用的主要法律是《突发事件应对法》,该法已于 2007 年 11 月 1 日起开始施行。该法是我国为了预防和减少突发事件的发生,控制、减轻和消除突发事件引起的严重社会危害,规范突发事件应对活动,保护人民生命财产安全,维护国家安全、公共安全、环境安全和社会秩序而制定的法律,是我国非常态法律秩序的基本法,当然适用于转基因食品突发事件。该法主要由突发事件的预防和应急准备、突发事件的监测、突发事件的应急处置、突发事件的事后恢复与重建等部分组成。该法规定的应急预案,具有同等法律文件的效力,比如,国务院的总体预案与行政法规有同等效力,国务院部门的专项预案与部门规章有同等效力,省级人民政府的预案与省级政府规章有同等效力。

2. 主要行政法规或规章。

(1) 国务院制定的行政法规。在转基因食品突发事件规制的相关行政法规中,由国务院制定的主要有四部:一是,《突发公共卫生事件应急条例》[1],该条例是我国为了有效预防、及时控制和消除突发公共卫生事件的危害,保障公众身体健康与生命安全,维护正常的社会秩序而制定的,适用于所有突发公共卫生事件,对损害公众生命健康安全的转基因食品突发事件有适用余地。二是,《国家突发公共事件总体应急预案》,该预案已于 2006 年 1 月 8 日开始实施。该预案的目的是为了提高政府保障公共安全和处置突发公共事件的能力,最大限度地预防和减少突发公共事件及其造成的损害,保障公众的生命财产安全,维护国家安全和社会稳定,促进经济社会全面、协调、可持续发展。该预案的适用范围与《突发公共卫生事件应急条例》相同,因此对转基因食品突发事件同样适用。三是,《国家突发环境事件应急预案》,该预案已于 2006 年 1 月 24 日开始实施。该预案是我国为建立健全突发环境事件应急机制,提高政府应对涉及公共危机的突发环境事件的能力,维护社会稳定,保障公众生命健康和财产安全而制定的;适用范围是所有突发环境事件,对破坏生态环境安全的转基因食品突发事件,当然可以适用。四是,《国

---

[1] 2003 年 5 月 9 日国务院令第 376 号。

家重大食品安全事故应急预案》，该预案已于2006年2月27日开始实施。该预案的目的是建立健全应对突发重大食品安全事故的救助体系和运行机制，规范和指导应急处理工作，有效预防、积极应对、及时控制重大食品安全事故，高效组织应急救援工作，最大限度地减少重大食品安全事故的危害，保障公众身体健康与生命安全，维护正常的社会秩序；适用范围是在食物（食品）种植、养殖、生产加工、包装、仓储、运输、流通、消费等环节中发生食源性疾患，造成社会公众大量病亡或者可能对人体健康构成潜在的重大危害，并造成严重社会影响的重大食品安全事故，该预案适用于转基因食品突发事件当无异议。

（2）农业部制定的行政规章。与转基因食品突发事件法律规制相关的农业部制定的行政规章，主要是《农业转基因生物安全突发事件应急预案》。该预案是为了加强农业转基因生物研究、试验、生产、加工、经营和进出口活动的管理，构建预防机制和应急处理机制，提高快速反应和应急处理能力，落实安全控制措施，有效应对转基因生物安全突发事件，保障人类身体健康和生态环境安全，维护社会稳定而制定的；适用于所有农业转基因生物安全突发事件。农业转基因生物安全突发事件是指在我国境内从事农业转基因生物的研究、试验、生产、经营和进口等相关活动中，突然发生的环境安全和食用安全事件，潜在的风险或安全隐患转化为现实危害，威胁环境安全、人体健康并造成重大经济损失和重大社会影响。因此，该预案可以适用于大多数转基因食品突发事件。

（3）国家质检总局的行政规章。与转基因食品突发事件法律规制相关的国家质检总局制定的行政规章，主要是《食品召回管理规定》[1]。该规定是为了加强食品安全监管，避免和减少不安全食品的危害，保护消费者的身体健康和生命安全而制定的；适用于我国境内生产、销售的食品的召回及其监督管理活动。转基因食品突发事件发生后，对转基因食品的及时召回，也是转基因食品突发事件法律规制的重要组成部分。

（二）转基因食品突发事件规制的法律制度

我国通过上述法律法规，主要建立了转基因食品突发事件的应急预案制度和转基因食品召回制度。根据应急预案目的的不同，转基因食品突发事件

---

[1] 2007年8月27日国家质量监督检验检疫总局令第98号。

的应急预案又可大致分为生态环境安全突发事件的应急预案和人类健康安全突发事件的应急预案两个类型。

1. 转基因食品突发事件的应急预案制度。在研发试验、生产加工、流通消费等环节上制定相应的法律制度进行防范,是应对转基因食品安全风险的必要手段;但是,这些法律制度却无法确保转基因食品安全风险转化为现实的事故或损害。因此,建立转基因食品突发事件的应急预案制度,"在事故发生后,依照法律和该方案的规定采取应对措施,以使事故对生态环境和人类健康所造成或可能造成的负面影响的程度降至最低,就成为进一步应对此种风险性及可能发生的损害的必然之选"[1]。

(1)生态环境安全突发事件的应急预案。适用于生态环境安全方面转基因食品突发事件的应急预案,主要是《农业转基因生物安全突发事件应急预案》,该应急预案主要包括以下内容:

第一,适用范围。农业转基因生物安全突发事件是指从事农业转基因生物的研究、试验、生产、经营和进口等相关活动中,突然发生环境安全和食用安全事件,潜在的风险或安全隐患转化为现实危害,威胁环境安全、人体健康并造成重大经济损失和重大社会影响。重大转基因生物安全突发事件是指对人类、动物、植物、微生物和生态系统构成严重威胁,具有高度侵袭性、传染性、转移性、致病性和破坏性的生物灾害。一般转基因生物安全突发事件是指对动物、植物、微生物和生态系统构成一定威胁,具有转移性和破坏性的生物灾害。

第二,遵循原则。坚持"依法监控、预防为主、分级负责、科学防范"的方针,遵循政府统一领导,部门分工负责和早发现、早报告、快反应、严处置的工作原则,建立突发事件快速反应机制。一旦发生安全突发事件,根据农业转基因生物的安全等级、突发事件发生的区域、危害程度和损失情况,及时采取措施果断处理。

第三,组织机构与职责。①决策机构。成立转基因生物安全突发事件应急指挥部,负责行政区域内农业转基因生物安全突发事件应急处理的决策和协调。②咨询机构。成立由生物技术研发、安全性研究、生产、加工、检验检疫、公共健康、环境保护和贸易等领域的专家组成的农业转基因生物安全

---

[1] 于文轩:《生物安全立法研究》,清华大学出版社2009年版,第195页。

突发事件应急处置专家指导组，作为农业转基因生物安全突发事件处理的技术指导和咨询机构。③执行机构。县级以上各级人民政府农业行政主管部门负责本行政区域内农业转基因生物安全突发事件的监控、报告、组织、处理等工作。科技、财政、外经贸、卫生、环保、检验检疫等有关部门要根据各自职责，按照指挥分工，积极做好有关突发事件的应急处理工作。

第四，监测、报告、级别认定和信息发布。①监测。县级以上人民政府农业行政主管部门应当根据本地农业转基因生物的应用和试验状况，确定重点监测区和监测对象，设置环境安全监测点，实行定期检测制度，防控安全事件发生。②报告。任何单位和个人发现农业转基因生物安全事件或安全事件隐患时，应当及时向当地县农业行政主管部门报告。县农业行政主管部门接到转基因生物安全事件报告后，应立即赶赴现场调查核实，初步认定为农业转基因生物安全突发事件的，应当在2小时内报省级农业行政主管部门；省级农业行政主管部门认定为重大农业转基因生物安全突发事件的，在2小时内上报国务院农业行政主管部门和省人民政府。③级别认定。农业转基因生物安全突发事件分为两类，即重大事件和一般事件。重大事件由国务院农业行政主管部门认定，一般事件由省级政府农业行政主管部门认定，必要时报国务院农业行政主管部门确认。④信息发布。重大农业转基因生物安全突发事件的信息由国务院农业行政主管部门发布。一般农业转基因生物安全突发事件的信息发布内容报国务院农业行政主管部门和省政府审定同意后，由省级农业行政主管部门发布，其他任何单位和个人不得违反规定发布或者散布农业转基因生物安全事件的信息。

第五，应急响应。一级响应是指发现农业转基因生物对人类、动植物和生态环境存在较大危险或造成较大经济损失时，由国务院农业行政主管部门依法宣布禁止生产、加工、经营和进口，收回农业转基因生物安全证书，销毁有关存在危险的农业转基因生物。二级响应是指一旦发生生物安全事故，应立即强制封锁现场，销毁试验材料，进行全方位的环境监测，可采取物理控制、化学控制、生物控制、环境控制和规模控制等多种措施。各级农业行政主管部门负责对非法研究、试验、生产、加工、经营或者进口、出口的农业转基因生物实施封存或者扣押。从事转基因生物生产、加工、经营和进口的单位或个人，发现转基因生物扩散、残留并造成危害的，必须立即采取有效措施加以控制、消除，并向当地农业行政主管部门报告。

转基因生物试验过程发生意外事故时，应立即封闭试验区域，对事故点的场所、废弃物、设施进行彻底消毒，对试验生物迅速销毁；组织专家查清缘由；对周围一定距离范围内的植物、动物、土壤和水环境进行监控，直至解除封锁。对于人畜共患的转基因动物用微生物，应对事故涉及的当事人群进行强制隔离观察，对研发检测试验室也作类似处理。当转基因生物造成人体中毒、过敏等伤害时，应迅速组织医疗机构进行救治，并立即停止该种转基因生物的试验、生产、进口和销售。对于同一种转基因生物，若境外发生重大安全问题，应采取应急措施，责令有关单位停止试验、生产、进口和销售。

第六，应急解除和后期处置。①应急解除。农业转基因生物安全突发事件应急处置工作结束，需要解除应急状态的，由事件发生地应急指挥部向省级应急指挥部提出申请，省级应急指挥部组织专家对突发事件基本情况、发生原因、采取的应急处理措施等内容进行评估，并报国务院农业行政主管部门审定同意后，解除应急状态，恢复正常。②后期处置。应急状态解除后，有关部门应按照职责分工继续对事发区域进行持续监测，根据监测情况和需求及时向当地人民政府提出报告和建议。各级政府在对事件发生的损失、重建能力等进行评估后，要及时制定重建和恢复生产、生活计划，采取政府扶持、社会救助、税收优惠等有关政策和措施，帮助受灾单位和个人渡过难关，恢复生产、生活。

第七，应急保障。①通信与信息保障。突发事件发生期间，各级应急指挥部实行全天值班制度，设立专门电话，确保应急期间信息畅通。②应急队伍保障。各级人民政府农业行政主管部门要加强农业转基因生物安全监管队伍的建设，加强培训，保障应急队伍储备。③经费保障。农业转基因生物安全突发事件应急处置所需经费由各级财政解决。④技术保障。农业部成立农业转基因生物安全突发事件应急处置专家指导组，开展突发事件的预警、预报、预防和应急处置技术的研究，加强技术储备，提供技术支撑。

必须说明的是，该应急预案虽然主要适用于生态环境安全方面的转基因食品突发事件，但是也适用于少量人类健康安全方面的转基因食品突发事件。

（2）人类健康安全突发事件的应急预案。适用于人类健康安全方面的转基因食品突发事件的应急预案，主要是《国家重大食品安全事故应急预案》，该应急预案主要包括以下内容：

第一,适用范围、事故分级与工作原则。①适用范围。在食物种植、养殖、生产加工、包装、仓储、运输、流通、消费等环节中发生食源性疾患,造成社会公众大量病亡或者可能对人体健康构成潜在的重大危害,并造成严重社会影响的重大食品安全事故。②事故分级。按食品安全事故的性质、危害程度和涉及范围,将重大食品安全事故分为特别重大食品安全事故(Ⅰ级)、重大食品安全事故(Ⅱ级)、较大食品安全事故(Ⅲ级)和一般食品安全事故(Ⅳ级)四级。③工作原则。按照"全国统一领导、地方政府负责、部门指导协调、各方联合行动"的食品安全工作原则,根据食品安全事故的范围、性质和危害程度,对重大食品安全事故实行分级管理。

第二,应急处理指挥机构。应急处理指挥机构包括各级应急指挥部、日常管理机构和专家咨询委员会。①国家应急指挥部。特别重大食品安全事故发生后,根据需要成立国家重大食品安全事故应急指挥部,负责对全国重大食品安全事故应急处理工作的统一领导和指挥。国家应急指挥部办公室设在食品药品监管局。国家应急指挥部成员单位根据重大食品安全事故的性质和应急处理工作的需要确定。②地方各级应急指挥部。重大食品安全事故发生后,事故发生地县级以上地方人民政府应当按事故级别成立重大食品安全事故应急指挥部,在上级应急指挥机构的指导和本级人民政府的领导下,组织和指挥本地区的重大食品安全事故应急救援工作。重大食品安全事故应急指挥部由本级政府有关部门组成,其日常办事机构设在食品安全综合监管部门。③日常管理机构。食品药品监管局负责国家重大食品安全事故的日常监管工作。地方各级食品安全综合监管部门,要结合本地实际,负责本行政区域内重大食品安全事故应急救援的组织、协调以及管理工作。④专家咨询委员会。各级食品安全综合监管部门建立重大食品安全事故专家库,在重大食品安全事故发生后,从专家库中确定相关专业专家,组建重大食品安全事故专家咨询委员会对重大食品安全事故应急工作提出咨询和建议,进行技术指导。

第三,监测系统。国家建立统一的重大食品安全事故监测、报告网络体系,加强食品安全信息管理和综合利用,构建各部门间信息沟通平台,实现互联互通和资源共享。建立畅通的信息监测和通报网络体系,形成统一、科学的食品安全信息评估和预警指标体系,及时研究分析食品安全形势,对食品安全问题做到早发现、早预防、早整治、早解决。

第四,预警系统。预警系统主要内容包括:①加强日常监管。卫生、工商、质检、农业、商务、海关、环保、教育等部门应当按照各自职责,加强对重点品种、重点环节、重点场所,尤其是高风险食品的种植、养殖、生产、加工、包装、贮藏、经营、消费等环节的食品安全日常监管;建立健全重大食品安全信息数据库和信息报告系统,及时分析对公众健康的危害程度、可能的发展趋势,及时做出预警,并保障系统的有效运行。②通报制度。通报范围包括:对公众健康造成或者可能造成严重损害的重大食品安全事故;涉及人数较多的群体性食物中毒或者出现死亡病例的重大食品安全事故。通报方式为:接到重大食品安全事故报告后,应当在2小时内向与事故有关地区的食品安全综合监管部门和国务院有关部门通报,有蔓延趋势的还应向地方各级食品安全综合监管部门通报,加强预警预防工作。根据重大食品安全事故危险源监控信息,对可能引发的重大食品安全事故的险情,食品药品监管部门应当及时通报,必要时及时上报。③举报制度。任何单位和个人有权向国务院有关部门举报重大食品安全事故和隐患,以及相关责任部门、单位、人员不履行或者不按规定履行食品安全事故监管职责的行为。国务院有关部门接到举报后,应当及时组织或者通报有关部门,对举报事项进行调查处理。

第五,报告制度。食品药品监管部门会同有关部门建立健全重大食品安全事故报告系统。县级以上地方人民政府食品安全综合监管部门应当按照重大食品安全事故报告的有关规定,主动监测,按规定报告。主要包括以下内容:①由重大食品安全事故发生或发现单位报告。重大食品安全事故发生或发现后,事故现场有关人员应当立即报告单位负责人,单位负责人接到报告后,应当立即向当地政府、食品安全综合监管部门及有关部门报告,也可以直接向食品药品监管局或者省级食品安全综合监管部门报告。②报告范围。包括:对公众健康造成或者可能造成严重损害的重大食品安全事故;涉及人数较多的群体性食物中毒或者出现死亡病例的重大食品安全事故。③逐级上报。地方人民政府和食品安全综合监管部门接到重大食品安全事故报告后,应当立即向上级人民政府和上级食品安全综合监管部门报告,并在2小时内报告至省级人民政府。地方人民政府和食品安全综合监管部门也可以直接向国务院和食品药品监管局以及相关部门报告。食品药品监管局和相关部门、事故发生地的省级人民政府在接到重大食品安全事故报告后,应当在2小时内向国务院报告。④责任报告单位和个人。报告单位包括:食品种植、养殖、生产、加工、流通企业及餐饮单位;食品检验机构、科研院所以及与食品安全有关的单位;重大食品安全事故发生或者发现单位;地方各级食品安全综合监管部门和有关部门。报告人包括:行使职责的地方各级食品安全综合监管部门和相关部门的工作人员;从事食品行业的工作人员;消费者。任何单位和个人对重大食品安全事故不得瞒报、迟报、谎报或者授意他人瞒报、迟报、谎报,不得阻碍他人报告。⑤报告时限。事故发生地人民政府或有关部门应在知悉重大食品安全事故后1小时内做出初次报告;根据事故处理的进程或者上级的要求随时做出阶段报告;在事故处理结束后10日内做出总结报告。

第六,应急响应。应急响应主要包括以下内容:①分级响应。Ⅰ级应急响应由国家应急指挥部或办公室组织实施,Ⅱ级以下应急响应行动的组织实施由省级人民政府决定。重大食品安全事故发生后,地方各级人民政府及有关部门应当根据事故发生情况,及时采取必要的应急措施,做好应急处理工作。当重大食品安全事故随时间发展进一步加重,食品安全事故危害特别严重,并有蔓延扩大的趋势,且情况复杂难以控制时,应当上报指挥部审定,及时提升预警和反应级别;对事故危害已迅速消除,并不会进一步扩散的,应当上报指挥部审定,相应降低反应级别或者撤销预警。②指挥协调。进入Ⅰ级响应后,国家应急指挥部办公室及有关专业应急救援机构应立即按照预案组织相关应急救援力量,配合地方政府组织实施应急救援。国家应急指挥部办公室根据重大食品安全事故的情况协调有关部门及其应急机构、救援队伍和事发地毗邻省级人民政府应急救援指挥机构,相关机构按照各自应急预案提供增援或保障,有关应急队伍在现场应急救援指挥部统一指挥下,密切配合,共同实施救援和紧急处理行动。③紧急处置。现场处置主要依靠本行政区域内的应急处置力量。重大食品安全事故发生后,发生事故的单位和当地人民政府按照应急预案迅速采取措施。事态出现急剧恶化的情况时,现场应急救援指挥部在充分考虑专家和有关方面意见的基础上,及时制定紧急处置方案,依法采取紧急处置措施。④响应终结。重大食品安全事故隐患或相关危险因素消除后,重大食品安全事故应急救援终结,应急救援队伍撤离现场。应急指挥部办公室组织有关专家进行分析论证,经现场检测评价确无危害和风险后,提出终止应急响应的建议,报应急指挥部批准宣布应急响应结束。

第七,后期处置。省级人民政府负责组织重大食品安全事故的善后处置工作，包括人员安置、补偿，征用物资补偿，污染物收集、清理与处理等事项。尽快消除事故影响，妥善安置和慰问受害和受影响人员，尽快恢复正常秩序，保证社会稳定。重大食品安全事故发生后，保险机构及时开展应急救援人员保险受理和受灾人员保险理赔工作。造成重大食品安全事故的责任单位和责任人应当按照有关规定对受害人给予赔偿。

2. 转基因食品召回制度。我国食品召回制度起步较晚，早先仅在原《食品安全法》中有个别相关条文，2007 年 8 月 27 日国家质检总局公布《食品召回管理规定》后，我国确立了规章层面的食品召回制度，直到 2009 年 6 月 1 日《食品安全法》施行后，我国才在法律层面上正式确立了食品召回制度。因此，在转基因食品突发事件的法律规制中，转基因食品召回制度的法律依据主要是《食品安全法》和《食品召回管理规定》，主要包括以下内容：

（1）适用范围。食品召回制度适用于我国境内生产、销售的食品的召回及其监督管理活动。召回是指食品生产者按照规定程序，对由其生产原因造成的某一批次或类别的不安全食品，通过换货、退货、补充或修正消费说明等方式，及时消除或减少食品安全危害的活动。所谓不安全食品，是指有证据证明对人体健康已经或可能造成危害的食品，包括四类：一是已经诱发食品污染、食源性疾病或对人体健康造成危害甚至死亡的食品；二是可能引发食品污染、食源性疾病或对人体健康造成危害的食品；三是含有对特定人群可能引发健康危害的成分而在食品标签和说明书上未予以标识，或标识不全、不明确的食品；四是有关法律、法规规定的其他不安全食品。《食品安全法》对"不安全食品"进一步明确为"不符合食品安全标准"的食品。

（2）食品召回的组织机构。我国的食品召回制度采取两级管理模式。国家质检总局在职权范围内统一组织、协调全国食品召回的监督管理工作；省级质监部门在本行政区域内依法组织开展食品召回的监督管理工作。国家质检总局和省级质监部门组织建立食品召回专家委员会，为食品安全危害调查和食品安全危害评估提供技术支持。此外，《食品安全法》对食品召回的管理机构进行了扩展，规定食品生产经营者未依法召回或者停止经营不符合食品安全标准的食品的，县级以上质量监督、工商行政管理、食品药品监督管理部门均可以责令其召回或者停止经营。

（3）食品安全档案制度。地方各级质监部门对本行政区域内的食品生产者建立质量安全档案，负责收集、分析与处理本行政区域内有关食品安全危害和食品召回的信息并逐级上报。食品生产者应当建立完善的产品质量安全档案和相关管理制度，应当准确记录并保存生产环节中的原辅料采购、生产加工、储运、销售以及产品标识等信息，保存消费者投诉、食源性疾病事故、食品污染事故记录，以及食品危害纠纷信息等档案。国家质检总局应当加强食品召回管理信息化建设，组织建立食品召回信息管理系统，统一收集、分析与处理有关食品召回信息。食品生产者应当向所在地的省级或市级质监部门及时报告所有相关的食品安全危害信息，包括消费者投诉、食品安全危害事件等，不得隐瞒或虚报其生产的食品危害人体健康的事实。

（4）安全危害调查和评估。

第一，调查和评估的内容。判定食品是否属于不安全食品，应当进行食品安全危害调查和食品安全危害评估。食品安全危害调查的主要内容包括：是否符合食品安全法律、法规或标准的安全要求；是否含有非食品用原辅料、添加非食品用化学物质或者将非食品当作食品；食品的主要消费人群的构成及比例；可能存在安全危害的食品数量、批次或类别及其流通区域和范围。食品安全危害评估的主要内容包括：该食品引发的食品污染、食源性疾病，或对人体健康造成的危害，或引发上述危害的可能性；不安全食品对主要消费人群的危害；危害的严重和紧急程度；危害发生的短期和长期后果。

第二，调查和评估的程序。调查和评估的程序共分三步完成。第一步，食品生产者的调查和评估。食品生产者获知其生产的食品可能存在安全危害或接到所在地的省级质监部门的食品安全危害调查书面通知，应当立即进行食品安全危害调查和食品安全危害评估。食品生产者应当及时通过所在地的市级质监部门向省级质监部门提交食品安全危害调查、评估报告。第二步，省级质监部门的调查和评估。食品生产者接到通知后未进行食品安全危害调查和评估，或者经调查和评估确认不属于不安全食品的，所在地的省级质监部门应当组织专家委员会进行食品安全危害调查和食品安全危害评估，并做出认定。食品生产者和销售者应当配合省级质监部门组织的食品安全危害调查，不得以食品已通过任何符合性审查为由拒绝。第三步，调查和评估结果的认定。食品生产者的食品安全危害调查和食品安全危害评估的结果与其所在地的省级质监部门所组织的专家委员会的结果不一致时，省级质监部门可以采取听证等方式进行处理，并做出确认结果的决定。经食品安全危害调查和评估，确认属于生产原因造成的，应当确定召回级别，实施召回。

（5）食品召回的分级。根据食品安全危害的严重程度，食品召回级别分为三级。一级召回是指已经或可能诱发食品污染、食源性疾病等对人体健康造成严重危害甚至死亡的，或者流通范围广、社会影响大的不安全食品的召回；二级召回是指已经或可能引发食品污染、食源性疾病等对人体健康造成危害，危害程度一般或流通范围较小、社会影响较小的不安全食品的召回；三级召回是指已经或可能引发食品污染、食源性疾病等对人体健康造成危害，危害程度轻微的，或者含有对特定人群可能引发健康危害的成分而在食品标签和说明书上未予以标识，或标识不全、不明确的不安全食品的召回。

（6）食品召回的方式。

第一，主动召回。主动召回是指食品经确认属于应当召回的不安全食品时，食品生产者应立即停止生产和销售不安全食品，并主动召回已经上市或者出售的该食品。生产者主动召回应当履行以下程序：①公告与报告。自确认食品属于应当召回的不安全食品之日起，一级召回应当在1日内，二级召回应当在2日内，三级召回应当在3日内，通知有关销售者停止销售，通知消费者停止消费。食品生产者向社会发布食品召回有关信息，应当按照有关法律法规和国家质检总局有关规定，向省级以上质监部门报告。②提交召回计划。自确认食品属于应当召回的不安全食品之日起，一级召回应在3日内，二级召回应在5日内，三级召回应在7日内，食品生产者通过所在地的市级质监部门向省级质监部门提交食品召回计划。食品生产者提交的食品召回计划主要内容包括：停止生产不安全食品的情况；通知销售者停止销售不安全食品的情况；通知消费者停止消费不安全食品的情况；食品安全危害的种类、产生的原因、可能受影响的人群、严重和紧急程度；召回措施的内容，包括实施组织、联系方式以及召回的具体措施、范围和时限等；召回的预期效果；召回食品后的处理措施。③提交召回报告。食品生产者自召回实施之日起，一级召回每3日，二级召回每7日，三级召回每15日，通过所在地的市级质监部门向省级质监部门提交食品召回阶段性进展报告。食品生产者对召回计划有变更的，应当在食品召回阶段性进展报告中说明。所在地的市级以上质监部门应当对食品召回阶段性进展报告提出处理意见，通知食品生产者并上报所在地的省级质监部门。

第二，责令召回。责令召回是指由县级以上质量监督、工商行政管理、食品药品监督管理部门责成被确认为不符合安全标准的食品的生产者召回其产品。经确认有下列情况之一的，应当责令食品生产者召回不安全食品，并可以发布有关食品安全信息和消费警示信息，或采取其他避免危害发生的措施：一是，食品生产者故意隐瞒食品安全危害，或者食品生产者应当主动召回而不采取召回行动的；二是，由于食品生产者的过错造成食品安全危害扩大或再度发生的；三是，国家监督抽查中发现食品生产者生产的食品存在安全隐患，可能对人体健康和生命安全造成损害的。食品生产者在接到责令召回通知书后，应当立即停止生产和销售不安全食品，按照主动召回的程序履行召回义务。

（7）食品召回的评估与监督。食品召回的评估与监督是指有权机关为保证食品召回的效果，而实施的对生产者食品召回行为的评估与监督行为。①生产者提交召回终结报告。食品生产者应当保存召回记录，主要内容包括食品召回的批次、数量、比例、原因、结果等。食品生产者应当在食品召回时限期满15日内，向所在地的省级质监部门提交召回总结报告；责令召回的，应当报告国家质检总局。②省级质监部门对召回评估。食品生产者所在地的省级质监部门应当组织专家委员会对召回总结报告进行审查，对召回效果进行评估，并书面通知食品生产者审查结论；责令召回的，应当上报国家质检总局备案。食品生产者所在地的省级以上质监部门审查认为召回未达到预期效果的，通知食品生产者继续或再次进行食品召回。③市级质监部门对召回监督。食品生产者应当及时对不安全食品进行无害化处理；根据有关规定应当销毁的食品，应当及时予以销毁。食品生产者对召回食品的后处理应当有详细的记录，并向所在地的市级质监部门报告，接受市级质监部门监督。市级以上质监部门应当在规定的职权范围内对食品生产者召回进展情况和召回食品的后处理过程进行监督。

二、我国转基因食品突发事件法律制度的不足

（一）转基因食品突发事件应急预案制度的不足

1. 应急预案适用对象不全面。尽管我国有多个应急预案可以应用于转基因食品突发事件，但这些应急预案要么针对的是生态环境安全方面的转基因食品突发事件，要么针对的是人类健康安全方面的转基因食品突发事件，而对于转基因食品突发事件的其他表现形式，则缺乏能够应对的应急预案。比如，由于科学技术的进步，发现处在研发试验阶段的转基因生物，存在破坏生态环境或者损害人类健康的危险,如果不及时采取措施,转基因食品研发者会继续投入人力、财力、物力进行研发,势必给研发者带来财产损失,从社会的角度讲,也是一种资源浪费,这种类型的突发事件缺乏应对预案;再比如,某种转基因食品没有进行标识,人们一直将其当作传统食品长期食用,后来被发现该食品其实是一种转基因食品,从而引起人们的心理恐慌,造成很大的社会危害,这种类型的突发事件也缺乏应对预案。由于部分类型的转基因食品突发事件缺乏应急预案,一旦这类突发事件爆发,政府可能无法及时有效地采取应对措施,从而导致转基因食品突发事件造成严重后果。

2. 应急预案协调性不够。我国转基因食品突发事件的应急预案协调性不够,在应对内容上存在相互交叉现象。一旦爆发交叉范围内的转基因食品突发事件,由于情况紧急,很可能启动两个甚至多个应急预案,共同进行应对,这种情况会产生两方面的影响:一方面,造成社会资源的分流,导致资源利用效率下降,降低应对处置效果;另一方面,针对同一事件,由于决策者众多,采取的应急处置措施也不尽一致,甚至相互冲突,让当事人无所适从,致使应对效果大打折扣;无论是哪一方面的影响,最终结果都是该转基因食品突发事件造成严重后果,这显然与应急预案制度的初衷背道而驰。比如,我国《国家重大食品安全事故应急预案》与《农业转基因生物安全突发事件应急预案》在适用范围上就存在交叉;前者的适用范围是在食物(食品)种植、养殖、生产加工、包装、仓储、运输、流通、消费等环节中发生食源性疾患,造成社会公众大量病亡或者可能对人体健康构成潜在的重大危害,并造成严重社会影响的重大食品安全事故;后者的适用范围是在我国境内从事的农业转基因生物的研究、试验、生产、经营和进口等相关活动中,突然发生的环境安全和食用安全事件。两个预案适用范围的交叉点是,转基因农产品突发造成人体健康损害的突发事件。例如,倘若我国爆发转基因番茄造成人体健康损害的突发事件,这两个预案就可能同时启动。

总之,我国转基因食品突发事件应急预案制度存在的不足,可以概括为:微观上看,应急预案太少;宏观上看,应急预案太多。

(二)转基因食品召回制度的不足

由于转基因食品具有与传统食品不同的特性,法律法规对转基因食品也有一些特殊要求,导致根据我国法律法规确立的转基因食品召回制度,存在一些不足。

1. 存在缺失召回义务主体的情况。我国《食品安全法》和《食品召回管理规定》均规定食品生产者为召回义务主体。但根据《食品召回管理规定》第4条的规定，召回是指食品生产者按照规定程序，对由其生产原因造成的某一批次或类别的不安全食品，通过换货、退货、补充或修正消费说明等方式，及时消除或减少食品安全危害的活动。该规定具有以下几层内涵：①履行召回义务的主体是食品生产者；②召回对象是不安全食品；③不安全食品是由于生产原因造成的；④召回方式有换货、退货、补充或修正消费说明等方式。

对于转基因食品而言，不仅生产原因可以导致其成为"不安全食品"，研发原因也可以导致其成为"不安全食品"。研发者开发转基因食品时，将一种能产生毒性蛋白的基因转入受体生物，当时尚未发现这个危险因素，也通过了农业部和卫生部的安全评价，获得了农业转基因生物安全证书和卫生部的卫生行政许可，成为食品原料，加工企业以此为原料加工的转基因食品上市后，就会造成消费者人体健康的损害。于此情况下，该转基因食品已经成为不安全食品，依法必须召回，但依据我国食品召回制度，却找不到履行召回义务的主体。首先，生产者无法成为召回义务主体。根据我国食品召回制度的上述规定，生产者仅仅对"由其生产原因造成"的不安全食品负有召回义务，而该转基因食品成为不安全食品的原因，并非是生产者的生产加工行为，而是原料本身所具有的内源性因素造成的，即便生产者在生产过程中尽到足够的注意义务，也不可能排除转基因原料本身所具有的毒性。因此，由该转基因食品的生产者履行召回义务，不符合法律规定。其次，研发者不能成为召回义务的主体。因为根据我国法律法规，履行食品召回义务的主体只有生产者，由研发者承担召回义务，没有任何法律依据。因此，笔者认为我国转基因食品召回制度存在召回义务主体缺失的不足。

2. 召回对象范围狭窄。根据我国《食品召回管理规定》的规定，适用召回制度的不安全食品是指有证据证明对人体健康已经或可能造成危害的食品，包括四类：一是，已经诱发食品污染、食源性疾病或对人体健康造成危害甚至死亡的食品；二是，可能引发食品污染、食源性疾病或对人体健康造成危害的食品；三是，含有对特定人群可能引发健康危害的成分而在食品标签和说明书上未予以标识，或标识不全、不明确的食品；四是，有关法律、法规规定的其他不安全食品。可见，我国食品召回制度的适用范围局限于"不安全食品",换言之,只有当食品属于不安全食品时才可适用召回制度。《食品安全法》虽然将"不安全食品"进一步明确为"不符合食品安全标准"的食品,但其实质含义与《食品召回管理规定》的相关规定并无不同。

对于转基因食品而言,食品召回对象的范围有些狭窄,因为有些转基因食品虽然没有人身健康方面的危险,不属于不安全食品,但是应当成为食品召回的对象。笔者认为至少以下两个类型的转基因食品应当适用召回制度。①违反标识制度的转基因食品。违反标识制度的转基因食品并没有人身健康方面的危险,但是其违反了我国转基因食品标识制度的有关规定,侵害了消费者的知情权。笔者认为,召回制度不仅是保护消费者健康权的需要,也是保护消费者知情权的需要,对于这类转基因食品,应当由生产者召回,进行必要标识后,才可以继续上市流通。而且,我国法律法规对该类转基因食品的处罚方式中有"责令限期改正"[1],生产者执行行政处罚也需要召回其生产的食品。②含有非法转基因成分的转基因食品。产生含有非法转基因成分的转基因食品的途径比较多,可能是转基因食品研发者擅自将生产性试验的收获物出售给食品加工企业造成的,也可能是研发试验者擅自将未通过国家批准的转基因生物用于生产食品原料所致,还可能是违反我国转基因食品进口的有关规定导致的。这类产品并不必然属于不安全食品,因此,很多情况下不能适用食品召回制度。但是,这类食品不仅违反我国转基因食品的相关法规,还严重侵害消费者的权益,因此笔者认为应当适用食品召回制度。我国相关法规也要求这类食品的生产者"应当立即停止生产,召回以上市销售的食品"[2],生产者执行行政处罚也需要召回其生产的食品。

---

[1] 根据我国《农业转基因生物标识管理办法》的规定,违反标识管理规定,按《农业转基因生物安全管理条例》第52条的规定予以处罚。《农业转基因生物安全管理条例》第52条规定:"违反本条例关于农业转基因生物标识管理规定的,由县级以上人民政府农业行政主管部门依据职权,责令限期改正,可以没收非法销售的产品和违法所得,并可以处1万元以上5万元以下的罚款。"

[2] 我国《新食品原料安全性审查管理办法》第20条规定:"违反本办法规定,生产或使用未经安全性评估的新食品原料的,按照《食品安全法》的有关规定处理。"我国《食品安全法》第53条确立了食品召回制度。

第三节 我国转基因食品突发事件法律制度的完善

一、完善我国转基因食品突发事件法律制度的基本原则

(一) 及时原则

及时原则是指转基因食品突发事件法律制度，应当充分注重时间因素，在事前、事中和事后的应急措施中，都必须凸显做出反应的及时性。具体而言，发现可能发生转基因食品突发事件的隐患因素，要及时消除；发现转基因食品突发事件正在发生时，要及时上报；有关机关应及时组织力量对报告事项进行调查、核实和确证，并及时采取必要的控制措施；有关机关做出的应对转基因食品突发事件的决定、命令，应当及时向社会公布；对转基因食品突发事件的发展情况，应当及时上报和向社会公布；转基因食品突发事件应急处置工作结束后，应当及时返还被征用的财产等。及时原则之所以成为完善我国转基因食品突发事件法律制度的基本原则，是由转基因食品突发事件的突发特性决定的。转基因食品突发事件由量变到质变的过程具有特殊性，这种特殊性集中体现在它的爆发式飞跃过程即突发性，诱发转基因食品突发事件的契机具有偶然性。转基因食品突发事件的突发性，让人们无从得知其是否发生、何时发生、何地发生、以何种方式发生，更谈不上事先预知其发生的起因、规模、事态变化和发展趋势了。因此，面对转基因食品突发事件的突然爆发，政府往往始料未及，做出应对必定需要一定时间，而此情形之下，分分秒秒都意味着伤害与破坏，政府采取应对措施所需时间的长短，直接决定了事件的发展势态、破坏程度和损害后果。如果政府能及时采取紧急处置手段，才有利于控制事态发展，尽可能减少突发事件带来的消极后果；如果政府在突发事件面前反应迟钝，就容易失去对突发事件的控制，势必造成极其被动的局面。[1]可见，转基因食品突发事件的突发性特征，决定了时间因素的极端重要性；因此，只有将及时原则作为完善我国转基因食品突发事件法律制度的基本原则，才能有利于实现对转基因食品突发事件的有效

---

[1] Terrence A. Maxwell, "The Public Need to Know: Emergencies, Government Organizations, and Public Information Policies", *Government Information Quarterly*, 3 (2003), pp. 257~258.

应对。

（二）效率原则

效率是指法律制定、实施的成本与其所能实现的结果之间的比例以及法律对整个社会资源配置所能达到的效果。法律效率就是指法律调整社会关系的结果与法律追求的目的之间的关系，即利用法律配置社会资源，以最小的法律成本实现最大法律目标的效率。[1]具体到转基因食品突发事件法律制度的完善，效率原则是指转基因食品突发事件法律制度在应对转基因食品突发事件中，能够合理地配置社会资源，以最小的法律成本，取得对突发事件的有效控制，达成尽量减少转基因食品突发事件不良后果的目标。将效率原则作为完善转基因食品突发事件法律制度的基本原则，有两个原因：一是，转基因食品突发事件发生后，往往会波及比较大的社会范围，容易造成秩序混乱、协调困难，有时还会出现资源短缺，政府采取应对措施时，只有注重效率原则，才能合理配置和有效利用有限的资源，实现最佳的控制效果。二是，在转基因食品突发事件法律制度中，效率与公平并不是相互对立，而是协调统一的，在应对突发事件的紧急状态下，只有提高法律效率，才能实现法律公平。另外，如果与转基因食品突发事件相关的应急预案种类繁多，数量庞大，且适用范围互有交叉，也会造成资源利用效率的降低。转基因食品突发事件发生后，众多部门可能启动不同预案，共同进行应对，会造成社会资源的分流，从而导致资源利用效率下降。所以，在完善我国转基因食品突发事件法律制度时，必须遵循效率原则，否则，定会事倍功半，错失良机，甚至徒劳无功，于事无补。

（三）法治原则

法治原则是指政府在应对转基因食品突发事件时，应当依法行事，不能因为转基因食品突发事件应对是一种紧急状态，就不当扩张公共权力，侵害公民的合法利益。在转基因食品突发事件应对过程中，政府起着核心和领导作用，应对危机的成败在很大程度上依靠政府的效率和责任，政府的权力行使会在一定程度上突破平常法制的框架，但政府也不能任意行事，仍然应当以法律为依据，只不过这个法律不是常规状态下的法律，而是《突发事件应急法》。因此，政府行政权力的适当扩张，并不意味着对法治原则的背离，转

---

[1] 王成栋："论行政法的效率原则"，载《行政法学研究》2006年第2期。

基因食品突发事件的应急状态仍然是一种法治的状态，政府部门和官员必须尊重法律的权威，按照法律规定的职权、范围和程序依法行政，既不能不履行法律规定的义务和责任，又不能超出法律权限，任意滥用职权。因此，在完善我国转基因食品突发事件法律制度时，必须将法治原则作为一项基本原则，确保其能够"有效地调整紧急状态下的各种社会关系，稳健地维护我国经济社会发展和人权保障所需的法律秩序，确保公民权利获得更有效的法律保护，公共权力能够更有效地依法行使，二者能够兼顾协调持续发展"[1]。

二、完善我国转基因食品突发事件法律制度的具体构想

（一）完善转基因食品突发事件应急预案制度的构想

针对转基因食品突发事件应急预案制度的不足，笔者认为，可以从制定应急预案管理规范和制定专门应急预案两个方面入手予以完善。

1. 制定应急预案管理规范。我国转基因食品突发事件相关的应急预案出现协调性不够的问题，并非出于偶然，而是有其深刻的背景。2003年，我国发生"非典"事件后，党和国家便开始重视突发事件应急制度建设；2003年7月，胡锦涛总书记在全国防治"非典"工作会议上深刻指出，"我国突发事件应急机制不健全，处理和管理危机能力不强，一些地方和部门缺乏应对突发事件的准备和能力。我们要高度重视存在的问题，采取切实措施加以解决"；同年10月，党的十六届三中全会提出："提高公共卫生服务水平和突发性公共卫生事件应急能力"；2004年4月，国务院办公厅印发《国务院有关部门和单位制定和修订突发公共事件应急预案框架指南》[2]，在该框架指南的说明中要求："国务院有关部门、单位一定要居安思危、有备无患，把制定、修订突发公共事件应急预案作为加强应急机制建设的重要组成部分和基础性工作，抓紧做好，切实提高政府应对公共危机的能力"。在这样的背景下，国务院及其部门根据自身的职责范围，几年之间便出台了为数众多的应急预案。在这一阶段，我国主要解决的是突发事件发生后，政府能够及时采

---

[1] 韩大元、莫于川主编：《应急法制论：突发事件应对法制的法律问题研究》，法律出版社2005年版，第317页。

[2] 2004年4月6日国办函〔2004〕33号。

取应对措施的问题,而对于应急预案的制定是否科学,是否存在冲突等问题,重视不够。我国管理转基因食品的行政部门较多,涉及农业、环保、卫生、质检、食品药品监管等多个行政部门,因此,相关应急预案之间协调性不够,是上述大背景下的必然结果。笔者认为,在下一阶段,我国应当重视应急预案的实效性、科学性和可操作性,着力解决应急预案之间协调性不够的问题,制定应急预案管理规范是一个行之有效的解决方案。通过应急预案管理规范,对应急预案的制定和日常管理加以调整,对应急预案之间的矛盾和冲突加以调和,如此,转基因食品突发事件相关应急预案之间协调性不够的问题,也就一并解决了。

2. 制定专门应急预案。解决转基因食品突发事件相关应急预案之间协调性不够的另一个途径是,制定专门的转基因食品突发事件应急预案。由于转基因食品与传统食品相比具有特殊性,转基因食品突发事件的表现形式又比较多,因此,很有必要整合相关的应急预案,制定一部专门的转基因食品突发事件应急预案。专门的转基因食品突发事件应急预案,具有以下优点:①统一领导,职责明确。将原来由多个行政部门分别应对突发事件的局面,转变为由一个行政部门应对,职责更加分明,既避免了相互推诿,又防止了撞车现象。②整合资源,信息共享。应急预案在突发事件的发生、报警、响应、结束、善后处置等环节上,与转基因食品的日常管理部门关联起来,充分利用他们的信息资源,提高应对措施的有效性。③结构完整,功能全面。能够针对转基因食品研发试验、生产加工以及流通消费过程中可能发生的各种类型的突发事件,提出更具针对性的应急措施,全面发挥应急预案的功能。④反应灵敏,运转高效。由于是专门针对转基因食品突发事件制定的应急预案,因此,突发事件一旦爆发,便责无旁贷,必然第一时间做出反应;由于统一了领导部门,制定了针对性应急措施,整合了多方资源,因此,应急预案的运转必然高效率。

(二)完善转基因食品召回制度的构想

1. 增加履行召回义务的主体。世界各国对转基因食品安全性存在争议,并不是因为生产加工过程中造成的安全隐患,而是转基因食品研发过程中可能造成的安全隐患。因此,产生人类健康方面的转基因食品突发事件,很大部分是源于转基因食品研发阶段埋下的安全隐患。于此情形下,在转基因食品突发事件的应对中,需要召回转基因食品时,却找不到履行召回义务的主体,这是个亟须解决的问题。笔者认为对于因研发导致的转基因食品召回,法律应当增加履行食品召回义务的主体,由转基因食品生产者和转基因食品研发者共同履行召回义务。理由是:①由生产者单独履行召回义务,有失公允。一方面,生产者必须承担召回这些不安全食品的义务,因为这些食品是由其所生产加工,其对该食品的分布区域、市场上流通量的大小等情况都十分了解,有利于提高食品召回的效率,尽量减少食品造成的危害;另一方面,毕竟造成转基因食品召回的原因并非是生产者的生产加工行为,而是研发者的研发行为,即便生产者在生产加工过程中尽到足够的注意义务,还是无法排除转基因食品的缺陷。因此,让转基因食品生产者单独承担召回的责任,有失公允。②增加研发者为履行召回义务的主体,是实现公平的必要要求。一方面,造成转基因食品召回的原因是研发者的研发行为,研发者对此难辞其咎,应当承担相应责任;另一方面,转基因食品的研发者要么通过专利权,要么通过出售与转基因生物配套的除草剂等产品,分享了转基因食品带来的利益,如果不让其承担一定义务的话,就会形成研发者仅享有利益而不承担风险的局面,这显然很不公平,因此,很有必要增加其为转基因食品召回义务的主体。

2. 扩大召回对象的范围。食品召回制度的中心目的是保护消费者权益,我国食品召回制度以"不安全食品"为标准,导致大量违反标识制度的转基因食品和含有非法转基因成分的转基因食品,均不能成为召回的对象,而这些转基因食品不仅严重侵害消费者的知情权,而且还损害消费者的精神健康,从前文论及的"亨氏米粉转基因事件",便不难看出其对消费者精神健康的严重损害。因此,笔者认为转基因食品召回制度应当打破"不安全食品"标准的限制,将违反国家法律法规的食品纳入到召回对象的范围。这也是发达国家的通行做法,比如:美国食品召回制度将需要召回的对象分为三类,一是消费者食用后将肯定会危害身体健康和人身安全,甚至可能导致死亡的食品;二是消费者食用后有较小的可能会对身体健康产生不利影响的食品;三是消费者食用后不会引起任何不利于身体健康的后果的食品,但是该食品违反了相关的法律法规,如产品贴错标签、产品标识有错误或未能充分反映产品内容等。加拿大的食品召回制度,也有类似的规定。[1] 而且,实践中因为转基

---

[1] 何悦:"对我国食品召回制度有关问题的立法建议",载《河北法学》2008年第3期。

因食品具有人身健康方面的危险,而侵害消费者权益的情况比较少,因为违反标识制度而侵害消费者权益的事件却屡见不鲜,可以说,因违反标识制度而侵害消费者知情权和精神利益,已经成为转基因食品侵害消费者权益的主要表现形式。

结 论

我们必须承认,发现生物基因奥秘,是人类认识客观世界的又一次伟大突破;发明转基因技术,是人类改造客观世界的又一次辉煌成就;但与此同时,也必须认识到人类尚未完全破解生物基因的奥秘,所掌握的转基因技术还很不成熟。因此,人类试图打破生物进化的时空界限,人为地改变生物经过数亿年进化而成的稳定基因型时,务须慎之又慎,否则,很可能给自然界和人类自身造成不可逆转的伤害,甚至造成灾难性后果。我们不能忘记,人类的过去充满了"人为的悲剧",面对这一场席卷一切的"基因革命",人类首先要做的就是竭力避免悲剧的重演。然而,人类却有些按捺不住转基因技术带来的激情,在这项科技尚有太多不确定因素的情况下,就迫不及待地应用于食品产业。转基因食品发展速度之快,涉及范围之广,可谓史无前例,仿佛一夜之间,就摆上了超市的货架,走上了人们的餐桌。值得庆幸的是,人们并未丧失理性,开始对转基因食品可能造成的生态环境破坏和身体健康损害产生了忧虑,开始对人类有没有权利为了自身利益而改变其他物种的命运展开了思考。于此背景下,转基因食品议题成为人们讨论的焦点,并引发了广泛的争议,产生了诸多的问题。

世界各国对转基因食品产生的问题,大都提出了自己的法律应对措施,希冀通过法律的有效规范,既达到利用转基因技术为人类造福的目的,又实现维护生态环境安全、保障人类健康和人与自然和谐相处的目标。然而,由于各国文化传统不同、对转基因食品安全性认识不同以及转基因食品与本国经济的关联程度不同,导致各国转基因食品法律制度之间存在很大差异。目

结 论

前的态势是，美国的转基因食品法律制度最为宽松，以业者自律为主，政府管制为辅，依循可靠科学原则，规制转基因食品本身，标识制度基本采取自愿标识；欧盟的转基因食品法律制度最为严格，建立了相对完整的制度体系，依循风险预防原则，规制转基因食品的生产过程，建立强制标识制度；其他国家和地区的转基因食品法律规制情况，基本处于两者之间，或接近美国模式，或接近欧盟模式。转基因食品法律规制的冲突，并未局限于国别法之间，在转基因食品国际规范之间，表现也比较突出。以环保与健康为中心的转基因食品国际规范（如 CBD、CPB 等）与以贸易自由为中心的转基因食品国际规范（如 GATT1994、SPS、TBT 等）之间，在规制前提、规制原则以及规制方法等方面也存在严重冲突。上述转基因食品法律规制的国际大背景，是我国转基因食品法律制度建设中，必须充分重视的问题。

我国对转基因食品的法律规制，始于世纪之初，虽然只有短短数年，却已经建立了我国转基因食品法律规制体系，可谓成绩斐然。但是，我国转基因食品法律制度还存在诸多不足之处，尚不能实现对转基因食品"从实验室到餐桌"整个过程进行有效规制。在转基因食品研发试验阶段，我国转基因生物安全评价制度的管理机关产生机制不科学、检测机构认可机制不健全而且运转机制不明确；转基因食品研发试验报告制度的适用范围狭窄；转基因食品研发试验报批制度的审批标准不明确；转基因食品研发试验安全监督制度缺乏可操作性。在转基因食品生产加工阶段，我国转基因食品原料生产行政许可制度中，生产报批和生产信息定期报告相关规定缺乏可行性；转基因食品加工行政许可制度的适用范围过于狭窄、许可要求严重忽视了对人类健康的保护；而且，我国缺乏对转基因食品原料运输、贮存进行规制的具体法律制度。在转基因食品流通消费阶段，我国转基因食品标识制度的标识对象范围狭窄，缺少风险限值设定并且缺乏转基因检验国家标准；转基因食品进口审批制度缺乏同国际规范的协调性。在转基因食品突发事件的应对上，我国转基因食品突发事件应急预案制度的适用对象不全面、协调性不够，转基因食品召回制度的适用范围狭窄。我国转基因食品法律制度的上述缺陷，已经严重妨碍其实现维护生态环境安全、保障人们身体健康以及基因经济可持续发展的立法目标。因此，对我国转基因食品法律制度进行完善，已是迫在眉睫，刻不容缓。

最后需要说明的是，笔者通篇讨论如何通过法律规制预防和控制转基因食品带来的危害，绝无否认转基因食品能够提高人类福祉之意；与之相反，笔者认为转基因食品法律规制的最终目标，恰恰是使转基因食品更好地造福于人类。

主要参考文献

一、著作类

（一）中文著作

1. 曾北危主编：《转基因生物安全》，化学工业出版社 2004 年版。
2. 殷丽君、孔瑾、李再贵编：《转基因食品》，化学工业出版 2002 年版。
3. 张树珍主编：《农业转基因生物安全》，中国农业大学出版社 2006 年版。
4. 李昌麒、许明月编著：《消费者保护法》，法律出版社 1997 年版。
5. 吕选忠、于宇编著：《现代转基因技术》，中国环境科学出版社 2005 年版。
6. 阎维毅、任玫、王华：《基因经济：分割绿色黄金》，中国广播电视出版社 2001 年版。
7. 钱俊生、余谋昌主编：《生态哲学》，中共中央党校出版社 2004 年版。
8. 蔡守秋等：《可持续发展与环境资源法制建设》，中国法制出版社 2003 年版。
9. 蒙培元：《人与自然：中国哲学生态观》，人民出版社 2004 年版。
10. 肖显静：《后现代生态科技观：从建设性的角度看》，科学出版社 2003 年版。
11. 雷毅：《深层生态学思想研究》，清华大学出版社 2001 年版。
12. 胡志红：《西方生态批评研究》，中国社会科学出版社 2006 年版。
13. 赵绘宇：《生态系统管理法律研究》，上海交通大学出版社 2006 年版。
14. 汪劲：《环境法律的理念和价值追求》，法律出版社 2000 年版。
15. 吴敬琏：《轨道中国》，四川人民出版社 2002 年版。
16. 王明远：《转基因生物安全法研究》，北京大学出版社 2010 年版。
17. 易继明：《技术理性、社会发展与自由：科技法学导论》，北京大学出版社 2005 年版。

18. 付文佚：《转基因食品标识的比较法研究》，云南人民出版社 2011 年版。
19. 阙占文：《转基因生物越境转移损害责任问题研究：以〈生物安全议定书〉第 27 条为中心》，法律出版社 2011 年版。
20. 傅华：《生态伦理学探究》，华夏出版社 2002 年版。
21. 农业部科技发展中心编：《农业转基因生物安全标准》，中国农业出版社 2011 年版。
22. 毛新志：《转基因食品的伦理问题与公共政策》，湖北人民出版社 2010 年版。
23. 于文轩：《生物安全立法研究》，清华大学出版社 2009 年版。
24. 应松年主编：《突发公共事件应急处理法律制度研究》，国家行政学院出版社 2004 年版。
25. 韩大元、莫于川主编：《应急法制论：突发事件应对法制的法律问题研究》，法律出版社 2005 年版。
26. 邓平建主编：《转基因食品食用安全性和营养质量评价及验证》，人民卫生出版社 2003 年版。
27. 薛达元主编：《转基因生物风险与管理：转基因生物与环境国际研讨会论文集》，中国环境科学出版社 2005 年版。
28. 薛达元主编：《转基因生物风险评估与安全管理：生物安全国际论坛第三次会议论文集》，中国环境科学出版社 2009 年版。
29. 薛达元主编：《转基因生物风险评估与管理：生物安全国际论坛第四次会议论文集》，中国环境科学出版社 2012 年版。
30. ［美］保罗·萨缪尔森、威廉·诺德豪斯：《经济学》，高鸿业等译，经济科学出版社 1985 年版。
31. ［德］乌尔利希·贝克、约翰内斯·威尔姆斯：《自由与资本主义》，路国林译，浙江人民出版社 2001 年版。
32. ［德］乌尔利希·贝克：《风险社会》，何博闻译，译林出版社 2004 年版。
33. ［美］诺内特·塞尔兹尼克：《转变中的法律与社会》，张志铭译，中国政法大学出版社 1994 年版。
34. ［英］安东尼·吉登斯：《失控的世界：全球化如何重塑我们的生活》，周红云译，江西人民出版社 2001 年版。
35. ［美］玛丽恩·内斯特尔：《食品安全：令人震惊的食品行业真相》，程池、黄宇彤译，社会科学文献出版社 2004 年版。

（二）外文著作

1. Robert F. Weaver, *Molecular Biology*, U. S. : The McGraw–Hill Companies, Ins. 1999.
2. Joost Pauwelyn, *Conflict of Norms in Public International Law*: *How WTO Law Relates to*

Other Rules of International Law, Cambridge: Cambridge University Press, 2003.

3. Neville Craddock, *Flies in the Soup – European GM Labeling Legislation*, UK: Nature Publishing Group, 2004.

二、论文类

（一）中文论文

1. 许明月："市场、政府与经济法：对经济法几个流行观点的质疑与反思"，载《中国法学》2004 年第 6 期。

2. 许明月、张新民："现代经济的社会性与经济法：关于经济法产生原因与性质的思考"，载《现代法学》2003 第 6 期。

3. 毛新志、殷正坤："转基因食品的标签与知情选择的伦理分析"，载《科学学研究》2004 年第 1 期。

4. 侯守礼、顾海英："转基因食品标签管制与消费者的知情选择权"，载《科学学研究》2005 年第 4 期。

5. 周珂、王权典："论国家生态环境安全法律问题"，载《江海学刊》2003 年第 1 期。

6. 张忠民："美国转基因食品标识制度法律剖析"，载《社会科学家》2007 年第 6 期。

7. 毛新志、冯巍："转基因食品的风险及其社会控制"，载《中国科技论坛》2007 年第 4 期。

8. 陆群峰、肖显静："农业转基因技术应用对公众环境权的伤害性分析"，载《中国科技论坛》2012 年第 8 期。

9. 杜承铭、谢敏贤："论健康权的宪法权利属性及实现"，载《河北法学》2007 年第 1 期。

10. 曲相霏："国际法事例中的健康权保障：基于国际法上作为人权的健康权的分析"，载《学习与探索》2008 年第 2 期。

11. 邓心安："生物经济时代与新型农业体系"，载《中国科技论坛》2002 年第 2 期。

12. 陈健鹏："转基因作物商业化：影响、挑战和应对——整体战略研究框架的构建和初步分析"，载《中国软科学》2010 年第 6 期。

13. 赵玲、王妍："构建和谐社会的基础：人与自然和谐"，载《吉林大学社会科学学报》2007 年第 2 期。

14. 张忠民："论转基因食品法律规制的哲学基础——以中国传统哲学为中心"，载《创新》2011 年第 5 期。

15. 刘建辉："论环境法的价值"，载《河北法学》2003 年第 2 期。

16. 王秀红："效率与公平：论环境法价值的冲突与协调"，载《广西社会科学》2005

年第 7 期。

17. 王建国、谢冬慧:"论环境保护法的价值取向",载《中州大学学报》2007 年第 4 期。

18. 王宇红、韩文蕾:"论转基因食品消费者知情权保障制度的完善",载《西北工业大学学报(社会科学版)》2010 年第 1 期。

19. 吴幸泽、褚建勋、汤书昆、王明:"当代中国公众对转基因玉米的技术伦理问题认知",载《自然辩证法通讯》2012 年第 5 期。

20. 杨雪冬:"全球化、风险社会与复合治理",载《马克思主义与现实》2004 年第 4 期。

21. 秦天宝:"生物安全立法模式之实证考察:比较法的视角",载《吉林大学社会科学学报》2013 年第 5 期。

22. 韩永明、翟广谦、徐俊锋:"欧盟转基因生物管理法规体系的演变及对我国的启示",载《浙江农业科学》2013 年第 11 期。

23. 张忠民:"欧盟转基因食品标知制度浅析",载《世界经济与政治论坛》2007 年第 6 期。

24. 刘培磊、李宁、汪其怀:"日本农业转基因生物安全管理实施进展",载《世界农业》2006 年第 8 期。

25. 耿向平:"转基因食品标签管制方式的经济学分析",载《经济经纬》2004 年第 5 期。

26. 王迁:"欧美转基因食品法律管制制度比较研究",载《河北法学》2005 年第 10 期。

27. 邱格屏:"基因科技管制:目的、原则与模式",载《社会科学家》2009 年第 8 期。

28. 张忠民:"转基因食品安全国际规范的冲突与协调:从'欧美转基因食品案'展开的思考",载《宁夏大学学报(人文社科版)》2008 年第 4 期。

29. 乔雄兵、连俊雅:"论转基因食品标识的国际法规制——以《卡塔赫纳生物安全议定书》为视角",载《河北法学》2014 年第 1 期。

30. 董银果、徐恩波:"试论世贸组织《卫生和植物检疫协议》面临的新挑战",载《国际商务(对外经济贸易大学学报)》2006 年第 1 期。

31. 陈立虎:"转基因产品国际贸易的法律规制:兼论争端解决中的法律适用问题",载《法商研究》2005 年第 2 期。

32. 王小琼:"试析 WTO 框架下与转基因产品相关的贸易规则:兼论中国转基因产品立法之完善",载《国际经贸探索》2006 年第 2 期。

33. 康均心、刘猛:"转基因食品安全风险的法制监管",载《青海社会科学》2013 年第 4 期。

34. 谈毅:"公众参与科技评价的目标与过程:以转基因技术争论为例",载《科学学研究》2006 年第 1 期。

35. 陈玲、薛澜、赵静、林泽梁:"后常态科学下的公共政策决策——以转基因水稻审批过程为例",载《科学学研究》2010 年第 9 期。

36. 赖家业、刘凯、兰健、招礼军:"转基因植物的生态安全性",载《广西科学》2005 年第 2 期。

37. 何余堂、解玉梅、吕艳芳:"转基因食品安全与环境分析",载《食品科学》2007 年第 8 期。

38. 付文佚、王长林:"转基因食品标识的核心法律概念解析",载《法学杂志》2010 年第 11 期。

39. 金芜军、贾士荣、彭于发:"不同国家和地区转基因产品标识管理政策的比较",载《农业生物技术学报》2004 年第 1 期。

40. 黄建、齐振宏、冯良宣、张董敏:"标识管理制度对消费者转基因食品购买意愿的影响研究——以武汉市为例",载《中国农业大学学报》2013 年第 5 期。

41. 孙崇勇、秦启文:"突发事件的两个基本理论问题探讨",载《西南师范大学学报(人文社会科学版)》2005 年第 2 期。

42. 王成栋:"论行政法的效率原则",载《行政法学研究》2006 年第 2 期。

43. 何悦:"对我国食品召回制度有关问题的立法建议",载《河北法学》2008 年第 3 期。

（二）外文论文

1. Chineme OK Anyadiegwu, "A Need for Unbiased Research into the Potential Health Risks of Genetically Engineered Crop Products", *S. J. Agri. L. Rev.*, 1 (2003).

2. Luke Brussel, "Bioethics Symposium: National and Global Implications of Genetically - Modified Organisms: Law, Ethics& Science: Engineering A Solution to Market Failure: A Disclosure Regime for Genetically Modified Organisms", *Cumb. L. Rev.*, 34 (2003/2004).

3. Losey JE, Rayor LS, Carter ME, "Transgenic Pollen Harms Monarch Larvae", *Nature*, 399 (1999).

4. Neil D. Hamilton, "Legal Issues Shaping Society's Acceptance of Biotechnology and Genetically Modified Organisms", *Drake J. Agric. L.*, 6 (2001).

5. Margaret Ross Grossman, "Biotechnology, Property rights and the Environment", *AM. J. COMP. L.*, 50 (2001).

6. Sean D. Murphy, "Biotechnology and International Law", *Harv. Int'l L. J.*, 42 (2001).

7. Neil E. Harl, "Global Economic and Legal Issues", *Willamette J. Int'l L. & dispute*

Res. , 12 (2004).

8. Stan Davis, Christopher Meyer, "What will Replace the Tech Economy", *Time*, 21 (2000).

9. Sara J. MacLaughlin, "Food for the Twenty – First Century: An Analysis of Regulations for Genetically Engineered Food in the United States, Canada, and the European Union", *Ind. Int' l & Comp. L. Rev.* , 14 (2003).

10. Doug Farquhar, Liz Meyer, "State Authority to Regulate Biotechnology under the Federal Coordinated Framework", *Drake J. Agiric. L.* , 12 (2007).

11. Katharine Van Tassel, "The Introduction of Biotech Foods to The Tort System: Creating a New Duty to Identify", *U. Cin. L. Rev.* , 72 (2004).

12. Fred H. Degnan, "Biotechnology and the Food Label: A Legal Perspective", *Food & Drug L. J.* , 55 (2000).

13. Matthew Rich, "The Debate Over Genetically Modified Crops in the United States: Reassessment of Notions of Harm, Difference, and Choice", *Case W. Res.* , 54 (2004).

14. Peter Burchett, "A Castle in the Sky: The Illusory Promise of Labeling Genetically Modified Food in Europe", *Penn St. Int'l L. Rev.* , 23 (2004).

15. John S. Applegate, "The Prometheus Principle: Using the Precautionary Principle to Harmonize the Regulation of Genetically Modified Organisms", *Indiana Journal of Global Legal Studies.* , 9 (2001).

16. John S. Applegate, "The Prometheus Principle: Using the Precautionary Principle to Harmonize the Bernd van der Meulen. Genetically Modified Organisms: Philiosophy, Science, and Policy: The EU Regulatory Approach to GM Foods", *Kan. J. L. & Pub. Pol'y*, 16 (2007).

17. Iain Sandgord, "Hotmonal Imbalance? Balancing Free Trade and SPS Measures After the Decisionin Hormones", *VUWLR*, 29 (1999).

18. Marc Victor, "Precautionor Protectionism? The Precautionary Principle, Genetically Modified Organisms, and Allowing Unfounded Fear to Undermine Free Trade", *Transnational Law*, 14 (2001).

19. Amelia P. Nelson, "Legal Liability in the Wake of StarlinkTM: Who Pays in the End?", *DRAKE J. AGRIC. L.* , 7 (2002).

20. Linda Beebe, "Symposium Issue II Pesticides: What Will the Future Reap?: Note: In re Starlink Corn: The Link between Genetically Damaged Crops and an Inadequate Regulatory Frame Work for Biote Chnology", *Wm. & Mary Envtl. L. & Pol'y Rev.* , Winter, 28 (2004).

21. Carl R. Galant, "Labeling Limbo: Why Genetically Modified Foods Continue to Duck Mandatory Disclosure", *Hous. L. Rev.* , 42 (2005).

22. Rebecca M. Bratspies, "Consuming (F) ears of Corn: Public Health and Biopharming", *Am. J. L. and Med.*, 30 (2004).

23. Rachele Berglund Bailey, "A Tale of Two Systems: A Comparison Between U. S. and EU Labeling Policies of Genetically Modified Foods", *S. J. Agril. L. Rev.*, 15 (2005/2006).

24. Laylah Zurek, "The European Communities Biotech Dispute: How the WTO Fails to Consider Cultural Factors in the Genetically Modified Food Debate", *Tex. Int'l L. J.*, 42 (2007).

25. Kelly A. Leggio, "Limitations on the Consumer's Right to Know: Settling the Debate Over Labeling of Genetically Modified Foods in the United States", *San Diego L. Rev.*, 38 (2001).

26. Sarah L. Kirby, "Genetically Modified Foods: More Reasons to Label Than not", *Drake Journal of Agricultural Law.*, 6 (2001).

27. Aaron A. Ostrovsky, "The European Commission's Regulations for Genetically Modified Organisms and the Current WTO Dispute – Human Health or Environmental Measures? Why the Deliberate Release Directive is More Appropriately Adjudicated in the WTO Under the TBT Agreement", *COLO. J. INT'L ENVTL. L. & POL'Y*, 15 (2004).

28. David Winickoff, Sheila Jasanoff, Lawrence Busch, "Adjudicating the GM Food Wars: Science, Risk, and Democracy in World Trade Law", *Yale J. Int'l L.*, 30 (2005).

29. A E. Appleton, "Genetically Modified Organisms: Colloquium Article the Labelling of GMOS Products Pursuant to International Trade Rules", *New York University School of Law*, 8 (2000).

30. D Thue – Vasquez, "Genetic Engineering and Food Labeling: A Continuing Controversy", *San Joaquin Agricultural Law Review*, 10 (2000).

31. Cinnamon Carlane, "From the USA with Love: Sharing Home – Grown Hormones, GMOs, and Clones with a Reluctant Europe", *Environmental Law*, 37 (2007).

32. Jonas DA, Elmadfa I, "Safety considerations of DNA in food", *Annals of Nutrition and Metabolism.*, 6 (2001).

33. D. L. Uchtmann, "StarLinkTM——A Case Study of Agricultural Biotechnology Regulation", *DRAKE J. AGRIC. L.*, 2002 (7).

34. E. g. Misteli T. Spatial positioning: a new dimension in genome function. *Cell*, 2004 (119).

35. Steve Keane, "Trandafir Copetition Winner: Can a Consumer's Right to Know Survive the WTO?: The Case of Food Labeling", *Transnat'l L. & Contemp. Probs.*, 16 (2006).

36. Terrence A. Maxwell, "The Public Need to Know: Emergencies, Government Organizations, and Public Information Policies", *Government Information Quarterly*, 3 (2003).

37. J. M. Migai Akech, "Developing Countries at Crossroads: AID, Public Participation, and

the Regulation of Trade in Genetically Modified Foods", *Fordham Int'l L. J.*, 29 (2006).

38. Daniel Schramm, "The Race to Geneva: Resisting the Gravitational Pull of the WTO in the GMO Labeling Controversy", *Vt. J. Envtl. L.*, 9 (2007).